„Wie die Pflanzen haben auch die meisten Menschen
versteckte Eigenschaften.
Nur der Zufall bringt sie ans Licht."
La Rochefoucauld, Reflexionen

Dieser Episodenroman spielt irgendwo in Deutschland, vielleicht sogar direkt bei Ihnen um die Ecke ... Er spiegelt ein Stück weit das Zeitgeschehen wider. Alle Handlungen und Personen sind natürlich frei erfunden. Eventuelle Übereinstimmungen mit real existierenden Personen und Situationen ergeben sich rein zufällig.

MIX
Papier aus verantwortungsvollen Quellen
FSC® C104608

Der CO$_2$-Ausstoß dieses Druckproduktes wurde mit ClimateCalc berechnet und kompensiert:

www.climatecalc.eu
Cert. no. CC-000094/DK

Bibliografische Information der Deutschen Nationalbibliothek
Die Deutsche Nationalbibliothek verzeichnet diese Publikation in der Deutschen Nationalbibliografie; detaillierte bibliografische Daten sind im Internet abrufbar über http://dnb.ddb.de

Umschlaggestaltung: C. Riethmüller
Der Umschlag verwendet Motiv(e) von 123rf.com
Druck und Bindung: Nørhaven, Viborg
Printed in Denmark
ISBN 978-3-8271-9394-0

Andrea Gerecke

X-Mas:
Hochdramatisch

Ein 24-etagiger Kriminalroman im Advent

CW Niemeyer N

INHALT

Vorwort		7
1. Kapitel	Schwesterlich	10
2. Kapitel	Neben der Spur	33
3. Kapitel	Nur Fassade	46
4. Kapitel	Rente	57
5. Kapitel	Horizontales Grün	70
6. Kapitel	Quartett	90
7. Kapitel	Hochprozentig	103
8. Kapitel	Humanist	115
9. Kapitel	Flügge	129
10. Kapitel	Senioren-WG	141
11. Kapitel	Sammelleidenschaft	153
12. Kapitel	Liebesdienste	166
13. Kapitel	Deal	183
14. Kapitel	Alternativ	198
15. Kapitel	Profil	210
16. Kapitel	Großreinemachen	222
17. Kapitel	Anlage	234
18. Kapitel	Verticken	247
19. Kapitel	Mahlzeit	259
20. Kapitel	Mama	270
21. Kapitel	Controlling	284
22. Kapitel	Kerker	296
23. Kapitel	Ideale	312
24. Kapitel	Hochparterre	324
Danksagung		337

VORWORT

Das Haus, in dem das Folgende spielt, liegt irgendwo in Deutschland, eher am Rande einer größeren Stadt. Die Architekten konnten sogar einigermaßen Fantasie walten lassen und Geld in die planerische Hand nehmen, als das Ensemble dieses Wohngebietes vor etlichen Jahrzehnten entstand. Es war die hoch dotierte Ausschreibung zu einem Wettbewerb. Bei allen Unterschieden der einzelnen Objekte erkannte man eine gewisse Harmonie im Wechsel von niedrigen und höheren Häusern, mit dem zentralen Punkt unseres augenfälligen Gebäudes, das für dortige Verhältnisse schon ein Wolkenkratzer war. Verbindend dazwischen die zahlreichen Skulpturen, von heimischen Künstlern geschaffen und hochgelobt in den Medien. Sehr abstrakt und gern in rostigem Farbton. Alles eingebunden in jede Menge Grünanlagen, deren Bäume und Sträucher zu wachsen versprachen.

Die Bequemlichkeit überzeugte viele der Mieter: Fahrstuhl, Zentralheizung, Müllschlucker, große Balkone. Zudem war ja alles neu! Hinzu kam der gigantische Blick in die Weite, wenn man etwas oberhalb daheim war. Der Weg zur Arbeit für den einen oder anderen etwas aufwendiger mit dem Pkw oder dem öffentlichen Nahverkehr, aber dafür zu Fuß der Gang in den Supermarkt, zur Kindertagesstätte oder in die Schule. Außerdem kleinere und größere Gaststätten sowie Freizeitzentren inklusive großen Sportplatzes. Und für alles ausreichend Personal zur Betreuung. Aufgrund des relativ zeitgleichen Einzugs bildeten sich freundliche Gemeinschaften untereinander. Eigentlich himmlisch.

Doch die Jahre gingen ins Land, und die Gegend verlor nach und nach ihren Charme, war plötzlich kein gepriesenes Kleinod mehr, sondern bröckelte ungepflegt vor sich hin. Begüterte Bewohner verzogen, gern in Eigentumswohnungen an anderer, überschaubarer Stelle. Nach und nach entwickelte sich das Areal zu einem sozialen Brennpunkt. Ein Dorn im Auge der Verantwortlichen aus den Verwaltungsbereichen. Zumal die Kosten für Sozialarbeiter und zur Beseitigung der von den Rowdys angerichteten Schäden stiegen.

Später konnte sich keiner mehr genau daran erinnern, wann dieser Verfall begann und ab wann es sich nicht mehr um ein bevorzugtes Wohngebiet handelte. Dann hieß es plötzlich: „Um Gottes willen, dort willst du hinziehen? Keine zehn Pferde würden mich dahin bringen. Da müsste man mir noch was draufzahlen …"

Fest steht nur, dass die Behörden nachdrücklich entschieden, es müsse etwas geschehen. Auszug und Umzug, Rückbau und Neubau – egal was, Hauptsache Veränderung. Und die war heftig im Gange. So wie in diesem Hochhaus mit den verbliebenen 24 Mietparteien, die im hier festgehaltenen Geschehen nur noch in dem einzig intakten Strang unmittelbar übereinander hausen. Denn wohnen kann man das nicht mehr wirklich nennen, zu oft fällt Wichtiges in Sachen Versorgung aus. Diese letzten der Mohikaner hält indes etwas fest an ihrem Zuhause, ganz unterschiedlich im jeweiligen Fall und keineswegs nur Gewohnheit. Kriminelle Energie ist hier gebündelt.

Der eine oder andere Nachbar könnte eventuell direkt bei Ihnen wohnen, liebe Leser, oder vielleicht doch besser nicht?! Hochdramatische Unterhaltung im doppelten Sinne des Wortes bei der folgenden Lektüre meines Episodenromans, die sich auch gern als Adventskalender zelebrieren lässt – vom 1. bis 24. Dezember, jeden Tag ein kleines Kapitel (anstelle von Naschwerk, das sowieso nur auf den Hüften landet) …

1. Kapitel
Schwesterlich

Hausmeisterin Elizabeth stützte sich gerade auf dem Schneeschieber ab. Ihre dicke Wollmütze saß ihr tief in der Stirn, von der der Schweiß rann. Sie hasste die sogenannte weiße Pracht. Sah nur in dem Moment beschaulich aus, wenn sie vom Himmel herabschwebte. Aber sobald alles auf dem Boden lag, entwickelte es sich binnen kürzester Zeit zu dreckigem, schmierigem Matsch. Vor allem hier in der Stadt. Außerdem war es die pure Sisyphusarbeit. Kaum war sie fertig, konnte sie von vorn beginnen, weil ein Schneeschauer auf den nächsten folgte.

Elizabeth mit z, wie Elizabeth II, die britische Königin, zog die Nase hoch. Es war ihr zu kalt und zu umständlich, die Handschuhe auszuziehen und ein Taschentuch herauszuholen. Immerhin war das Hochziehen deutlich eleganter als die Variante von Edgar, der in solchen Fällen die Finger an die Nase legte und den Rotz auf die Straße schleuderte, egal von wo der Wind kam. Als waschechte Charlottenburger hatte er das in solchen Fällen stets grinsend bezeichnet. Ihr war es völlig egal, wie er das benannte. Sie fand es nur ausgesprochen eklig. Zum Glück blieb ihr auch das seit geraumer Zeit erspart.

Warum sie ihn einst geheiratet hatte, das wusste sie nicht mehr. Es mochte der Name gewesen sein. Vorneweg schon selbst königlich und dann im Anschluss König. Allerdings brachte ihnen das als Hausmeisterehepaar auch keine Pluspunkte ein. Seit unzähligen Jahren gingen sie und die vielen Mieter durch diese inzwischen marode Eingangstür, wohnten unter einem Dach. Das vereint, sollte man meinen, aber weit gefehlt. Und nun stand auch noch Weihnachten vor der Tür.

Elizabeth griff zornig erneut an den Stiel ihres Schneeschiebers und erzeugte eine freie Spur von der Haustür zum Abstellbereich für die Mülltonnen. Zwischendurch schaufelte sie das Zusammengeschobene auf die Berge am Rande. Wenn das so weiterging, waren hier andere Maßnahmen nötig, dann musste der städtische Entsorger sich auch mal darum kümmern und die Schneemengen per Lkw an den Rand der Stadt schaffen.

Während des Schiebens legte sie mehrere gefrorene Hundehaufen frei und ärgerte sich sofort darüber. Das war doch bestimmt dieser Köter aus dem Haus. Peggy, wenn sie sich recht entsann. Wie konnte man einen Vierbeiner bloß so eigenartig benennen, war das nicht mal der Vorname einer Schlagersängerin …? Dabei hatte sie überall die Schilder angeklebt mit einem hockenden Hund, der sein Geschäft verrichtete und das in einem roten Kreis mit schräg verlaufendem Balken. Das war ja wohl mehr als verständlich und kam völlig ohne Worte aus. Aber nein, die lieben Hundebesitzer dachten mal wieder keinen Schritt weiter. Nur schnell ausscheißen lassen und dann so tun, als wäre es der kleine Liebling nicht gewesen. Man sollte sowieso alle Tierhaltung in einem Mietshaus verbieten. Brachte nichts als Ärger. Jede Menge Gestank und

Krawall. Und vielleicht sogar noch Ungeziefer. Hatten die Viecher nicht auch Flöhe und Zecken? Elizabeth schüttelte sich bei diesen Überlegungen.

Ihr Blick fiel auf einen Passanten. War das nicht Sybilla, die sich da langsam dem Eingang näherte? Konnte ja eigentlich nicht sein. Neulich erst hatte die Hausmeisterin das Stichwort Urlaub auf irgendeiner Ostseeinsel im Flur aufgeschnappt. Nur deren Namen hatte sie vergessen. Aber von einem gemeinsamen Ausflug der Schwestern war die Rede. Welcher Idiot fuhr denn im Dezember auf so eine einsame Insel? Im Sommer ja, da konnte man sich dort in der Sonne aalen und in den Sonnenuntergang starren sowie am Imbiss leckere Fischbrötchen verzehren. Elizabeth rieb sich mit dem Fäustling in den Augen. Ach nein, die Schwester Swenja. Die beiden glichen einander ja dermaßen, obwohl sie keine Zwillinge waren. Hatte man eigentlich eher selten. Zumal die in ihrer Kindheit total unterschiedlich aussahen, erinnerte sich Elizabeth an ein Foto, das sie bei einem Handwerkereinsatz in der Wohnung entdeckt hatte.

„Nanu", eröffnete Elizabeth das Gespräch, als Swenja auf ihrer Höhe angelangt war, „ganz allein? Ich denke, Sie wollten mit Ihrer Schwester zusammen die frische Seeluft genießen!"

Auch so ein Schwachsinn, frische Seeluft um diese Zeit! Und dann im Zusammenhang mit Genuss. Da blieb man doch lieber mit seinem Arsch daheim, galoppierten Elizabeths Gedanken weiter.

„Guten Abend", kam es zögerlich von Swenja und dann erklärend: „Ja, wir waren auf der Insel. Aber ich musste zurück. Die Pflicht ruft, wissen Sie. Ich konnte mir nicht länger freinehmen. Und Sybilla wollte noch ein wenig im Urlaub bleiben, die Auszeit quasi allein verlängern …"

„Hm?!"

„Eigentlich will ich nur fix nach der Post schauen. War nett, mit Ihnen zu plaudern, aber jetzt muss ich los. Bin auch gleich wieder verschwunden. Ihnen noch eine schöne Adventszeit!"

Swenja schaute nervös auf ihre Armbanduhr. Und im selben Augenblick war sie, ohne ein weiteres Echo abzuwarten, im Haus verschwunden.

Schöne Adventszeit, auch so ein frommer Spruch, entrüstete sich Elizabeth innerlich. Was ist denn daran schön, wenn ich in der Kälte hier draußen stehe und mir der Frost durch die Knochen kraucht?

Swenja leerte in Windeseile den Briefkasten und sauste ins Treppenhaus, dort nahm sie bis zur ersten Etage immer zwei Stufen auf einmal. Dass am Fahrstuhl das übliche Schild „Außer Betrieb" hing, nahm sie nicht wahr. Für den kurzen Weg hatte sie sowieso noch nie auf diese Transporthilfe gebaut, selbst nicht mit reichlich Gepäck. Es roch in diesem engen Kasten immer nach irgendwas. Es reichte ihr schon völlig aus, wenn sie den Mief wahrnahm, während andere Bewohner ein- oder ausstiegen.

Swenja verlangsamte ihr Tempo nur etwas, stieg mit raschen Schritten die weiteren Stufen nach oben. Ihre feine Nase witterte weiter. Es roch muffig im Flur, nach alten Leuten, die ihrer Körperhygiene nicht mehr so viel Zeit widmeten, vielleicht auch nach Inkontinenz. Sie rümpfte die Nase und hatte schon die Etage hinter sich gelassen. Von den Mietern dort wusste sie nicht viel. Ein älteres Ehepaar, das sie bislang kaum zu Gesicht bekommen hatte.

Augenblicke später befand sich Swenja vor der Wohnungstür ihrer Schwester und atmete tief durch, als sie den Schlüssel ins Schloss steckte. Die Tür zog sie gewissenhaft hinter sich zu und ließ sich im Wohnzimmer in einen Sessel fallen. Dort schloss sie die Augen und tauchte in ihre Erinnerungen ab …

… Eintönig dröhnte das Nebelhorn. Sein Klang schien sich in den Feuchtigkeitsfetzen zu verfangen, die in der Luft hingen. Swenja zog die Kordel ihrer Kapuze fester und band mit klammen Fingern zum wiederholten Mal eine Schleife, die sich immer wieder nach einer Weile löste und dabei den Wetterschutz vom Kopf rutschen ließ. Doch zu einem Knoten konnte sie sich nicht durchringen, das hätte sie zu sehr am Hals beengt, ihr wieder diese panikartigen Zustände verschafft, bei denen sie nur hechelnd atmete, weswegen sie schon in psychologischer Behandlung war. Aber nichts half.

Ihr schmerzten die Ohren von dem durchdringenden Warnton, der in regelmäßigen Abständen erneut Anlauf nahm und machtvoll anschwoll. Am liebsten hätte sie sie mit den Händen zugehalten, aber das hätte nichts gebracht. Das Brummen des Signals ließ ihren gesamten Körper vibrieren.

Swenja stapfte durch den nassen, schweren Sand. Das Leder der Sportschuhe war am unteren Rand schon dunkler geworden, und sie spürte fröstelnd, dass die Feuchtigkeit bereits bis auf die Socken durchgedrungen war. Sie hätte sich besser für gefütterte Gummistiefel entscheiden sollen, aber bei Reiseantritt schien noch die Sonne. Deshalb hatte sie die auch gar nicht in Erwägung gezogen.

Es roch intensiv nach dem Schlick, in dem sich graue Schaumkrönchen tummelten. Jetzt blieb sie stehen, wischte sich die Nässe aus dem Gesicht und blickte Sybilla hinterher, die forschen Schrittes fast fünfzig Meter vor ihr lief. In dem Moment verhielt auch die Schwester und drehte sich um. Sie winkte lebhaft und rief lautstark: „Jetzt komm aber mal in die Hufe, alte Trödelliese!"

Bekannte Worte, die nach Kindheit klangen. „Alte Trödelliese!" Wie oft hatte die Mutter das mit einer Zornesfalte auf der Stirn von sich gegeben, und die kleine Schwester griff es dann jedes Mal auf, um es wie eine Schallplatte mit einem Sprung zu wiederholen, bis die Mutter sie lächelnd stoppte, sie in die Arme schloss und ihr zärtlich über die blonden Locken strich. Und sie? Sie stand daneben, konnte sich nicht rühren, war wie gelähmt.

Swenja beschleunigte ihre Schritte, um Sybilla einzuholen, die ihren Weg schon wieder fortgesetzt hatte. Es dauerte nicht lange, dann waren die beiden Frauen auf gleicher Höhe.

„Na, aufgewacht, Schwesterlein?", erkundigte sich Sybilla mit einem Grinsen im Gesicht und stieß sie freundschaftlich in die Seite.

„Wir sind schließlich auch hier, um die Schönheit der Natur zu genießen", lenkte Swenja ein und ärgerte sich im selben Augenblick über ihre Antwort. Da war sie wieder, diese ewige Rücksichtnahme, dieses laufende Sich-entschuldigen-Müssen.

Sybilla lachte auf.

„Na, du bist gut. Es ist ein Scheißwetter, und du willst hier irgendwelche Schönheiten genießen. Dass ich nicht lache. Hast ja einen wunderbaren Termin für unseren Ausflug ausgesucht. Wie immer. Da höre ich einmal auf dich und gleich geht alles in die Binsen. Wir hätten doch die Malediven für einen ordentlichen Trip zu dieser Jahreszeit nehmen sollen. Ich hätte das auch notfalls gesponsert, immerhin liegt mein Gehalt geringfügig höher als das deinige. Da könnten wir jetzt gemütlich unter einem Sonnenschirm relaxen und einen exotischen Drink nach dem anderen schlürfen. Ein paar ansehnliche Kellner um uns herum. Aber du musstest wegen absurder, verklärter Erinnerungen ausgerechnet nach Hiddensee."

Das war das Stichwort. Auf dem „söten Länneken", wie die Einheimischen es nannten, hatte Swenja einst einen Urlaub mit ihrer großen Liebe verbracht. Knut! Die nicht einmal zwanzig Quadratkilometer waren sie Stück um Stück abgewandert, jedenfalls überall dort, wo es möglich und gestattet war. Gelegentlich mal zur Abkürzung über eine abgesperrte Wiese, unter den neugierigen Blicken der wiederkäuenden Kühe und mit äußerster Vorsicht, damit sie keinen Schlag an den sichernden Drahtzäunen bekamen.

Die Naturschutzgebietsschilder bremsten sie indes an etlichen Stellen aus. Sie wiesen energisch mit Verboten darauf hin, was alles in diesem Teil des Nationalparks Vorpommersche Boddenlandschaft nicht gestattet war.

Da war Knut doch sehr gewissenhaft. Er studierte in jener Zeit und wollte Lehrer werden. Biologie interessierte ihn vor allem, sein Hauptfach. Nur 250 Meter sei das kleine Inselchen an der schmalsten Stelle dünn und knapp vier Kilometer an der breitesten Stelle stark, hatte er damals doziert, belesen, wie er war.

Hiddensee, ganz nah der Insel Rügen vorgelagert, hätte auch einen Ausflug zum größeren Nachbarn erlaubt, hatte er nebenher eingeräumt. Aber das war gar nicht nötig. Das kleine Eiland fesselte beide. Und sie waren verliebt, Swenja jedenfalls schwebte auf Wolken und träumte schon von der ganz großen, unbedingt weißen Hochzeit, in einem Blumenmeer, im Beisein der stolzen Eltern und der Schwester, mit sämtlichen Freunden und Bekannten. Und sie dachte, es würde Knut ebenso ergehen. Ihrer beider Liebe sei unumstößlich.

Doch ein paar Tage später war die kleine Schwester einfach so angereist und hatte sich eingemischt, wie immer. Das war peu à peu geschehen. Erst die intensive Umarmung bei der Begrüßung, dann da ein Blick, dort eine scheinbar zufällige Berührung. Swenja hatte einfach nichts bemerkt oder wollte nichts bemerken, selbst als Knut eines Nachts betont leise aufstand, sich zurückzog und erst Stunden später zurückkehrte, um die Decke über den Kopf zu ziehen, selig zu stöhnen und Augenblicke später in ein Schnarchen zu verfallen. Es war nicht mehr sein Geruch, der ihn umfing, er hatte den ihrer Schwester angenommen.

Zuletzt sah sie sich auf dem Schiff, das wieder heimwärts fuhr, an der Reling stehen. Zunächst brachte es sie nach Stralsund. Ohne den Mann an ihrer Seite. Der blieb mit Sybilla zurück, und später heirateten die beiden – so groß, wie sie sich das eigentlich für sich vorgestellt hatte. Swenja fungierte mechanisch und wie versteinert als Trauzeugin, hatte doch Knut darauf bestanden, dass sie gute Freunde blieben. Aus einer Laune heraus hatte sie sich für die Hochzeit eine Dauerwelle und ein ebensolches Blond wie ihre Schwester zugelegt, was eine verblüffende äußerliche Ähnlichkeit erzeugte. Ansonsten zog sie sich in ihr Schneckenhaus zurück und redete nie über die Vergangenheit.

„Weißt du noch …?", kam es stockend von Swenja.

„Was soll ich, verdammt noch mal, wissen?", fuhr Sybilla sie grob an, zückte ein Zellstofftaschentuch und schnaubte sich geräuschvoll die Nase. „Wenn ich mir hier mal nicht eine heftige Erkältung eingefangen habe! Und daran bist nur du schuld! Ich glaube kaum, dass ich das übers Wochenende auskurieren kann. Und Montag habe ich die große Präsentation vor der Geschäftsleitung. Dabei geht es für mich um alles, um den Aufstieg innerhalb des Unternehmens, um den nächsten Sprung auf der Karriereleiter. Oh, du bist so was von unmöglich."

Bei diesen Worten stapfte sie weiter stur voran.

Swenja hatte nicht zugehört. Sie hing schon wieder ihren Gedanken nach. Den einen Urlaubstag vor dem Wochenende hatte sie sich extra in ihrer Firma erbeten, für eine private Angelegenheit. Die Situation mit der Schwester bedrückte sie seit Jahren, und sie wollte sich einmal mit ihr aussprechen, so richtig gründlich. Wenn dann Sybilla um Verzeihung bitten würde, dann würde sie dem nachgeben und alles wäre endlich gut! So malte sie sich die Situation wieder und wieder aus. Sie sagte keinem, was sie vorhatte, und eigentlich interessierte sich auch niemand wirklich dafür beziehungsweise für sie.

„Dass Sie mir Montag aber wieder pünktlich an der Arbeit sind", hatte der Chef nur nüchtern gemeint. „Wir bekommen die Lieferungen mit den neuen Büchern von der Bestsellerliste. Die müssen alle einsortiert sein, ehe wir öffnen. Schließlich greifen die Kunden zuerst danach. Umsatz, Umsatz, Umsatz!" Seine übliche Formulierung klang ihr lange in den Ohren.

Swenja war in ihrem Traumberuf angekommen. Sie arbeitete in einer großen Buchhandlung, seit dem Tod der Mutter wieder Vollzeit. Und die Gründlichkeit, die sie auszeichnete, kam ihr sehr zustatten. Sie beriet eben leidenschaftlich gern und fand stets heraus, was auf den einzelnen Kundenwunsch zugeschnitten war. Manches dauerte deshalb bei ihr etwas länger, aber dafür waren die Käufer immer zufrieden, und es kamen nie Klagen, sondern nur lobende Worte, die der Chef indes herunterspielte, während er seinen Standardkommentar fallen ließ, dass ein wenig mehr Schnelligkeit schon angebracht wäre. Einmal hatte er gemeint, man könne ja mal erfassen, wie viele Minuten sie benötigte, um ein Buch an den Mann oder die Frau zu bringen. So wie in den Callcentern oder bei großen Versandunternehmen, wo alles akribisch erfasst würde, jedes Wort, jeder Handschlag, und wo es Richtzeiten für alles Tun gäbe. Da würde sie garantiert auf dem letzten Platz im Team landen und wäre bei der nächsten Entlassungswelle dabei. Er hatte daraufhin gelacht, als wäre das ein ganz toller Witz. Gar nicht mehr aufhören wollte er mit seinem Gelächter.

Die beiden Schwestern liefen jetzt unterhalb der etwa vierhundert Meter langen Huckemauer. Auf ihr zu gehen, das verbot sich aufgrund der Nässe. Bei Trockenheit war es einfach nur aufregend, aber jetzt war alles schmierig und glatt. Der glänzend schwarze Steinwall schützte das Kliff und stammte noch aus der Zeit kurz vor dem Zweiten Weltkrieg. Swenja hatte sich ganz bewusst für den klassischen Weg entschieden, den sie damals auch Hand in Hand mit Knut gegangen war: vom Hafen in Kloster, mit einem kleinen Zwischenstopp beim Bäcker Kasten, wo Swenja diesmal zwei Streuselschnecken als Wegzehrung kaufte, während Sybilla draußen ungeduldig wartete, vorbei am Wieseneck, dann am Gerhart-Hauptmann-Haus und am Inselmuseum, schließlich zwischen den Dünen hindurch, wobei sich ein grandioser Blick aufs Meer bot. Wenn nicht gerade dicker Nebel herrschte, so wie heute.

Auf den ersten Metern gab es noch ein paar von den Eintagsfliegen, so nannten die Bewohner die Gäste etwas abfällig, die nur für ein paar Stunden einen Abstecher nach Hiddensee machten. Eine Zeit, in der man nie und nimmer einen Eindruck von der Schönheit der Insel bekommen konnte, dessen war sie sich sicher. Aber das Wetter ließ die wenigen Touristen heute schnell in den ersten Restaurants verschwinden. Das Haus des großen deutschen Dichters und das Museum hatten leider geschlossen. Betriebsferien. Am Wasser selbst war keine Menschenseele zu sehen gewesen, wobei die Sichtweite nur ein kleines Stück reichte.

An der Treppe zum Dornbuschwald hielt Sybilla endlich an, wartete, bis ihre Schwester neben ihr stand, und meinte: „Mir reicht es eigentlich. Wir können doch die Stufen nach oben steigen und uns in der Gaststätte – wie hieß die noch gleich? – einen steifen Grog servieren lassen. Genau nach dem wäre mir jetzt! Der würde uns prima durchwärmen."

„Zum Klausner", fiel es Swenja sofort ein, aber sie verkniff sich die Erklärung und schüttelte nur den Kopf: „Ich würde gern noch ein wenig weitergehen, vielleicht ganz um die Steilküste herum. Und dann laufen wir über Grieben wieder zurück zum Hafen. Das ist ein schöner Weg."

Sie schob das Gespräch weiter vor sich her und legte sich im Inneren die Worte zurecht, die auch passen sollten. Dabei wollte sie die Schwester nicht brüskieren, sondern einfach nur für Harmonie sorgen, nach der sie sich ein Leben lang gesehnt hatte.

Swenja sah den traumhaften Ort Grieben vor sich, mit seinen ungepflasterten Wegen und weiß getünchten Reetdachhäusern. Mit Sanddorn- und Hagebuttenbüschen, mit üppigen Malven vor den Fischerkaten, sich rekelnden Katzen und Schafen, die auf den Hinterhufen stehend Birnen pflückten, einem Alten, der gemächlich ein Netz flickte. So urig und verschlafen zeigte sich damals noch mit Knut der älteste und kleinste Ort auf der Insel mit seinen uralten Feldsteinmauern aus der Slawenzeit, wie er sofort kundtat. Entlang des Boddens zum Enddorn hin erstreckte sich der Ort nördlich von Kloster. Ob sich dort wohl etwas verändert hatte? Wie mochte es bei diesem Wetter da ausschauen? Swenja grübelte.

„Wie du meinst", entgegnete die Schwester einlenkend. „Das ist irgendwie heute dein Tag. Ganz ehrlich. Dann will ich mal nicht so sein. Vielleicht klart es ja auch wieder auf, und wir erleben noch einen strahlenden Sonnenschein und die super Aussicht auf alles."

Um dem zu widersprechen, legte sich das Nebelhorn erneut ins Zeug und ließ seine Rufe ertönen. Die beiden Frauen liefen jetzt schweigsam nebeneinanderher, bis die ältere Schwester wieder zurückfiel.

Zwischendurch bückte sich Swenja und hob einen Hühnergott auf, um ihn ein paar Schritte später gedankenlos in den Sand gleiten zu lassen. Ein Fund verschwand in ihrer Jackentasche, vielleicht war es ein Bernstein. Das würde sie später zu Hause testen, da gab es ein paar Tricks, aber jetzt konnte sie sich nicht darauf konzentrieren. Dann fiel ihr Blick noch auf ein vollständiges Exemplar eines Donnerkeils. So einen hatte sie auch noch als Erinnerung aus der Zeit mit Knut daheim. Sie griff sich die Versteinerung und ging weiter. Fast schienen sich ihre Schritte zu verlangsamen.

Die Steilküste erhob sich massig in die Höhe, wobei nicht viel erkennbar war, der Weg am Strand entlang wurde immer schmaler. Es ging nur noch über felsigen Untergrund. Sybilla rutschte plötzlich aus und fiel fluchend auf die Knie.

„Kein Stück weiter."

„Genau", erwiderte Swenja. „Hier war das damals."

Sie ärgerte sich über ihre Worte. So wollte sie gar nicht angefangen haben. Aber die Sätze bildeten sich von allein.

„Was? Wie? Wovon redest du überhaupt?", wollte Sybilla wissen, während sie sich mühsam erhob und die sandigen Hände an der Jacke abwischte.

„Du weißt ganz genau, worauf ich anspiele. Hier hast du damals Knut geküsst. Ihr beiden dachtet, ich würde das nicht mitbekommen, weil ich nicht so schnell zu Fuß war. Aber ich habe alles exakt gesehen. So wie ich überhaupt alles gesehen und bemerkt habe."

„Jaja … Das ist nun Ewigkeiten her. Und die Ehe mit ‚deinem' Knut war auch nicht gerade die Erfüllung. Hättest den Waschlappen ruhig behalten können. Nicht mal zum Kinderzeugen hat er getaugt. Na, zum Glück weilt er nicht mehr unter uns. Der Herzinfarkt vor zwei Jahren war die ideale Lösung mit dem tödlichen Ausgang. Bin ich schon mal in den Genuss einer Witwenrente gekommen. Also, als Pflegefall hätte ich Knut keinen Tag lang zu Hause behalten, sondern mich sofort um einen Platz in einem Heim gekümmert! So ein sabberndes, lallendes Untier gehört weggesperrt!"

Während dieser letzten Worte hatte sich Swenja der Schwester immer dichter genähert. Sie atmete heftig und stieß sie gegen die Brust, sodass sie nach hinten taumelte.

„Das lasse ich mir nicht von dir gefallen. Du bist so ein hinterhältiges Aas, und jetzt auch noch die Ehre von Knut beschmutzen. Du hattest ihn überhaupt nicht verdient. Er war viel zu gut für dich!"

„Na, du musst das ja wissen, bei deiner Erfahrung mit Männern", sagte Sybilla nüchtern und trat freiwillig noch einen Schritt rückwärts.

In den lauten Streit der beiden Schwestern mischte sich ein Geräusch, das nicht dem Nebelhorn zuzuordnen war. Es war ein Brummen und Knirschen, dazu schien der Boden leicht zu wanken. Swenja holte mit einem Mal aus und schlug Sybilla ins Gesicht. Einmal und noch einmal, mit der Handfläche und mit dem Handrücken. Sie tat das ganz mechanisch, aber dafür umso kraftvoller. Dabei verlor die völlig verdutzte Jüngere den Halt und stürzte zu Boden, mit dem Hinterkopf auf die Steine. Das Grollen der Umgebung wurde größer. Sybilla schien bewusstlos, und Swenja hockte sich nun doch erschrocken neben sie, wobei sich ihre Gedanken verirrten.

„Swenja!"
Die Stimme der Mutter klang drohend.
„Sofort kommst du her!"
Das Kind drehte nervös an einer Strähne der glatten Haare. Was war es wohl diesmal, was ihr vorgeworfen wurde? Sie konnte sich nicht erinnern, etwas falsch gemacht zu haben. Bis eben hatte sie doch noch bei ihren Schularbeiten gesessen, vorhin den Müll runtergetragen und von allen Familienmitgliedern die Schuhe geputzt. Ihr Zettel mit den übertragenen Aufgaben lag ordentlich abgehakt neben dem Mathematikbuch.
Swenja lief in die Küche, aus der die Rufe der Mutter gekommen waren. Und schon in der Tür entdeckte sie

das Malheur. Der komplette Fußboden war übersät mit Glitzerspuren, und auf dem Küchentisch war die Tube mit Leim ausgelaufen. Der Schraubdeckel lag daneben. Dazwischen befanden sich ein paar farbenfrohe Steckbilder, zusammengeklebt, mit unschönen Glitzerhaufen versehen und zu nichts mehr zu gebrauchen.

Die Mutter, zunächst noch die Hände in die Hüften gestemmt, griff flugs Swenja am Ohr und drehte es nach oben, bis es dem Kind wehtat. Ein paar Haare hatten sich verfangen, und es ziepte überdies.

„Aua, Mama, aua", kam es kläglich.

„Was hast du blöde Göre hier wieder angestellt?"

Und schon setzte es die erste Ohrfeige. Noch riss sich Swenja zusammen und verkniff sich die Tränen. Worte der Entschuldigung, dass sie die ganze Zeit in ihrem Zimmer gewesen sei und schwierige Mathematikaufgaben gelöst hätte, gingen unter. Denn schon folgte ein Schlag nach dem anderen, bis das Kind sich wimmernd auf dem Boden krümmte.

„Das kann nur Sybilla gewesen sein", entrang es sich dem Mädchen halblaut und mit Schluchzen, als plötzlich die Schwester im Raum stand und „alte Petze" zwischen den Zähnen hervorstieß, was die Mutter ignorierte.

„Ach was, du solltest auf sie aufpassen. Die Kleine kann gar nichts dafür. Schließlich bist du die Große, die Vernünftige! Aber wie immer konnten wir uns nicht auf dich verlassen! Dein Vater wird sehr, sehr traurig sein, wenn ich ihm das nachher erzähle. Wahrscheinlich setzt es noch einmal eine Tracht Prügel."

Damit war die Sache für die Mutter erledigt.

„Du räumst hier alles auf, sodass ich hinterher nicht mehr eine einzige Spur von diesem dämlichen Glitzerzeug sehe."

Dann wandte sie sich behutsam der jüngeren Tochter zu: „Hab ich dich verschreckt, mein Kleines? Nimm es mir nicht übel."

Und sie drückte Sybilla einen Kuss auf die Stirn. Schließlich verschwanden Mutter und Tochter Hand in Hand aus dem Raum.

„Natürlich, meine Süße. Wenn du studieren willst, dann ist das gar kein Problem. Das bekommen wir hin. Alles, was du willst. Wir, dein Papa und ich, denken ja beständig an deine gute, sichere Zukunft."

Swenja glaubte, sich verhört zu haben. Sie stand im Flur, und die kleine Schwester saß mit der Mutter im Wohnzimmer auf dem Sofa, es war ein Freitagnachmittag und der Vater noch auf der Arbeit. In ihren zitternden Händen drohte der Kuchen vom Teller zu rutschen. Sie atmete tief durch. Nein, bei ihr war überhaupt nichts möglich gewesen. Sieh zu, dass du Geld verdienst, hatte es geheißen. Dabei hatte sie fast nur Einsen auf dem Zeugnis, im Gegensatz zu Sybilla, die sich gerade so im Mittelfeld ihrer Klasse bewegte.

Und auch der Vater ließ sich nicht erweichen. Er ging sowieso allen Auseinandersetzungen in dieser Familie aus dem Weg, indem er sich, so lange es vertretbar war, auf seiner Arbeit aufhielt und sich stets auch welche mit nach Hause brachte, in der er sich dann vergrub, ohne ansprechbar zu sein.

„Klärt das untereinander", war sein Lieblingsspruch, während er abwinkte. Seine dicke Aktentasche stand dabei mahnend neben dem wuchtigen Schreibtisch. Und schon war sein Kopf wieder in irgendwelchen Papieren verschwunden.

Swenja trat also nach dem Schulabschluss als Klassenbeste die Ausbildung bei einem Buchhändler an, damit sie ihren Eltern nicht zu lange auf der Tasche lag. Der war natürlich heilfroh, so einen pfiffigen Lehrling zu bekommen, und unterstützte sie bei ihrem späteren Wunsch, im Fernstudium noch mehr nachzulegen. Das war der Seniorchef, der irgendwann aber die Geschicke in die Hände seines Sohnes gab …

Als der Vater noch vor seinem Renteneintritt verstarb, weinte Swenja am Grab bitterlich. Später bestand Sybilla auf ihrem Pflichtteil des Erbes, wofür die Mutter vollstes Verständnis zeigte. Schließlich war eine Eigentumswohnung eine gute Investition, wie sie meinte. Swenja hingegen erhielt zwar die gleiche Summe, musste aber alles in das elterliche Reihenhaus stecken, in dem sie wohnen geblieben war.

„Das ist doch mehr als gerecht", hatte die Mutter festgelegt und ihrer Tochter über die Schulter geblickt, als sie die Überweisung für den Dachdecker ausfüllte, nachdem er die nötigen Arbeiten erledigt hatte.

Zu der Eigentumswohnung kam es allerdings bei Sybilla nie. Sie steckte all ihr Geld in ihr Outfit. Teure Designergarderobe verschlang auch das elterliche Erbe.

„Das ist ja völlig klar, dass du dich um Mutti kümmerst. Schließlich wohnt ihr unter einem Dach", beschloss Sybilla und tippte nebenher eine SMS in ihr Handy ein. „Ich kann bei meiner wichtigen Arbeit nicht kürzertreten. Sonst verliere ich da sofort den Anschluss und bin weg vom Fenster. Das wäre das glatte Aus. Aber du könntest ja im Dienst zum Beispiel auf weniger Stunden bestehen, weil du einen Pflegefall in der Familie hast. Das geht doch heutzutage relativ unproblematisch. Steht dir rechtlich sogar zu. Und das üppige Pflegegeld bekommst du obendrein. Wenn das kein echter Anreiz für dich ist."

Dabei setzte Sybilla die Kaffeetasse ab und griff sich noch einen Keks. Ihr Handy machte schon wieder mit einem Stück klassischer Musik auf sich aufmerksam, wurde jedoch von ihr nur kurz gemustert. Es schien nicht von größerer Wichtigkeit.

Swenja war aschfahl im Gesicht geworden. So hatte sie sich das Gespräch mit ihrer kleinen Schwester nicht vorgestellt. Sie hatte gehofft, dass sich beide irgendwie nach dem Schlaganfall der Mutter die Betreuung teilen könnten. Außerdem war doch die Kleine immer das Lieblingskind gewesen. War das nicht zugleich Verpflichtung? Swenja schüttelte den Kopf.

„Bist du etwa dagegen?", erkundigte sich Sybilla mit scharfer Stimme. „Ich wüsste keine Alternative. Höchstens das Heim. Aber das können wir ihr ja nun nicht gleich zumuten. Wir, ähm, du solltest es zumindest versuchen."

„Wenn du meinst", entgegnete Swenja tonlos. „Ich will es probieren. Mal schauen, was mein Arbeitgeber dazu sagt. Es arbeiten ja einige Kolleginnen wegen ihrer Kinder verkürzt. Das müsste schon machbar sein. Wollen wir es hoffen."

Swenja hatte den Eindruck, als ob nicht sie es war, die da redete. Als ob jemand ihre Stimme nachahmte. Sie fühlte sich beklommen und hilflos.

„Siehst du. Genau! Bei dir ist es machbar. Bei mir führt kein Weg dahin. Ich komme euch immer besuchen. Zur Not kann ich dich ja mal ablösen. Jedenfalls, wenn es meine Zeit erlaubt."

Für Sybilla war die Sache damit aus der Welt. Sie hatte sich im Korbstuhl zurückgelehnt und genoss den Rest ihres Milchkaffees.

„Wirst du mir wohl endlich den Schieber bringen, du unnützes Ding", schall es durch das Haus. Swenja wischte sich den Schweiß von der Stirn. Die Mutter konnte gut und gern selbstständig auf die Toilette gehen, aber sie ließ sich lieber von vorn bis hinten bedienen. Und man durfte sie keinen Augenblick aus den Augen lassen. So, als ob sie auf Schabernack aus war, stellte sie laufend etwas an. Es war an ihrer großen Tochter, mit dem rechtzeitigen Gespür alles zu entdecken: den aufgedrehten Hahn der Badewanne, der sie zum Überlaufen brachte, die angestellte Herdplatte, auf der eine wie zufällig dahin geratene Pralinenschachtel anfing zu qualmen, die offen stehende Haustür mitten in der Nacht …

Wenn Swenja zur Arbeit ging, dann redete sie zuvor behutsam auf die Mutter ein, was sie alles bedenken möge. Aber sie hätte auch in den Wald hineinrufen können. Nichts, aber auch gar nichts blieb hängen. Im Gegenteil. In allen Dingen wurde genau anders gehandelt. Natürlich hatte Swenja über all das gelesen, was mit Demenz zu tun

hatte. Es gab so viele Parallelen. Ihr Versuch, den Pflege-
grad der Mutter hochzusetzen, um auch Pflegepersonal
anfordern zu können, scheiterte. Wenn da jemand von
Amts wegen kam, um entsprechende Fragen zu stellen,
dann brillierte die alte Frau mit ihren Antworten wie in
ihren besten Jahren und bewegte sich durchs Haus wie ein
junges Mädchen. Und wenn – ganz selten – Sybilla auftauchte, dann plauderten und lachten Mutter und Tochter,
als ob nichts in ihrer beider Leben geschehen wäre …

Swenja löste sich erschrocken aus ihren Erinnerungen.
Das Ton-Geröll-Sand-Stein-Gemisch rutschte in diesem
Augenblick donnernd den Abhang hinunter, während Sybilla auf dem Boden lag. Sie wurde schlagartig von den
Massen überrollt und begraben. Swenja hatte sich intuitiv
rechtzeitig erhoben, war ein Stück zurückgesprungen und
hatte sich damit in Sicherheit gebracht. Als wieder Stille
eingezogen war, betrachtete sie den Ort des Geschehens.
Jetzt dröhnte neuerlich das Nebelhorn. Eine Hand der
Schwester ragte aus dem Untergrund, die Finger bewegten
sich leicht, krallten in die nebelfeuchte Luft.

Swenja überlegte ganz kurz. Dann drehte sie sich um,
lief zur Treppe Richtung Dornbuschwald und stieg die
etwa hundert Stufen empor, ohne sich auch nur einmal
umzuschauen.

Im Restaurant bestellte sie sich den Grog, von dem die
Schwester gesprochen hatte.

„Na, bei dem Schietwetter so allein unterwegs?", hatte
der Kellner freundlich gemurmelt. „Da kann doch allerlei
passieren. Aber jetzt sind Sie ja hier und können sich in

Ruhe ein wenig stärken. Und dann geht es sicher gerade-
wegs zum Schiff zurück?"

Er sprach Hochdeutsch und schien nicht von der Insel
zu sein. Sie hatte nur genickt, obwohl er nicht wirklich auf
eine Antwort wartete.

Irgendwann nahm sie den Weg Richtung Hafen in
Kloster, nun doch nicht mit dem Umweg über Grieben,
wie zuvor der Schwester vorgeschlagen. Dafür hätte die
Zeit nicht mehr gereicht. Sie musste pünktlich sein, um
die letzte Standardverbindung zu erreichen.

Später auf dem Schiff nach Stralsund, wo die beiden
Schwestern Quartier genommen hatten, stand sie wieder
an der Reling. Es gab nur wenige Reisende an Bord. Sie
atmete jetzt unbeschwert die köstlich-salzige Luft tief ein
und aus. Die Nebelfeuchte störte sie nicht. An der Kapuze
hatte sie, ohne nachzudenken, endlich einen festen Knoten gebunden, damit sich die sonstige einfache Schleife
nicht immer wieder löste. Sie ließ sich die Gischt ins Gesicht sprühen.

Ein paar Möwen begleiteten sie mit lauten, fordernden
Schreien. Dann fielen ihr die Streuselschnecken von Bäcker Kasten ein. Die lagen noch in ihrem Rucksack. Dafür
würde sie jetzt dankbare Abnehmer finden. Swenja öffnete
den Reißverschluss und zog die durchgefettete Papiertüte
heraus. Dann brach sie Stückchen für Stückchen von dem
Gebäck ab und warf es in die Höhe. Ihre Finger klebten,
aber das nahm sie nicht wahr.

In dieser Nacht schlief sie tief und fest, so gut wie lange
nicht mehr. Am nächsten Morgen entschied sie sich beim
Frühstück für die sofortige Rückreise.

„Und Ihre Schwester? Bleibt sie noch ein paar Tage?",
erkundigte sich die freundliche Mitarbeiterin an der Re-
zeption.

„Ja, das hatten wir gestern spontan so ausgemacht!",
sagte Swenja mit einem breiten Lächeln. Jetzt freute sie
sich sogar auf die Rückfahrt im Auto auf der A 20, die im
Gegensatz zu damals mit Knut die Anreisezeit inzwischen
erheblich verkürzte.

Swenja war eingenickt. Die fast siebenstündige Autofahrt
hatte sie doch ziemlich angestrengt. Aber ein unerfindli-
cher Drang hatte sie nach ihrer Ankunft daheim in diese
Wohnung genötigt.

Irgendwann gab sie sich einen Ruck und öffnete die
Augen. Du hast nichts falsch gemacht, alles ist gut, sagte
sie sich. Dann erhob sie sich und verließ die Wohnung, die
ihr jetzt unheimlich vorkam. Auf dem Rückweg begegnete
sie niemandem.

2. Kapitel
Neben der Spur

„Ich gehe mal zur Tür", sagte Walther zu sich. Seit geraumer Zeit schon führte er Selbstgespräche, damit wenigstens eine Stimme in der Wohnung zu vernehmen war. Andere Leute wichen ja auf Dauerbeschallung durch Radio oder Fernseher aus, hatten Letzteren schon am frühen Morgen eingeschaltet. Das wäre für ihn niemals infrage gekommen.

Er hatte Swenjas hallende Schritte im Hausflur wahrgenommen. Ein Blick durch den Spion verkündete ihm Leere. Es dauerte ein Weilchen, ehe er alle Riegel zurückgeschoben und den Schlüssel, den er von der Hutablage genommen hatte, ins Schloss gesteckt und zweimal nach rechts gedreht hatte. Einen Spalt nur öffnete der alte Mann die Wohnungstür und ließ seine Blicke erfolglos wandern. Dann zog er die Tür wieder in ihre ursprüngliche Position und aktivierte alle Einbruchssicherungen. Der Schlüssel landete erneut auf seinem speziellen Platz. Er schlurfte durch den Flur zurück, die braun-gelb karierten Pantoffeln schienen an seinen Füßen zu kleben.

„Niemand da", brummte er in seinen ungepflegten Bart, das lichte Haupthaar lag flusig durcheinander und stand zum Teil in die Höhe. Aber Martha, die am Fenster saß, reagierte nicht. Sie hatte es sich in ihrem Ohrensessel gemütlich gemacht und sich dafür ein weiteres Kissen unter den Hintern geschoben, damit sie etwas erhöht sitzend auch aus dem Fenster schauen konnte. Ihre Füße standen auf einem kleinen, stoffbezogenen Höckerchen. Ohne dessen Hilfe hätten sie den Boden nicht erreichen können und ihre Beine hätten nur im Leeren gebaumelt. Sie trug ein frühlingshaftes Kleid mit Mohnblumen darauf. Ihren Büstenhalter hatte sie darüber angezogen. Keiner der beiden Eheleute nahm das wahr. Die Hände hatte Martha ineinandergefaltet und die Finger jeweils zwischen die anderen gesteckt. Nur die Daumen kreisten unermüdlich umeinander. Sie schien Walthers Bemerkung nicht gehört zu haben.

Aufräumen, dachte der Alte, als seine Augen über den Esstisch wanderten. Der stand in einer Nische des großzügigen Wohnzimmers und war direkt von der Küche aus zu erreichen. Auf ihm befanden sich Tassen, Teller, Gläser, und einige Bestecke kreuzten sich dazwischen. Reste von längst vergangenen Mahlzeiten nahmen undefinierbare Gestalt an. Eine übrig gebliebene Brotscheibe krümmte sich in die Höhe. Der Gedanke mit dem Aufräumen, der gleichzeitig mit jenem Stichwort Frauenarbeit kombiniert war, hatte sich längst verflüchtigt.

Walther verspürte weder Hunger noch Durst. Er zog sich die fleckige Anzughose hoch und nestelte an seiner Krawatte. Das einst weiße Hemd war farblich in einen Grauton übergegangen. Knitterfalten überzogen es. Der Alte machte sich auf den Weg in sein Arbeitszimmer. Dort setzte er sich an den Schreibtisch, vor seinen Computer, und streichelte behutsam über die Tastatur. Rechter Hand in einer Ablagekiste befanden sich Briefe von den Kindern, die jüngsten Sendungen ungeöffnet. Der Sohn lebte mit seiner Familie in den Staaten, die Tochter jettete für ihren Reiseveranstalter um die ganze Welt.

„Lieber Paps, liebe Mam, so gerne wir übers Fest nach Hause kommen würden, so leid tut es uns, dass wir das in diesem Jahr nicht einrichten können. Die Arbeit hält uns beide hier in Manhattan fest. So wie wir uns das schon gedacht hatten. Leider, leider! Weder Jane noch ich können uns freimachen. In der Klinik ist der Teufel los. Wir müssen uns um so viele Menschen sorgen, die an dem Virus erkrankt sind. Dafür habt ihr ja sicher Verständnis. Schließlich haben wir als Ärzte einen Eid geschworen, der uns zur Hilfeleistung verpflichtet, was wir natürlich von Herzen gern tun … Und wenn du, lieber Paps, im kommenden Jahr deinen 90. feierst, dann sind wir auf jeden Fall dabei … Ihr könnt uns für die riesige Party schon einmal einplanen … In der Zwischenzeit könnte euch ja mein Schwesterherz mal Skype einrichten. Das ist total einfach und ihr könntet eure Enkel sehen. Ihr glaubt gar nicht, wie sehr die schon wieder gewachsen sind …“

Das hätte Walther im aktuellsten Brief seines Sohnes lesen können, wenn er ihn gelesen hätte. Auch die bohrende Frage, warum denn niemand ans Telefon gehe, die aber gleich selbst beantwortet wurde: „… bestimmt seid ihr viel auf Achse und mit den Senioren unterwegs …“

Marie-Ann war mehrfach auf dem Anrufbeantworter aufgelaufen. Kündigte ein Kommen an, sagte es wieder ab und wiegte sich wie ihr Bruder mit Ausreden in Sicherheit: „… wenn alles klappt, kann ich Heiligabend vorbeischauen. Momentan ist da noch keine neue Dienstreise geplant. Aber man weiß ja nie. Jetzt erst mal ganz liebe Grüße aus Neuseeland. Bleibt gesund und munter. Und Bussi, ihr beiden!"

Noch bis vor Kurzem hatte Walther recht gut funktioniert und die Situation mit seiner Frau im Griff, deren Demenz immer deutlichere Züge annahm. Da hatte er auch stets zum Hörer gegriffen, wenn das Telefon klingelte. Und er wartete mit Notlügen auf, denn er wollte seinen Kindern nicht das Herz schwer machen. Martha befand sich also in der Wanne, war beim Friseur, bei der Fußpflege oder stand am Herd …

„Ja, Mam geht es gut. Sie steht natürlich in der Küche und zaubert was Leckeres für uns beide. Momentan ist sie total unabkömmlich. Aber sie lässt euch herzlich grüßen."

Dann tauschte er sich mit seinem Sohn aus, und beide fachsimpelten über medizinische Fragen. Wenn es Walther auch nur zum Pfleger gebracht hatte, so hatten sie all ihre Kräfte in die Ausbildung der Kinder gesteckt, vor allem des Jungen, der später seinen Doktor machte.

Marie-Ann war Reiseverkehrskauffrau geworden und tat genau das, was sie sich immer gewünscht hatte, schon als kleines Mädchen. Wenn sie damals etwas spielte, dann war es in der Mehrzahl der Fälle Urlaubmachen. Bei früheren Telefonaten mit ihr ging es stets um phänomenale Eindrücke einer neuen Destination. Die Tochter beschrieb jedes Mal ausgiebig und sehr gut vorstellbar Land und Leute, Flora und Fauna. Fragen nach dem Wohlbefinden der Eltern wurden rhetorisch ans Ende des Gesprächs gelegt und meist gleich selbst beantwortet. Oder aber es endete mit einer Floskel: „Ich muss dann mal wieder, mein Chef drängt. Wir haben ja auch richtig lange geplaudert …"

Die letzte Lieferung der bestellten Waren aus dem Supermarkt war Mitte November eingetroffen. Ein paar Kisten Mineralwasser, etliche Päckchen Knäckebrot, Margarine, Wurst- und Fischdosen, Obst und Gemüse in Gläsern, auch einiges an Frostware. Walther hatte alles verstaut, allerdings auch schon nicht mehr unbedingt an den Orten, wo es hingehörte. Die Tasche mit den gefrorenen Artikeln landete im ehemaligen Kinderzimmer, das der Sohn und die Tochter nie wieder genutzt hatten, seit sie bei den Eltern ausgezogen waren. Gleich zu Beginn ihrer Berufsausbildungen. Dennoch hielten sie es immer bereit für beide, falls sie sich einmal dafür entscheiden würden.

Auf der rechten Seite stand die Carrera-Bahn an ihrem Platz, der abgenutzte, einst hellbraune Teddy saß auf dem Bett, das in geordneter Regelmäßigkeit frisch bezogen wurde, und an der Wand darüber klebten die Plakate von vor vielen Jahren angesagten Musikgruppen. Auf der linken Seite des Raumes war das Reich der Tochter gewesen, optisch etwas abgetrennt durch ein frei stehendes Bücherregal. Hier saß eine viel geliebte Barbiepuppe auf dem Bettzeug, mit einer märchenhaften, etwas verwaschenen Blumenwiese darauf. Auf dem Kopfkissen prangte ein grüner Frosch mit einer goldenen Krone auf dem Haupt. Irgendwann hatte Martha das alles genau so arrangiert, ein Zustand von vor vielen, vielen Jahren, und es hatte Walther sehr berührt.

„Wir wollen euch ja keine Umstände machen", war stets die Rede des Sohnes, wenn er sich mit seiner Frau und später auch mit dem Nachwuchs von den Eltern für die Übernachtung ins Hotel verabschiedete. „Ist doch viel zu eng für uns alle!"

Und auch Marie-Ann fand immer einen Grund, warum sie nicht in diesem Zimmer schlafen konnte, obwohl sie Single geblieben war und die Enge nicht als Argument gelten konnte.

Für dieses Weihnachtsfest hatte sich der Sohn auch schon weit vorher, irgendwann im Herbst, am Telefon wortreich entschuldigt. Zu viel Arbeit, der enorme Stress, einfach keine Zeit … Natürlich zeigte Walther Verständnis, hoffte aber im Stillen, es würde ein Wunder geschehen und beide Kinder wären am Heiligen Abend daheim. So, wie sich das gehörte.

Am liebsten hing der alte Mann seinen Gedanken an die alten Zeiten nach, als man ihn noch im Beruf anerkannte. Gern saß Walther dazu auf dem sonnigen Balkon, inmitten der Ranken, die von Britta Baumgartens Balkon heruntergewachsen waren. Er liebte diesen grünen Dschungel, in dem man sich fast verbergen konnte. Im heißen Sommer spendete er schattige Kühle, und es roch, als wäre man auf einem Spaziergang in der freien Natur. Natürlich nur, wenn er die Augen schloss.

Martha ließ ihm diese Ruhe, während sie sich um die Hausarbeit kümmerte, gern etwas Leckeres auf dem Herd zauberte, solange sie konnte. Zum Beispiel Szegediner Gulasch, sein absoluter Favorit. Mit Sauerkraut und Kassler und zuletzt zur Abrundung eine ganze Packung saurer Sahne in das fast fertige Gericht. Wenn die Düfte aus der Wohnung um seine Nase zogen, dann versank er noch lieber in seinen Erinnerungen oder in die Lektüre eines guten Buches.

„Walther, Sie haben unserer Mutter das Leben gerettet mit Ihrer einfühlsamen Pflege. Das hat ihr wieder Mut gegeben", bedankte sich eine Frau bei ihm, eine seiner Standarderinnerungen. Mit einem großen Blumenstrauß in der Hand und einer Schachtel Pralinen. An dem Strauß ein Umschlag mit einem größeren Geldschein darin. Er winkte nur ab: „Nicht der Rede wert, das ist doch mein Job. Und jeder von uns tut hier sein Bestes. Schön, dass es Ihrer Mutter wieder so gut geht."

Natürlich steckte er später das Geld in das große rote Sparschwein der Station und teilte die süßen Kalorienbomben mit den Kollegen.

Das mit den Erinnerungen auf dem Balkon musste im vergangenen Sommer gewesen sein oder doch schon im Sommer davor? Walther wusste es nicht mehr. Außerdem trat er jetzt im Winter nicht ins Freie, weder auf den zugeschneiten Balkon noch vor die Haustür.

Und wann es den letzten Szegediner Gulasch gegeben hatte, das war Walther auch nicht mehr bewusst. Lediglich der Auslöser für ein letztes, selbst bereitetes Mahl. Da hatte Martha Spargel, Kartoffeln und Sauce hollandaise zubereiten wollen. Zur Krönung mit Schweinefilet vom Biobauern. Der bot einmal die Woche an seinem Stand neben dem Supermarkt seine Ware feil. Walther hatte nur noch eine schöne Flasche Weißwein zum Essen aus dem

Keller holen wollen und war auf dem Weg mit der Hausmeisterin ins Plaudern geraten.

Als er wieder nach oben kam, quoll schon dicker Qualm aus der Wohnung, und die Rauchmelder piepten. Dann funktionierte er nur noch. Riss in der Küche die Pfanne mit dem schwarzen Fleisch von der Platte und stellte den Herd aus. Dann öffnete er weit die Fenster in allen Zimmern, um für Durchzug zu sorgen. Zuletzt erst holte er sich einen Stuhl und stieg unter die Rauchmelder, die Alarm signalisierten. Stück um Stück deaktivierte er sie. Während Martha im Wohnzimmer saß und vor sich hin starrte. Um die Reste der Mahlzeit kümmerte sich dann Walther und servierte auch den Wein dazu. Beide aßen und tranken schweigend. Zum Glück waren die Nachbarn an jenem Tag schon ausgezogen, und niemand bemerkte das Missgeschick.

Als sich Walther abends neben seine Frau legte, zog er das Schubfach seines Nachtschränkchens heraus. Natürlich lagen die Tabletten darin. Wo sollten sie auch sonst sein?! Zwei Rationen an Schlafmitteln, bei denen es kein Danach mehr gab. Er hatte die richtige Sorte ausgewählt und die entsprechende Menge abgezählt. Schließlich kannte er sich in dem Metier aus. Zur Sicherheit war er bei der Anzahl etwas großzügiger gewesen.

Im Bett floh ihn zunächst der Schlaf, aber dann umfing er ihn mit wohligen Träumen. Wie er und Martha sich einst kennengelernt hatten, auf der Hochzeitsfeier seines besten Freundes. Er war der Trauzeuge, und sie streute Blumen in der Kirche, weil die Kinder, die das ursprünglich tun sollten, aus unerfindlichen Gründen in einen Streit geraten waren, sich plötzlich prügelten, dabei in einer Pfütze landeten und in der folgenden Anzugsordnung kein gutes Bild abgegeben hätten. Martha sprang ein und zwinkerte ihm dabei zu. Die Initialzündung, wie Walther später immer wieder zum Besten gab. Da hatte es bei ihnen beiden gefunkt. Nur ein Jahr später führte er seine Liebste zum Traualtar.

Jetzt umarmte er sie und hob sie hoch, federleicht, wie sie war. Trug sie über die Schwelle in das neue gemeinsame Zuhause. Nicht eine Falte hatte sein Marthchen, und wie sie duftete, wie der leibhaftige Frühling. Nach Maiglöckchen und noch viel mehr.

Walther drehte sich von einer Seite auf die andere. Eine Träne rollte aus einem Augenwinkel über sein verbrauchtes Gesicht. Martha erwachte, machte die Nachttischlampe an, schaute zu ihm hinüber und streichelte ihm sanft über den Kopf. Wer war nur dieser Mann da neben ihr im Bett? Hatte sie sich zum Großvater dazugelegt, weil sie einen Albtraum hatte, davon hochgeschreckt war und nicht mehr einschlafen konnte? Bestimmt, beschloss Martha. Dann stand sie betont leise auf und lief durch die Wohnung. Nur im Nachthemd und mit bloßen Füßen befand sie sich Augenblicke darauf auf dem Balkon. Ihre Blicke schweiften in die Nacht zu den funkelnden Lichtern, die adventliche Stimmung verhießen. Sie schien die Kälte nicht zu bemerken. Auch nicht das unbeleuchtete Auto mit dem Anhänger, von dem gerade zwei Männer weiteren Sperrmüll auf dem Parkplatz abluden und auf den schon vorhandenen Berg schichteten. Wie immer in einer Nacht-und-Nebel-Aktion und nicht etwa dann, wenn offiziell dazu aufgerufen wurde.

Ob der Weihnachtsmann ihr und ihren beiden Brüdern auch schöne Geschenke bringen würde? Im Gegensatz zu den beiden Jungs war sie ja immer artig gewesen und der Mutter bei allen Hausarbeiten zur Hand gegangen. Martha hatte die Hände auf die Balkonbrüstung gelegt und wippte jetzt mit den Füßen hin und her. Das Gedicht, hatte sie es denn noch parat? Bald würde sie es aufsagen müssen. Fehlerfrei natürlich. Aber sie kannte ja viele schöne Verse, und die Entscheidung für eine Variante fiel ihr jedes Jahr so unendlich schwer. Am liebsten mochte sie das Gedicht von Knecht Ruprecht. „Von drauß' vom Walde komm ich her, ich muss euch sagen, es weihnachtet sehr …", sprach Martha in die stille Nacht. Ihr Atem flog mit einem sichtbaren Hauch davon. Als sie damit fertig war, grübelte sie weiter. Oder doch vielleicht ein Lied, das mochten die Eltern besonders gern. Sie räusperte sich und setzte mit etwas brüchiger Stimme an:
„Alle Jahre wieder kommt das Christuskind
Auf die Erde nieder, wo wir Menschen sind.
Kehrt mit seinem Segen ein in jedes Haus,
Geht auf allen Wegen mit uns ein und aus …"

Walthers Traum war abrupt beendet. Vielleicht war es das ungewohnte Streicheln gewesen, eine Erinnerung an früher. Er hatte es ganz deutlich gespürt. Martha, wo war sie denn nun schon wieder hin? Eigentlich wollte er aufspringen, aber das gaben seine Knochen nicht mehr her.

Er ächzte, als er sich mühsam erhob und sich dafür mit beiden Händen auf der Bettkante abstützte.

Schon im Flur spürte er den Frost, der durch die Wohnung zog. Nein, die Tür war es nicht. Die war fest verschlossen, und den Schlüssel hatte er wie stets extra auf der Hutablage deponiert, ganz am Ende. Eine generelle Sicherheitsmaßnahme. Martha sollte nicht drankommen und sich eventuell auf den Weg machen können. Dann der Balkon. Natürlich. Walther fuhr sich durch die Haare, die dadurch nicht mehr zerzaust wurden als ohnehin. Von dort vernahm er plötzlich auch ihren Gesang.

„Was machst du denn hier, Liebes?" Er legte ihr vorsichtig einen Arm um die Schultern, um sie nicht zu erschrecken. „Du wirst dich noch erkälten. Hättest dir wenigstens eine Jacke überziehen sollen."

Marthas Augen glänzten im Schein der funkelnden Nacht, aber sie sagte kein Wort mehr, sondern ließ sich nur willig ins Innere führen. Walther schloss hinter ihr die Balkontür. Ein richtiges Schloss wäre auch hier eine Lösung, fuhr ihm ein Gedanke durch den Kopf. Das hättest du schon längst machen lassen sollen. Er nickte und zugleich fiel ihm ein, dass er dafür eigentlich Edgar hatte ansprechen wollen. Das war ihm bislang nur durch die Lappen gegangen, weil er den Hausmeister so lange nicht gesehen hatte.

Walther betrachtete seine Frau. Ihre Füße waren knallrot und nass von dem Schnee draußen. Selbst beim Nachthemd zog sich die Feuchtigkeit nach oben. Jetzt ein heißes Bad? Oh nein, nicht doch mitten in der Nacht. Er hätte dafür keinesfalls die nötigen Kräfte aufgebracht. Dann wenigstens mit einem Frotteetuch trocken rubbeln.

Er führte Martha ins Bad und zog ihr das Nachthemd über den Kopf. Zum Vorschein kam ein ausgemergelter, abgemagerter Körper, bei dem die Knochen hervorstanden. Was hättest du früher dafür gegeben, so wenig Kilos auf die Waage zu bringen?, bohrte sich eine Frage in Walthers Gehirn. Hast immer gehadert mit deinem Gewicht. So ein Blödsinn. Jedes Gramm an dir habe ich geliebt. Jetzt wirst du immer weniger …

Resolut zog sich Walther das große Badetuch vom Haken und fing an, Martha vom Kopf bis zu den Füßen abzurubbeln. Ganz behutsam. Schließlich war auch ihre Haut über die Jahre äußerst empfindlich geworden, und er wusste, was in dem Alter und diesem Zustand eventuelle Verletzungen bedeuten konnten. Offene Stellen heilten mitunter nie wieder.

„So, mein Schatz." Walther führte seine Frau an der Hand wieder ins Schlafzimmer. „Dann suche ich dir noch ein schönes warmes Flanellnachthemd heraus. Und eins, zwei, drei schläfst du wieder den Schlaf der Gerechten. Wir haben ja bis zum Aufstehen noch alle Zeit der Welt."

Sie schaute zu ihm hoch, und es wirkte fast liebevoll. Wenn der Großvater sagte, dass sie ins Bett sollte, dann gab es keine Widerrede. Martha legte sich gehorsam hin und ließ sich von Walther bis ans Kinn zudecken. Die Augen hielt sie geschlossen. Morgen, dachte sie, morgen werde ich ganz bestimmt die Liebesperlen essen, die der Opa in seinem Nachtschränkchen verstaut hat. Sehr weit hinten zwar, sodass sie nicht auf Anhieb ins Auge fielen. Aber sie hatte ihn dabei beobachtet, wie er sie in den Händen hielt. Bestimmt sollte das eine Überraschung für sie sein. Und er würde garantiert nicht böse sein, wenn sie die Liebesperlen schon naschen würde …

3. Kapitel
Nur Fassade

Als Swenja die Post ihrer Schwester durchging, hörte sie dumpfe Geräusche aus der Wohnung darüber. Sie zuckte zusammen. Hatte Sybilla nicht mal davon berichtet, dass sie der festen Überzeugung sei, das Pärchen würde sich gegenseitig verprügeln?! Nur nach außen hin würden sie die Fassade wahren und immer wie aus dem Ei gepellt und nach dem neuesten Trend gekleidet das Haus verlassen. Wenn man mal von der Sonnenbrille absah, die der Mann gelegentlich auch im Winter trug. Wobei ja irgendwelche Hämatome meist größer waren als die Abdeckung …

Swenja hatte noch Sybillas höhnisches Lachen im Ohr und die Bemerkung: „Geschieht diesem Schwachmaten recht. Der hat einfach Prügel verdient, so wie der aussieht!"

Dazu hatte Swenja eine beschwichtigende Bemerkung auf den Lippen gelegen, aber sie hatte sie sich verkniffen. So redete man nicht über andere Menschen. Das war jedenfalls ihre feste Überzeugung.

Eben war die Bratpfanne schwungvoll in Jens' Gesicht gelandet. Er hatte noch versucht, ihr auszuweichen, aber ein Teil des Bodens hatte ihn doch getroffen, und er war mit dem Stuhl umgekippt. Der Mann spürte das schmerzhafte

Brennen auf der Haut, an unterschiedlichsten Stellen, weil das Fett durch die Gegend geschossen war. Grit hatte gerade Öl erhitzt, um Bratkartoffeln zu machen. Eigentlich sein Leib-und-Magen-Gericht. Doch seit Langem hatte er keine Präferenzen mehr, was kulinarische Spezialitäten anging.

Wieder hatten sich beide im Streit hochgeschaukelt. Und er, er wollte diese üblen Verdächtigungen nicht auf sich sitzen lassen. Er hatte nichts vom Wirtschaftsgeld für sich abgezweigt, nicht einen einzigen Cent, er hatte nicht mit der Verkäuferin geliebäugelt … Jens wehrte sich mit hilflosen Worten.

„Du deutest das völlig falsch", hatte er gesagt. „Das war alles ganz harmlos. Ich wollte einfach nur freundlich sein. Und die Verkäuferin muss doch nett dreinschauen, gehört zu ihrem Job dazu."

„Ach was, der feine Herr turtelt mit allem rum, was nicht bei drei auf dem Baum ist, und ich, ich soll dabei kommentarlos zusehen. So weit kommen wir noch. Das wüsste ich aber. Nicht mit mir."

„Ich würde nur gern in Ruhe etwas Leckeres essen", hatte daraufhin Jens noch eingelenkt. Seine Stimme klang dabei schwach.

Grit redete sich in Rage. Und dann kam irgendwann die Pfanne angeschossen.

Auf dem Küchentisch stand ein Ein-Liter-Karton mit fettarmer H-Milch, aus dem er sich zuvor noch für seinen Kaffee bedient hatte. „Zu Hause nicht sicher?" hatte sich Jens die Frage ins Gehirn gebrannt, die auf einer

Seite mit ziemlich großen Buchstaben stand. „Sind Sie akut von Gewalt zu Hause betroffen oder kennen Sie jemanden, der von Gewalt betroffen ist?", stand dort zu lesen. JA, JA, hätte Jens am liebsten geschrien, aber die Worte blieben ihm im Hals stecken, während er wimmernd auf dem Boden lag.

War das aber nicht doch ein Hoffnungsschimmer? Wenn so ein Hinweis sogar schon auf einem Alltagsgut wie einem Milchkarton stand. Er konnte schließlich unter der angegebenen Website alle wichtigen Informationen dazu finden, was zu tun wäre und wo man Hilfe bekommen könnte. Stärker als Gewalt, nannte sich die Internetseite, und das Bundesministerium für Familie, Soziales, Frauen und Jugend war in diesem Fall der Initiator. Hallo, sei mal realistisch, das betrifft dich doch gar nicht, von Männern war keine Rede, funkte ein störender Gedanke durch seinen Kopf. Außerdem würde Grit herausfinden, wo er sich im World Wide Web getummelt hatte.

„Jämmerlicher Schlappschwanz", zischte seine Frau am Herd und hatte in der Zwischenzeit die vorbereiteten Kartoffelscheiben in das neuerlich eingefüllte und erhitzte Öl gleiten lassen.

„Das räumst du mir aber alles nachher auf. Und wehe, ich sehe noch irgendwo einen Dreckkrümel oder Spritzer!"

Am liebsten wäre er liegen geblieben, mit geschlossenen Augen. Er rappelte sich langsam auf, mit der Rechten auf der schmerzenden Gesichtshälfte. Kaltes Wasser, dachte Jens, da muss sofort kaltes Wasser drauf … Grit schaute nur kurz zu ihrem Mann.

„Denk dran, dass heute Sonnabend ist", säuselte sie ihm noch hinterher, als er aus der Küche lief. Plötzlich war ihre Stimme ausgewechselt, hatte einen völlig anderen Klang.

Zwischen den Gedanken an das kalte, lindernde Wasser schaltete sich die energische Aufforderung aus dem Hintergrund, am Abend seinen ehelichen Pflichten nachzukommen. Er drehte im Bad den Wasserhahn am Waschbecken voll auf und beugte sein Gesicht unter den Strahl. So lange er es aushielt, blieb er in dieser Position. Dann fing er plötzlich an zu frieren, zitterte am gesamten Körper, erhob sich und drehte den Hahn zu. Er griff nach seinem Handtuch, mit dem er vorsichtig über Gesicht und Kopf tupfte. Beim Blick in den Spiegel schrak er nicht einmal zurück. Er hatte das erwartet: knallrote Brandblasen auf den Wangen und an der Stirn, die ihn entstellten. Sie würden aufgehen, sich vielleicht entzünden.

Jens sah sich nur in die Augen und blendete alles andere aus. Wie um alles in der Welt war er nur in dieser scheinbar ausweglosen Situation gelandet? Warum fand er nicht die Kraft, alles hinter sich zu lassen? Wie lange wollte er dieses Hamsterrad noch im Kreis drehen? Dabei waren sie doch einst ein richtiges Traumpaar gewesen, schon in der Schulzeit. Alle hatten sie um ihre große Liebe beneidet. Sie war seine erste und einzige Freundin.

Du hättest damals schon die Anzeichen wahrnehmen können, nervte sein Inneres. Du wolltest es nur nicht sehen, du Tölpel! Aber es gab doch immer wieder diese tollen Versöhnungen, nach jedem kleinen Streit, schlug die zweite innere Stimme vor. Allerdings verschlimmerte es sich von Mal zu Mal, das musstest du doch erkennen, fing die erste Stimme wieder bohrend an. Und was ist mit den Ruhephasen, die gab es doch auch dazwischen. Wenn alles mit einem Mal ganz harmonisch erschien, war wieder der zweite Ratgeber versöhnlich dran. Das hast du völlig falsch gedeutet und sofort alles entschuldigt, lautete das bissige Echo.

Jens schüttelte sich und fasste sich an den Kopf, der zu zerspringen drohte, so heftig waren die Schmerzen. Migräne hatte sein Hausarzt schon bescheinigt und seine Frau ihn daraufhin als Weichei bezeichnet. Dem Mediziner waren auch Jens' Verletzungen nicht verborgen geblieben. Aber der entschuldigte das immer mit seiner Tollpatschigkeit.

„Sie können sich gar nicht vorstellen, was mir daheim alles passiert, Herr Doktor", hatte Jens einmal erklärt, als der Arzt ihn direkt ansprach, ob er etwa Probleme hätte, über die er – natürlich ganz im Vertrauen – reden wolle.

„Wenn irgendwas im Wege steht, dann stolpere ich garantiert darüber. Und meine Haut ist eben sehr empfindlich, nicht nur bei Sonnenstrahlen, die mich sofort verbrennen. Da gibt es schon nach einem leichten Stoß Spuren. Vielleicht hätte ich ein Mädchen und kein Junge werden sollen …"

Der Doktor hatte nur den Kopf geschüttelt und sich seinen Teil gedacht. Auch Jens' hochwertige Garderobe täuschte ihn nicht über den Sachverhalt hinweg. Die sollte bestimmt nur ablenken vom wirklichen Geschehen, weil sich schick angezogene Leute so etwas gegenseitig nicht antaten. Brutalität war eher in ärmeren Verhältnissen angesiedelt, so die öffentliche Meinung.

Aber wenn einer Hilfe brauchte, dann musste er diese auch wollen. Er hatte etliche ähnliche Fälle in seinem Berufsleben kennengelernt. Manche schafften es, andere gingen dabei drauf. Dem Doktor blieb keine Zeit, sich weiter Gedanken um seinen Patienten zu machen. Der war schon aus der Tür des Sprechzimmers hinaus, und auf dem Computerbildschirm standen die Daten des Nächsten, der, dessen eine Niere zu versagen drohte. Da war dringend eine Dialyse angesagt, aber in der nahe gelegenen Klinik waren schon alle Plätze belegt.

Und jetzt, grübelte Jens, nach unzähligen körperlichen Übergriffen und psychischer Gewalt, die oft weitaus mehr Wunden erzeugte? Nach seiner totalen Isolation? Keinen einzigen Freund hatte er mehr, alle hatten sich über die Jahre verabschiedet, auch weil er keinen Augenblick mit ihnen allein verbringen durfte. Seine Frau hatte ihn unter totaler Kontrolle, jeder Moment seines Lebens war überwacht.

Neulich hatte er in der Tageszeitung von familiären Gewalttaten gelesen. Der umfangreiche Beitrag zog sich über eine halbe Seite hin. Eigentlich hatte Grit das Blatt schon zum Altpapier gelegt. Er kam sowieso selten dazu, mal hineinzuschauen, auch konnte er sich nicht mehr wirklich konzentrieren, wenn er etwas las. Da aber hatte er nach aussortiertem Papier gesucht, um seine nassen Schuhe auszustopfen, damit es die Feuchtigkeit aufsaugte. Und so war ihm die Überschrift ins Auge gesprungen. Von einem speziellen, unauffälligen Hilferuf las er dort, der entwickelt worden war, um auf die eigene Situation aufmerksam zu machen. Wenn man gerade am Computer saß und im Internet war, aber nicht wollte, dass der Partner etwas mitbekam. Erst die Innenseite der flachen Hand zeigen, dann den Daumen in die Handinnenfläche beugen und schließlich die restlichen vier Finger über den Daumen legen. Jens machte das bei seiner Lektüre wieder und wieder. Es war ganz einfach.

Aber wen wollte er denn damit benachrichtigen, auf sich und seine vertrackte Lage hinweisen? Ihm fiel niemand mehr ein. Schwachsinn, tat er den Ratschlag in der Zeitung ab. Grit würde doch so etwas mitbekommen und dann würde sich alles für ihn noch verschlimmern. Er las dennoch weiter. Natürlich ging es wieder nur um Frauen, und die Bundesfamilienministerin wurde in diesem Zusammenhang zitiert. Dann musste er seine Auffassung revidieren. Ganz am Ende war auch eine spezielle Nummer für betroffene Männer angegeben. Ein kleines Anhängsel nur.

Er hatte sich dann diese Nummer in einem Kochbuch notiert, das sie nie zur Hand nahm. Und so unverfänglich gesplittet, dass sie nicht als Telefonnummer auffiel. In einer Notsituation sollte man dort rund um die Uhr anrufen können. Später wollte er die von dieser Helpline auf dem Milchkarton dort ergänzen. Eigentlich war er immer in Not, und wie sollte er diese Nummern betätigen, ohne dass es auffiel? Da müsste er sich ja ein separates Telefon zulegen. Es war einfach ausweglos. Ob sie ihn wohl eines Tages totschlagen würde? Dann hätte er endlich seine Ruhe.

Jens seufzte tief auf. Er lief in die Küche und setzte sich an den Tisch. Grit ließ eine Portion Bratkartoffeln auf seinen Teller gleiten. Dann nahm sie sich den Rest und stellte die Pfanne in die Spüle.

„Kannst du nachher machen. Jetzt lassen wir es uns erst einmal schmecken. Guten Appetit."

„Danke, dir auch", hauchte Jens und schob mit der Gabel eine aufgespießte Kartoffelscheibe über den Teller.

„Schmeckt dir wohl nicht oder hast du etwa keinen Hunger?", kam die drohende Frage seiner Frau.

„Doch, doch", beeilte sich Jens mit der Antwort und schob mehrere Bissen in seinen Mund.

„Nun schling nicht so, das sieht ja unappetitlich aus. Essen muss man genießen! Mach es einfach so wie ich", sagte Grit und kaute überaus gründlich an einer kleinen Gabelportion, die sie anschließend herunterschluckte, bevor sie zu einem Glas mit Mineralwasser griff.

„Und nimm ein paar von den sauren Gürkchen. Ich habe das Glas extra für dich aufgemacht." Die Frau wies auf einen kleinen Teller in der Tischmitte. Sie war noch nicht am Ende ihrer Ausführungen angelangt, als Jens schon ein Stück ergriff und in den Mund steckte.

Grit zog sich nach dem Essen in ihren Bereich zurück, um sich mit ihren allerbesten Freundinnen per WhatsApp auszutauschen. Meist reichte ja ein witziges Foto oder ein originelles Video aus, das man weiterleitete. Viel an Kommentaren war gar nicht gefragt. Und eventuelle Fragen wurden eher selten beantwortet. Sie wischte auf ihrem Smartphone herum und kicherte zwischendurch.

Jens hatte sich daran gemacht, die Unordnung in der Küche zu beseitigen. Er wusste genau, dass Grit ihn hinterher überprüfen würde. Manchmal sogar mit Taschenlampe und einem weißen Stofftaschentuch, auf dem man garantiert jede Dreckspur erkannte. Gern nahm sie Fotos von den Stellen auf, die er übersehen hatte, um sie ihm hinterher zu präsentieren, meist mit Maulschellen ergänzt.

Ob ich mich vielleicht doch mal Till anvertraue?, überlegte Jens, während er das Geschirr abspülte. Sein Kollege hatte so eine positive, offene Ausstrahlung. Und zwischendurch hatte Till ihn schon kritisch angeschaut, als er mit immer wieder neue Verletzungen auf der Arbeit erschien.

„Alles in Ordnung bei dir?", hatte er sich erst am Tag zuvor erkundigt. „Wenn du Sorgen hast, dann rede einfach mal drüber. Mitunter hilft das allein schon. Erleichtert auf jeden Fall. Wir könnten ja nach dem Dienst ein Bier zusammen trinken. Was hältst du davon?"

Jens hatte jetzt ein bitteres Lächeln im Gesicht, während er die Pfanne säuberte. Mit einem sanften Kratzschwamm, der auch für Gläser geeignet war. Nur nicht die Beschichtung des hochwertigen Teils beschädigen. Das wäre nur ein weiterer Auslöser für unberechenbare Gewaltattacken.

Ein Bier nach der Arbeit trinken, mit einem Kollegen! Selbst wenn sich das zeitlich einrichten ließ, weil Grit in Schichten arbeitete, blieb immer noch die hartnäckige Alkoholfahne. Er konnte ja schlecht plötzlich behaupten, abstinent zu sein, nachdem er schon öfter mal von einem Glas Bier oder Wein erzählt hatte, wenn im Kollegenkreis die Sprache auf Feiern kam. Und vielleicht würde Grit sogar die Erleichterung spüren, die ihm danach anzumerken wäre. Also keine gute Idee. Aber möglicherweise könnte er Till gegenüber doch mal etwas andeuten. Jens behielt diese Option im Hinterkopf.

Er suchte jetzt gründlich die Wände rund um den Herd ab, ob dort Spritzer zu entfernen waren. Da und dort schrubbte er und wischte trocken nach. Zuletzt kroch er auf dem Boden herum, um dort für Sauberkeit zu sorgen. Das Fett war wirklich an allen möglichen Stellen zu finden. Sogar an den Tischbeinen. Jens verzweifelte fast. Es schien ein Ding der Unmöglichkeit, die Spuren des vorherigen Ausrasters seiner Frau restlos zu beseitigen. Er saß auf dem Boden und hielt die Schultern gesenkt.

Schließlich erhob sich Jens und holte die Flasche Raumspray aus einem Küchenschrank. Er setzte einen feinen Sprühnebel in alle Richtungen. Die Essensgerüche wurden übertönt durch eine zitronige Anmutung. Jens schnüffelte mit seiner Nase. Immerhin besser als der Geruch nach dem erhitzten Fett und dem Gebratenen. Grit jedenfalls hatte für jeden Raum einen anderen Duft parat. Manche davon steckten in der Steckdose und entfalteten sich stoßweise in regelmäßigen Abständen. Auch die Polstermöbel musste er regelmäßig übersprühen, weil sie „nach altem Mann" rochen, wie Grit abfällig bemerkte. „Wir brauchen etwas, das den Gestank neutralisiert!"

Bevor beide nach dem abendlichen Bad ins Bett gingen, präsentierte Grit eine Tablette und ein Glas mit Leitungswasser für Jens.

„Hier, nimm die mal. Ist eine Viagra. Ich bin extra zur Apotheke am anderen Ende der Stadt gefahren, wo mich keiner kennt. Offensichtlich bist du ja ohne die Dinger zu nichts mehr in der Lage, du Versager."

Widerwillig griff Jens zu der Tablette und dem Glas, schob erst die Pille in den Mund und nahm dann einen großen Schluck hinterher. Er hasste Medikamente, die man schlucken musste, vor allem wenn sie so großformatig waren. Es blieb ihm immer ein bitterer Nachgeschmack im Mund und so ein Würgen, als wolle alles wieder hochkommen.

„Ich mach mich dann schon mal fertig", sagte Grit noch und verschwand schon im Schlafzimmer.

Jens wusste, dass sie nun die schwarze Reizwäsche hervorholen würde, um sich darin zu verpacken. In der festen Überzeugung, das würde ihn antörnen. Inklusive Strumpfhalter und feiner Netzstrümpfe. Der Anblick würde ihm lediglich Angst einjagen. Jens fröstelte und rieb sich die Oberarme. Aber zugleich spürte er langsam die Wirkung der Pille. Ob er wollte oder nicht.

Mach einfach nachher die Augen zu und denke daran, was du in der nächsten Zeit erledigen willst, riet ihm seine innere Stimme. Blödsinn, meinte der gedankliche Gegenspieler, das ist doch wohl ein Ratschlag für Weiber. Denk an eine richtig geile Tussi, die scharf auf dich ist und dir jeden Wunsch von den Augen abliest. Dich von Kopf bis Fuß verwöhnt. Jens stöhnte leicht auf und öffnete die Schlafzimmertür. Grit lag entsprechend ausstaffiert und breitbeinig auf dem Bett. Eine Duftwolke von schwerem Parfüm quoll ihm entgegen.

4. KAPITEL
RENTE

Elizabeth hatte gerade eine weitere Tüte mit Müll in der Tonne entsorgt. Für ihre Wohnung im Hochparterre war ohnehin kein eigener Müllschlucker vorgesehen. Jeder Mieter dieser Etage musste seinen Abfall hinausbringen. Sie schob das etwas längliche, relativ großformatige Teil unter ein paar andere Säcke. Es war in einer blauen Plastiktüte verpackt und mit braunem Klebeband umhüllt. Die Hausmeisterin trug Handschuhe, wie meist bei der Arbeit.

Sie nahm hinter sich Geräusche wahr, drehte sich um und starrte in die Dunkelheit des Abends. Tatsächlich, da schob sich ein Pärchen in die Haustür hinein. Der Mann trug in einer Hand vorsichtig etwas vor sich her. Waren das nicht …? Elizabeth überlegte ein Weilchen und stemmte die Hände in ihre breiten Hüften. Während sie nachdachte, zogen sich ihre Mundwinkel nach unten, und die Stirn lag in ziemlich derben Falten.

Doch, fiel es ihr ein, die Tochter mit ihrem Mann, dem Schiegersohn von Severing aus der Etage über dem Pärchen, wegen dem schon gelegentlich mal die Polizei gerufen worden war. Sehr unangenehme Angelegenheit. Mit was für Pack man sich aber auch in so einem Haus rumschlagen musste. Selbst bis zu ihrer Wohnung ganz unten war der

Krawall zu vernehmen, aber sie hätte sich gehütet, die 110 anzuwählen. Nur keine schlafenden Hunde wecken.

Komisch, dachte Elizabeth, den alten Severing habe ich ja ewig nicht mehr gesehen. Selbst in dem Alter muss man doch mal zwischendurch an die frische Luft. Na immerhin wurde ihm offensichtlich der Kuchen ins Haus geliefert. Ach was, schob sich ein nächster Gedanke hinterher, kümmere dich mal um deine eigenen Sorgen, davon hast du wahrlich genug. Außerdem kündete doch diese alberne weihnachtliche Beleuchtung in seinem Wohnzimmerfenster von seiner Anwesenheit. Alle Jahre wieder. Den Alten hätte man höchstens wegen übertriebenem Kitsch anzeigen können. Aber das war ja nun beileibe kein Grund.

Margitta zerrte ihren Mann hinter sich her.

„Kannst du dich nicht ein bisschen sputen? Soll schließlich keiner mitbekommen, was wir hier treiben."

„Hab dich doch nicht so", entgegnete Edward. „Wir schauen bei deinem alten Vater nach dem Rechten und kümmern uns um ihn. Wer soll denn dabei etwas finden? Und die Post müssen wir außerdem auch aus dem Kasten nehmen, sonst fliegt alles auf."

Während Edward dies äußerte, hatte er schon den Briefkasten geöffnet und ein paar Schreiben entnommen. Dann verschloss er die Klappe wieder.

„Siehst du, wie ich es schon sagte", hielt er seiner Frau die Sendungen triumphierend entgegen.

„Mist, verdammter", fluchte Margitta, ohne darauf einzugehen. „Schon wieder ist der Fahrstuhl außer Betrieb.

Ich hätte ihn jetzt wirklich gern genutzt, auch wenn es nicht so viele Stufen sind. Meine Knie sind ganz weich. Komm!"

Die beiden liefen im Treppenhaus, das nur dürftig beleuchtet war, nach oben. Keiner tauschte hier mehr die defekten Lampen aus. Die Hausmeister erhielten offensichtlich nicht mehr das geringste Budget für solche Reparaturen oder es war ihnen gleichgültig geworden. Das Objekt war eindeutig ein Auslaufmodell.

Etwas atemlos erreichten Margitta und Edward die Etage mit der Wohnung des alten Severing. Es war nicht die Höhe, die ihnen den Atem raubte.

„Hier", hielt Margitta ihrem Mann den Schlüssel hin. „Schließ du mal bitte auf. Ich halte mir inzwischen den Schal vor die Nase."

„Seit wann bist du denn so empfindlich? Das kenne ich doch sonst nicht von dir!"

Die Tür ging auf und beide schlüpften in die Wohnung, ohne viel von der inneren Luft in den Hausflur dringen zu lassen. Margitta stürzte durch die Räume in Richtung Wohnzimmerfenster und riss sie weit auf. Der weihnachtliche Kranz, der am Rahmen hing und in wechselnden schrill-bunten Farben auftrumpfte, geriet ins Wanken, aber sie hielt ihn noch rechtzeitig fest. Fast hätte sich seine Verbindung zur Steckdose mit der Zeitschaltuhr gelöst.

Währenddessen hatte es ihr Edward gleichgetan und das Fenster vom Schlafzimmer bis zum Anschlag geöffnet. Es zog heftig durch die Wohnung, und der intensive, unangenehme Geruch bewegte sich ins Freie.

Die Eheleute trafen sich, wie abgemacht, wieder im Wohnzimmer und schauten sich in die Augen. Das flackernde Licht der Weihnachtsdekoration ließ ihre Gesichter gespenstisch erscheinen.

„Prüfst du mal die Klebestellen?", forderte Margitta ihren Mann auf. Der nickte nur tonlos und schlich zum Arbeitszimmer.

Sie hockte sich auf die vordere Kante des Sofas und ging die Post durch, die sie mit dem Zeigefinger grob aufriss. Das hätte Papa nie sehen dürfen, schoss ihr ein Gedanke durch den Kopf. Wo er doch immer so penibel war, bis zuletzt! Die Frau strich glättend über das Papier. Der Brieföffner? Lag im Arbeitszimmer, also keine gute Idee. Sie gab sich einen sichtbaren Ruck und saß jetzt kerzengrade. Dann stapelte sie die Schreiben auf die entsprechend vorsortierten Haufen. Wichtig war nur, dass keine eventuelle Mahnung übersehen und die Rente ordnungsgemäß aufs Konto überwiesen wurde. Zuletzt hielt Margitta ein mehrseitiges Schreiben der Rentenversicherung in der Hand, das eine baldige Rentenerhöhung versprach und alles detailliert auflistete. Sie seufzte erleichtert auf. So ein Segen aber auch …

„Alles in Ordnung. Ich musste nichts nachbessern", sagte Edward und ließ sich ebenfalls aufs Sofa sinken. Er hatte sich aus der Küche eine Flasche Cognac mitgebracht und schenkte beiden in die Kristallgläser ein, die er in der anderen Hand gehalten hatte. Die stammten noch aus Mutters Zeiten, die schon lange vor ihrem Mann verstorben war. Das Kuchenpaket hatte er geöffnet. Drei verschiedene Stücke lagen darin.

„Na dann, zum Wohl!"

Margitta ergriff ihr Glas und prostete Edward leicht zu. Sie war nicht wirklich bei der Sache.

„Ich weiß nicht, wie lange wir das hier noch durchhalten können. Aber schau mal, bald gibt es wieder etwas mehr Rente!"

Sie hielt Edward das Schreiben hin, der ein Bein ausstreckte und zunächst auf den Bodenschalter der Stehlampe trat.

„Ich kann sonst nichts erkennen. Vor allem nicht bei dem dämlichen Geflacker! Da bekommt man nur Kopfschmerzen von. Ich verstehe gar nicht, warum du auf dieses schrecklich kitschige Teil bestanden hast."

„Aber die Deko hatten die beiden doch schon so lange. Ich wollte einfach eine geliebte Tradition bewahren. Es sieht irgendwie aus wie früher."

„Schon gut", beschwichtigte Edward und blickte auf die Zahlen im Schreiben der Rentenversicherung. Nebenher langte er nach dem ersten Kuchenstück, um es zu verzehren.

„Junge, Junge, da kann unsereins nicht mithalten", sagte er, als er den ersten Bissen hinuntergeschluckt hatte. „Womit haben die Alten eigentlich diese horrenden Renten verdient. Doch wohl kaum mit ehrlicher Arbeit. Und dann noch Jahr um Jahr eine Erhöhung, immer angepasst an die gesamte Lohnentwicklung im Lande, wie es offiziell heißt. Da kriege ich einfach einen dicken Hals. Weder du noch ich haben in der zurückliegenden Zeit mal mehr Lohn bekommen. Ganz im Gegenteil. Mir haben sie sogar das Urlaubs- und Weihnachtsgeld gestrichen, weil es dem

Unternehmen angeblich so schlecht geht und man ja unbedingt unsere Arbeitsplätze erhalten will! Dabei schaufeln die sich in den Chefetagen immer mehr Geld in ihre Taschen. Ich könnte platzen vor Wut."

„Sei nicht ungerecht", fiel ihm Margitta ins Wort. „Papa war immer fleißig …"

„… und hat sich bis zu seinem 55. Lebensjahr abgeschuftet, ehe er gepflegt in Vorruhestand ging. Dass ich nicht lache", empörte sich Edward.

Margitta standen Tränen in den Augen.

„Tut mir leid, Liebes, ich habe das nicht so gemeint. Er ist ja auch abgewickelt worden, wofür er nun wiederum überhaupt nichts konnte! Und immerhin tut dein alter Herr ja im Nachhinein etwas Gutes für uns. Wenn auch ziemlich unfreiwillig."

Beide schwiegen einen Moment. Der Mann verzehrte jetzt das zweite Kuchenstück.

„Mich haben ja deine Eltern nie wirklich gemocht", fuhr Edward schließlich fort.

„Ach, Eddi, so ist das nun mal mit Schwiegerverhältnissen. Deinen Eltern war ich doch auch nicht recht. Das haben sie mich deutlich spüren lassen. Eine Fischverkäuferin war einfach unter ihrem Niveau."

„Stimmt auch wieder. Aber die Sorgen mit ihnen sind wir ja los, jetzt wo wir beide Vollwaisen sind … Ich stehe übrigens auf Fischverkäuferinnen. Kabeljau, sage ich nur. Paniert, dazu Sauce hollandaise und frische Kartoffeln. Es gibt nichts, was besser schmeckt. Und Fisch riecht nach See und Meer, einfach wunderbar, so wie du. Ich liebe dich."

Edward nahm Margitta in die Arme und drückte ihr einen Kuss auf den Mund. Sie wirkte etwas unwillig, aber zugleich gerührt.

„Was du nicht sagst. Kabeljau habe ich noch im Froster. Den könnte ich morgen machen."

Die Frau lenkte das Gespräch auf einen neutralen Boden.

„Unbedingt!"

Das kam wie aus der Pistole geschossen. Edward leckte sich die Lippen und strahlte.

Margitta löste sich aus der Umarmung.

„Kannst du dich noch an die Geschichte mit dem Getreidesilo erinnern, die Papa immer erzählt hat?"

Edward nickte.

„Bis ins kleinste Detail! Kannst mich ruhig abfragen."

„Ach, das meine ich nicht. Aber es muss doch furchtbar für ihn gewesen sein, als er damals diesen Auftrag bei der Hühnermastanlage erledigen musste und die anderen sich schon in den Feierabend verabschiedet hatten, er aber unbedingt den Rest aus dem Farbeimer verstreichen wollte, weil er doch immer so umsichtig war und nichts umkommen lassen konnte. Der Bodensatz wäre ja vielleicht eingetrocknet …"

„… ja, und dann kippte seine Leiter, und er stürzte kopfüber in den Getreidesilo mit dem Weizen für die Tiere", fuhr Edward nachdenklich fort.

„Und wäre nicht sein Kollege noch einmal zurückgekommen, weil er etwas vergessen hatte, dann wäre das sein Ende gewesen", ergänzte Margitta die Familiengeschichte. „Nur mit vereinten Kräften konnten sie ihn gerade noch retten. Er wäre sonst erstickt."

„Ich stelle mir das schrecklich vor, einfach so in dem Zeug zu versinken. Da brüllst du dir die Seele aus dem Leib, und es gibt keine Hoffnung auf Hilfe", antwortete jetzt Edward mit ernster Stimme.

„Weißt du, Eddi, aber lach mich nicht aus, wenn ich das jetzt sage …"

„Versprochen!"

„Ich muss immer an seine Klaustrophobie denken, die sich dadurch bei ihm entwickelt hatte. Fahrstühle waren für ihn die Hölle, ein absolutes Tabu, deshalb ist er ja auch hier so tief unten eingezogen … Und bei dem MRT, das er noch zuletzt hatte, ist er bald durchgedreht, als sie ihn in diese Röhre geschoben haben. Da hat er schon nach nicht mal einer halben Minute den Notknopf gedrückt, und weil sie ihn für einen Hypochonder hielten und nicht schnell genug befreit haben, ist er im Liegen rausgekrochen. Gelenkig war er ja, selbst noch in seinem Alter."

„Worauf willst du denn hinaus?", wollte Edward wissen.

„Du hast versprochen, nicht zu lachen!"

Margitta blickte ihrem Mann direkt in die Augen.

Edward nickte.

„Ich denke oft daran, dass er mit dieser Enge, der er jetzt ausgesetzt ist, überhaupt nicht klarkommen würde. Immer nur eingesperrt in diesem kleinen Raum!"

„Aber er ist doch tot. Und später im Sarg ist es ja noch beengter."

Edward blickte verständnislos auf seine Frau. Nach Lachen war ihm überhaupt nicht zumute.

„Willst du nicht wenigstens das dritte Stück essen?", erkundigte er sich. „Eigentlich kann ich nicht mehr. Ich glaube, mein Sodbrennen setzt mal wieder ein."

„Auf keinen Fall", antwortete Margitta, während sie sich schüttelte. Dann legte sie ihren Kopf etwas schräg. Ihr ursprüngliches Thema war noch nicht beendet.

„Weißt du genau, ob er nicht doch noch etwas empfindet? Es gibt ja in dieser Hinsicht auch andere Auffassungen. Vielleicht ist seine Seele gefangen in dem Zimmer und ängstigt sich."

„Das ist jetzt aber ziemlich gruselig", schüttelte sich der Mann, legte seiner Frau einen Arm um die Schultern und zog sie an sich heran.

„Dann lass uns mal langsam den Heimweg antreten. Ich glaube, es ist genug gelüftet. Mir wird schon ganz kalt. Da hilft auch der Schnaps nicht wirklich", wechselte die Frau das Thema und erhob sich.

„Außerdem müssen wir sowieso hier bald wieder aufschlagen", sagte Edward, der hoffte, das Kuscheln bei sich zu Hause in aller Ruhe fortsetzen zu können.

„Hoffentlich bleibt das noch ein Weilchen so mit dieser Situation", hauchte Margitta vor sich hin, als die beiden die Wohnung verließen. Ihr Mann vernahm das nicht oder wollte es auch nicht hören.

Im Freien blickten sie noch einmal nach oben und sahen den da und dort sehr festlich erleuchteten Strang der bewohnten Seite. Aus der Wohnung des Vaters kündete der flackernde Kranz, der von Rot über Blau nach Gelb wechselte, von seiner weihnachtlichen Botschaft, inmitten der zumindest vom Efeu immer noch begrünten Ranken. Ein wildes Dickicht, das dekorativ in die Etagen darunter und weit in die Höhe darüber reichte.

Margitta rutschte im Auto in den Sitz hinein, nachdem sie sich angeschnallt hatte, und schloss die Augen. Während Edward das Fahrzeug sicher durch die Nacht lenkte, hing sie ihren Gedanken nach. Was sollten sie nur tun, wenn der Vater tatsächlich – so wie angedroht – aus der Wohnung musste? Bei allem Grübeln fiel ihr einfach keine vernünftige Lösung ein. Sie hatten sich in eine ausweglose Situation hineinmanövriert.

Sie hatten Margittas Vater vor vielen Wochen im Wohnzimmer auf dem Boden vorgefunden. Es war einer der üblichen Wochentage, an dem sie immer zu Besuch kamen, um gemeinsam einen Kaffee zu trinken und den mitgebrachten Kuchen zu essen. Aber auf ihr Klingeln hin gab es keine Reaktion. Und dann hatten sie nicht einmal den Wohnungsschlüssel dabei.

„Vielleicht ist dein Vater nur mal unterwegs", hatte Edward gesagt.

„Genau an dem Tag und zu der Stunde, wo wir miteinander verabredet sind? Das glaubst du doch selbst nicht. Er ist immer die Zuverlässigkeit in Person. Warum sollte das heute anders sein? Er hätte uns doch angerufen …"

Margitta hatte geredet und geredet und schließlich waren sie noch einmal nach Hause gefahren, um den Schlüssel zu holen. „Ich glaube, da ist was passiert", hatte Margitta noch erklärt. „Ich mache mir ja solche Sorgen. Vorige

Woche hat er doch schon geklagt, dass es ihm nicht so gut geht."

„Ach, typisch Frau. Ihr immer mit euren Befindlichkeiten. Das hat er doch gar nicht so gemeint. Bestimmt sitzt dein Vater jetzt mopsfidel im Sessel und ist sauer auf uns, weil wir ihn haben warten lassen", hatte Edward sich im Trösten versucht.

Als sie aber neuerlich vor der Tür standen, kam wiederum kein Echo. Fast vorsichtig steckte Edward den Schlüssel ins Schloss und wollte die Tür öffnen.

„Das darf doch nicht wahr sein", fluchte er, als das nicht sofort möglich war. Die Kette lag vor der Tür.

Margitta brach schon in Schluchzen aus, während er noch einmal zum Auto lief, um aus seiner Werkzeugtasche entsprechende Hilfsmittel zu holen. Dann hatte er auch rasch die Kette gelöst.

„Papa", erklang Margittas kläglicher Ruf in der Wohnung. Edward hielt seine Frau an der Hand fest, während er hinter sich die Tür ins Schloss drückte.

Dann standen beide im Wohnzimmer. Der alte Mann lag auf dem Bauch. Offensichtlich war er von seinem Sessel heruntergerutscht und hatte versucht, sich aus dieser Position wieder nach oben zu bewegen. Dann verließen ihn wohl endgültig die Kräfte.

„Wir sollten einen Notarzt verständigen", hatte Margitta gestammelt, als sie endlich einen klaren Gedanken fassen konnte.

„Lass uns mal einen Moment lang überlegen", hatte daraufhin Edward vorgeschlagen und seine Stirn in grübelnde Falten gelegt.

„Wieso?"

„Na ja, tot ist er auf jeden Fall", sagte Edward und legte der guten Ordnung halber noch einmal Zeige- und Mittelfinger an die Halsschlagader des Liegenden. „Wir müssen uns wirklich nicht beeilen. Jetzt hat dein Vater alle Zeit der Welt."

„Ja, aber … brauchen wir den Arzt nicht trotzdem? Der muss doch einen Totenschein ausstellen", schluchzte Margitta heftig und zitterte am ganzen Leib.

„Und dann würde hier alles seinen Gang gehen. Die Beisetzung wäre zu organisieren, und an uns würden die gesamten Kosten hängen bleiben. Wenn ich mich recht entsinne, hat dein Vater in der Hinsicht nicht wirklich vorgesorgt. Oder bist du da anders informiert?"

„Wir haben doch nichts", stieß Margitta hervor und riss die Augen weit auf.

„Genau. Daran habe ich auch gedacht. Willst du für deinen Vater etwa ein Sozialbegräbnis und dafür noch beim Amt vorher betteln gehen, unsere gesamten Einkommensverhältnisse offenlegen?", wollte Edward wissen und erläuterte seiner Frau seinen Plan. Wortlos folgte sie seinen Erklärungen und wurde dabei immer bleicher.

„Du meinst also wirklich?"

Margitta schluckte.

„Ja, warum nicht? Zumindest so lange, bis das Haus hier endgültig leergezogen wird. Ein Weilchen könnte uns das durchaus über die Runden helfen."

„Also, ich weiß nicht, ob das eine gute Idee ist." Margitta zog die Schultern hoch, stimmte aber schließlich zu.

„Uns fällt dann bestimmt noch was ein, was wir im Ernstfall unternehmen können", beschwichtigte Edward. Er gab seiner Stimme einen überzeugenden Klang. Aber weder er noch seine Frau glaubten wirklich daran. Beide wollten nur eines: Zeit gewinnen.

Und dann waren die Wochen ins Land gegangen, während das Ehepaar den Schein wahrte und so tat, als wäre regelmäßig ein Besuch bei dem alten Herrn angesagt. Sie tauchten sogar stets mit einem Paket Kuchen auf, das Edward deutlich sichtbar vor sich hertrug. Allerdings hatten sie vor Ort Mühe mit dem Verzehr. Margitta brachte keinen Bissen hinunter, und so opferte sich stets Edward.

5. KAPITEL
HORIZONTALES GRÜN

Publicity war das, was sie am wenigsten gebrauchen konnte. Aber sie war ja selbst schuld daran. Warum konnte sie sich auch nicht bremsen? Britta Baumgarten harrte hinter der Gardine aus und schnappte die Wortfetzen auf, die vom Gespräch der Hausmeisterin mit dem Mann nach oben schwappten. Vor allem Elizabeths Sätze kamen dank ihrer durchdringenden Stimme fast vollständig in ihrer Etage an.

„Schwachsinn", kommentierte die Hausmeisterin offensichtlich eine etwas leiser geäußerte Anfrage des jugendlich wirkenden Mannes, der eine Kamera um den Hals trug.

„Das mag ja alles ganz nett für Sie aussehen. Aber nicht mehr lange. Und momentan blüht doch sowieso nichts. Wenn, dann hätten Sie übers Jahr mal vorbeischauen müssen ..."

„Uns hat aber erst ein Leserbriefschreiber auf diese schöne Aktion aufmerksam gemacht", äußerte sich der Fotograf. „Dann ist es auch etwas im Alltagsgeschäft untergegangen. Tut mir leid."

Er blickte nach oben, und Britta zuckte zurück. Wenngleich das Dickicht der Rankenpflanzen keinen Durchblick bis zu ihr zugelassen hätte. Licht hatte sie noch nicht angemacht. Ein wenig bewegte sich die Gardine, aber das konnte auch ein Luftzug sein, und weder die Hausmeisterin noch der Fotograf registrierten es.

„Tja." Der Mann hob die Schultern. „Wenn Sie meinen. Ich hätte mich schon noch ganz gern mit der Urheberin unterhalten …"

„Ach, die", winkte Elizabeth ab. „Die bekommen Sie sowieso nicht zu Gesicht. Lebt total zurückgezogen. Wahrscheinlich nur für ihr Grünzeug. Hat eben jeder so seine Passion!"

Und ich habe immer die ganze Arbeit mit dem Kroppzeug, dachte sie weiter. Diese dämlichen erst dunkelgrünen und dann dunkelblauen Beeren an den Efeuranken locken um diese Jahreszeit jede Menge Vögel an, und die scheißen sich genau vor unserer Haustür aus … Elizabeth kam in Rage.

„Wenn ich das richtig sehe, ist aber das Fenster in ihrer Etage offen. Wird sie wohl kaum so gelassen haben, wenn sie nicht daheim ist", blieb der Fotograf noch einmal hartnäckig.

„Dann klingeln Sie doch. Kann Ihnen ja niemand verwehren. Britta Baumgarten ist ihr Name. Die hat auch irgendwo in der Stadt einen kleinen Blumenladen. Was sonst, bei dem Namen, haha. Aber ich habe Sie gewarnt!"

„… und was meinten Sie vorhin mit Ihrer Äußerung von wegen nicht mehr lange?", fiel dem Mann noch ein. Möglicherweise könnte das ja ein Aufhänger für einen Beitrag auf der Lokalseite werden.

Elizabeth zog die Stirn kraus. Sie unterhielt sich ja leidenschaftlich gern, aber das hier wurde selbst ihr zu viel.

Und Schnüffler konnte sie absolut nicht leiden. Schon aufgrund ihres Geheimnisses nicht.

„Das sollte ja Ihren Blicken nicht entgangen sein, dass in diesem Haus nur noch ein Strang bewohnt ist." Sie musterte ihr Gegenüber noch einmal argwöhnisch von oben bis unten. „Und was kann man wohl daraus kombinieren?"

Sie wartete ein wenig ab, um den Mann auf die Folter zu spannen.

„Sanierung", entgegnete er.

„Schön wär's", rutschte es der Hausmeisterin heraus. „Das ist zwar die offizielle Variante. Aber ich fresse einen Besen, wenn hier normal saniert wird. Stück um Stück sind die anderen Mieter schon rausgegrault worden. Nur bei uns hat man es noch nicht geschafft."

Der Fotograf witterte endlich eine Story.

„Darf ich Sie zitieren?"

„Wehe! Dann hetze ich Ihnen einen Anwalt auf den Hals. Ihnen und Ihrer Redaktion. Wie heißt das Blättchen noch gleich?"

„Schon gut", entgegnete der Mann, ohne die Frage nach dem Namen der Zeitung zu beantworten. Er entschied für sich, der Chefin vom Ressort Lokales zumindest die Infos zukommen zu lassen. Sollte sie doch entscheiden, ob das ein Thema für einen Beitrag sein könnte, vielleicht auch auf einer der anderen Seiten. Er jedenfalls wollte sich daran nicht die Finger verbrennen. Dazu war er zu etabliert in den örtlichen Netzwerken. Er lichtete lieber unkomplizierte Sachverhalte ab, die Eröffnung einer neuen Gaststätte oder die Einweihung eines Klinikbereiches, das Jubiläum in einer Traditionsfirma, Konfirmationen …

Er wandte sich ab und lief zu seinem Auto.

Die beiden Frauen blickten ihm erleichtert hinterher. Elizabeth vom Hauseingang aus, Britta von ihrem Fensterstandort.

Nachdem sich die Hausmeisterin wieder hineinbegeben hatte, schloss auch Britta das Fenster und ließ sich auf den danebenstehenden Stuhl sinken. Keine Öffentlichkeit, pochte es in ihrem Kopf, keine Öffentlichkeit! Da hatte alles mit der neuen Identität über die Jahre wunderbar geklappt und nun das. Doppeltes Risiko. Einerseits ihre prachtvollen Ranken an der Fassade, andererseits die Geschichte mit der fraglichen Sanierung. Ihr Herz klopfte heftig, und sie spürte es bis zum Hals schlagen. Als sie sich wieder etwas beruhigt hatte, erhob sie sich mit immer noch weichen Knien.

Mach dich nicht verrückt, dachte sie. Automatisch schlug sie den Weg Richtung Badezimmer ein, schaltete dort das Licht an und sah sich im Spiegel an. Auch optisch hatte sie sich total verändert. Aus dem einst langen, blonden Haar, gern in einem wippenden Pferdeschwanz gebunden, war raspelkurzes rotes Haar geworden. Viel praktischer bei dem, was sie jetzt tat, als Chefin einer kleinen Blumenboutique mit zwei Halbtagskräften und einer Azubine.

Lass es, mahnte ein Gedanke in ihrem Kopf, aber die Hände hatten schon den Spiegel ergriffen und aus seiner Halterung entfernt. Dann öffnete sie die Luke dahinter, die zum Versorgungsschacht führte. Eine Taschenlampe benötigte sie nicht. Sie wusste genau, wo ihr kleines Kästchen stand mit den wenigen Utensilien aus der Vergangenheit. Alles, aber auch alles hätte sie entsorgen sollen, hatte es damals geheißen, als sie die Stadt, den Job und die Persönlichkeit wechselte. Aber sie konnte sich nicht davon trennen. Später vielleicht, später. Doch dieses Später schob sie immer weiter hinaus.

Inzwischen saß Britta auf dem geschlossenen Toilettendeckel und hatte die metallene Lebkuchendose, die nur wenige kleine Roststellen aufwies, auf ihrem Schoß. Langsam öffnete sie den Behälter, so als wolle sie das hinauszögern. Als Erstes sprang ihr der geflochtene, lange blonde Zopf ins Blickfeld, wahrscheinlich hatte sie ihn auch zuletzt in den Händen gehalten. Mit zwei farbenfrohen Bändchen an jedem Ende.

„Sind Sie von Sinnen?", hatte Britta noch ihren damaligen Friseur im Ohr. „Ihre schönen Haare. Das ist einfach unverzeihlich."

Dann hatte er schwer aufseufzend und mit krausgezogener Stirn doch eingelenkt, dass sie ja alles wieder wachsen lassen könnte. Auf die rote Farbe hatte sie bei ihm noch verzichtet, nur den Schnitt wollte sie einem Fachmann überlassen.

Sie streichelte behutsam über das glatte Haar, das immer noch glänzte. Dann schob sie den Zopf beiseite und blickte auf ein Foto aus jenen Zeiten, dabei hielt sie ihren alten Führerschein in der Hand: Pia Kaiser. Der war sicherheitshalber auf diesen Namen ausgestellt, falls mal jemand schnüffelte. Der Name war auch ganz o. k. gewesen, aber Britta Baumgarten hatte sie sich selbst ausgesucht, weil klar war, in welcher Branche sie künftig tätig sein würde.

BB klang ein wenig, wenn auch vermessen, wie sie fand, nach Brigitte Bardot. Aber schick sahen die großformatigen Initialen in der Leuchtreklame über ihrem Laden aus. Und Baumgarten hatte Hand und Fuß im grünen Metier.

Nur bei der Namenswahl durfte sie mitsprechen, so wie bei Pia Kaiser, der ihrem bürgerlichen Namen gleichkam, was die Anfangsbuchstaben anging. Sie war als geborene Petra Kehlmann in den Polizeidienst eingetreten.

Was den neuen Rückzugsort anging, so war klar, er musste sehr weit weg von ihrem ursprünglichen Zuhause und möglichst anonym liegen. Was die Optik betraf, so arbeiteten auch die Jahre für sie. Sie hatte schon lange keine Ähnlichkeit mehr mit der Bardot. War inzwischen etwas fülliger geworden. Nur die Augen sprühten noch Funken in besonderen Situationen.

Eigentlich war sie eine ganz kleine, unspektakuläre Polizistin gewesen. Ziemlich kurz nach der Berufsausbildung in der Floristik hatte sie sich für diesen Wechsel entschieden, weil sie Krimis leidenschaftlich liebte und dachte, das könnte echt spannend werden. Wurde es auch. Irgendwann wurde jemand gesucht, den man undercover in der Bordell- und Drogenszene einschleusen konnte.

Petra hatte zu jenem Zeitpunkt noch so gut wie keine Kontakte mit den Bürgern in der Öffentlichkeit und fast alles vom Schreibtisch aus erledigt. Das passte schon einmal. Und dann sah sie blendend aus. Schmollmündchen, der wippende Pferdeschwanz, der goldig schimmerte, und ihre Augen, die einen echten Schlafzimmerblick auflegen konnten, wie ihr Kollege am Bürotisch gegenüber immer gemeint hatte.

Nicht einmal einen Freund gab es zu jener Zeit, ebenfalls ein Pluspunkt. Und ihre Fähigkeiten: schnelle Auffassungsgabe, rasches Reaktionsvermögen, perfekte Merkfähigkeit.

„Ich kenne niemanden, der den Job besser ausführen könnte", hatte der Kriminalrat gemeint, als man sie vorschlug. „Das ist Ihnen quasi wie auf den Leib zugeschnitten. Enttäuschen Sie uns nicht."

Und sie hatte sich ohne Wenn und Aber in die neue Aufgabe hineingekniet, stellte alle Beteiligten zufrieden. Ihr damaliger neuer Chef hielt die Hand über sie, wohl auch weil er sich dieses Schmuckstück für seine eigene Sammlung aufbewahren wollte und die Zeit bis dahin noch ein wenig auskostete. Dazu kam es dann allerdings nicht mehr, denn die Ereignisse überschlugen sich und Pia musste verschwinden, sonst wäre sie aufgeflogen. Sie hatte zeitnah Berichte zu Schutzgelderpressungen, zur Übergabe von größeren Drogenmengen, zur Anstellung Minderjähriger vor allem aus dem Ausland geliefert. Stück um Stück folgten Einsätze der Polizei. Und wer eins und eins zusammenrechnen konnte, der musste irgendwann auf sie als Auslöser treffen. So ein Job war selten von Dauer.

Die neue Identität kam ihr indes nicht ungelegen. Ihr zeitweiliger Boss war in der zurückliegenden Zeit immer aufdringlicher und deutlicher geworden. Lange hätte sie ihn nicht mehr abwehren können. Es gab keinen Grund dafür. Schließlich hatte er immer seine Hände schützend über sie gehalten. Und nun sollte etwas Entgegenkommen ihrerseits durchaus angebracht sein. Zum Glück wurde sie genau in der Situation abgezogen.

Rasch hatte sich Britta Baumgarten in ihr neues Leben eingefügt, hatte mit den Mietern direkt unter ihr und darüber lose Bekanntschaft geschlossen. Schon deshalb, weil sie ihre Rankhilfen installieren musste. Dafür bohrte sie unter äußerster Kraftanstrengung Löcher in die Balkonbrüstung und in die seitlichen Wände, schlug Dübel mit einem Hammer hinein und drehte zuletzt die passenden Haken mit einer dicken runden Öse in die Führung. Das sollte wohl halten. Nachdem ihr Grün eine stattliche Größe erreicht hatte, musste sie sich in die anderen Etagen ausdehnen, um ihren gestalterischen Plan umzusetzen. Am liebsten hätte sie ja das gesamte Haus begrünt, aber dafür war es offensichtlich zu hoch. Starke Nylonseile wand sie von Öse zu Öse, auch nach oben und nach unten, von einer Etage zur anderen.

Merkwürdigerweise war sie bei der Wohnungsverwaltung nicht auf Widerstand gestoßen, als sie bei der Sekretärin anfragte, ob ihre Initiative gestattet sei.

„Eigentlich soll so etwas ja nicht sein. Wobei wir kein vergleichbares Beispiel haben. Die Wäsche soll ja nicht zum Trocknen in Blickhöhe hängen, was die Sicht verschandeln würde. Aber Sie, Sie sorgen für etwas richtig Schönes", hatte die Sekretärin beschwichtigt. „Machen Sie sich mal keine Sorgen. Ich kläre das mit meinen Vorgesetzten. Wir begutachten das zwischendurch. Von uns aus aber erst einmal das Einverständnis. Tun Sie sich keinen Zwang an."

Britta war erleichtert. Dass das so einfach gehen würde, hätte sie nie zu hoffen gewagt. So konnte sie an ihrem

Sichtschutz arbeiten, der auf ihrem Balkon seinen Ausgang nahm. Sie sorgte für entsprechende Bewässerung und genügenden Dünger. Gelegentlich führte sie auf den anderen Etagen die rankenden Triebe in die richtige Richtung. Schnitt auch da oder dort mal Überflüssiges ab, entfernte Verblühtes. Die Mieter erfreuten sich an der dekorativen Gestaltung, am Summen der Bienen und weiterer Insekten sowie an den Vögeln, die ihre Nester im Zweigwerk bauten.

Besonders üppig schoss der Efeu in die Höhe, zunächst nur mit glänzend grünem Blattschmuck, Jahre später auch mit zahlreichen Beerendolden. Ihm zur Seite eine inzwischen mächtige Kletterhortensie mit atemberaubenden Blütendolden in der Saison, die im Herbst dekorativ eintrockneten. Auf ihrem eigenen Balkon ergänzte Britta einjährige Exemplare wie Duftwicken, Ballonpflanzen mit den zunächst unauffälligen Blüten, aber dafür später den tollen grünen Früchten, die tatsächlich wie Ballons aussahen, den violetten Schmetterlingsflieder Buddleia, Prunkwinden.

Gern fügte sie Essbares hinzu, wie die fingerblättrige Klettergurke oder rankende Erdbeeren in Hängeampeln. Feuerbohnen waren ihre Lieblinge, aufgrund der leuchtenden Blütenfarbe und der Gemüseportionen im Anschluss. Kapuzinerkresse war den meisten nur als Bodendecker bekannt, Britta aber hatte sich für kletternde Varianten entschieden. An Kürbissen hatte sie sich auch schon versucht, aber die uferten definitiv zu sehr aus. Wenn sie auf ihrem Balkon stand und alles hegte und pflegte, befand sie sich wie in ihrem Blumenladen in einer anderen Welt. In einer, die sie in diesem Fall gern mit ihren Nachbarn teilte.

Und auch in ihrem Job lebte sie ihren Traum, beriet gern die Kunden, die sich ihr Zuhause begrünen lassen wollten, und setzte dann auch die Aufträge gekonnt um. Wohnungen als kleiner Dschungel, das war es. Lag zum Glück im Trend, die Sache mit den zahlreichen, üppigen und äußerst dekorativen Pflanzen. Sie gestaltete liebevoll moderne bepflanzte Bilderrahmen mit stark aufrecht Wachsendem oder auch gleich vollständige Grünwände. Meist ließ man ihr freie Hand bei der Auswahl von Fensterblatt, Geigenfeige, Strelitzien, Flamingoblumen, Wolfsmilchgewächsen, Palmfarn, Zimmertanne …

Ihre fachmännische Entscheidung war es, den richtigen Standort zu wählen, je nach Temperatur, Licht, aber auch Pflegeaufwand. Dafür war schon einmal die Himmelsrichtung des jeweiligen Raumes entscheidend. Und immer wieder wurde sie ihren Hinweis los, ja nicht zu viel zu gießen. Ein gängiger Fehler der Kunden. Aber nun ja, im Fall der Fälle konnte sie neue Ware liefern.

Britta lief in ihre Küche. Ihr Magen hatte geknurrt. Das sollte wohl ein Zeichen sein, sich endlich um die Nahrungsaufnahme zu kümmern. Heute wollte sie wieder was für sich und ihre Mädels kochen, dann hatten sie am nächsten Tag etwas Warmes. Einfach nur in der Mikrowelle erhitzt, das war äußerst praktisch. Und es freute sie, wenn sie mal jemanden bekochen konnte.

Suppengrün und Möhren hatte sie eingekauft. Würstchen befanden sich immer in ihren Vorräten. Sie stellte sich an die Spüle und fing an, Sellerie und Porree zu säubern und zu zerkleinern. Dann putzte sie die Möhren und schnitt sie in Scheiben. Zuletzt kamen die Kartoffeln dazu, geschält und in Stückchen geschnitten.

Auf dem Herd stand schon ihr größter Topf. Sie hatte etwas Öl hineingetan und die Platte angestellt. Als es ihr heiß genug erschien, gab sie zunächst die Suppengrünbestandteile hinein und ließ sie etwas anschmoren. Sobald sie ein wenig braune Farbe angenommen hatten, griff sie sich den Topf, hielt ihn unter den Wasserhahn und ließ eine kleinere Portion Flüssigkeit hineinlaufen. Es zischte etwas und Dampf stieg auf. Schon stand der Topf wieder auf dem Herd, und sie rührte mit einem Holzlöffel darin herum. Schließlich füllte sie alles mit einem weiteren Schwung Wasser großzügig auf und schob Kartoffeln sowie Möhren hinein. Deckel drauf und die nötige Zeit abwarten.

Britta zog sich das Wochenblatt heran, das auf ihrem Küchentisch lag. Wenigstens mal durchblättern. Die Redaktion hatte neulich bei ihr angefragt, ob sie nicht mal eine Anzeige schalten wolle. Gern auch ein Advertorial. Als sie mit dem Begriff nichts anfangen konnte, erklärte ihr das die freundliche Mitarbeiterin: eben ein redaktionell wirkender Beitrag, vielleicht ein Interview mit ihr oder ein Bericht über den Laden und die Aktivitäten sowie Angebote. Das würde alles das Wochenblatt übernehmen und klären, auf sie käme dann nur eine Summe X zu, die zu bezahlen wäre …

Britta hatte nur kurz überlegt. Das war wieder genau diese Publicity, die sie sich nicht leisten konnte. Das Geld dafür hätte sie vielleicht verkraftet. Aber dann wäre auch möglicherweise ein Foto von ihr ins Blatt gekommen.

Und genau solche Dinge gehörten zu dem, was ihr alles strengstens untersagt war.

Sie ließ die Zeitung sinken, als Dampf unter dem Topfdeckel hervorquoll. Britta schaltete die Dunstabzugshaube ein und stellte den Kurzzeitwecker. Eigentlich hatte sie zeitliche Vorgaben im Gefühl, aber sie machte das stets automatisch. Das Küchenradio ließ gerade eines ihrer Lieblingslieder erklingen und Britta sang lauthals mit. Sie freute sich auf die Tasse Suppe später vor dem Fernseher und morgen auf die Freude ihrer Angestellten. „Oh, Möhrensuppe!", hörte sie schon einen kleinen Chor im Laden. Sie verwöhnte ihre Truppe außerordentlich gern. Das war auch ein tolles Team. Wunderbar, dass sich die Dinge in ihrem Leben in dieser Phase so gefügt hatten.

Jetzt fiel ihr ein, dass sie zwei Tage später den Termin für die Wohnungsbesichtigung hatte. Ihr Kontaktmann hatte ihr dieses Angebot vermittelt und schon gründlich geprüft. Es musste ja einige Anforderungen erfüllen, was die Anonymität anging. Das sollte auch ein Zuhause mit Balkon sein. Sie hatte zumindest schon den Grundriss gesehen. Aber was würde aus ihren unschlagbar schönen Gewächsen, die das Haus so einmalig begrünt hatten? Ich werde sie kappen und mitnehmen, dachte Britta. Und zugleich fiel ihr ein, dass dann alles andere traurig an der Fassade vertrocknen würde. Ist sowieso geplant, wenn das alles hier den Bach runtergeht, grübelte sie weiter.

Oder sollte sie sich doch auf das Angebot ihres Kontaktmanns einlassen? Er hatte bei ihrem Treffen, als es um die Entscheidung für eine neue Wohnung ging, so spannend davon erzählt und in ihr war wieder dieses Gefühl aufgekommen, das sie damals beseelt hatte, als sie undercover ermittelte. Sie konnte Gutes tun, für eine bessere Gesellschaft.

„Auch in dem Bereich, in dem wir dich jetzt angesiedelt haben, in der Zierpflanzenbranche, sind Drogenschmuggel und Geldwäsche angesagt. Oder aber Arbeitsausbeutung", hatte Martin berichtet und dann eingelenkt: „Letzteres ist jetzt nicht so wirklich kriminell, aber es gehört eben dazu und man sollte was dagegen unternehmen, wenn es in unserer Hand liegt."

„Wirklich?", hatte sie ihn erstaunt gefragt.

„Klar ist der Sektor durchaus für organisierte Kriminalität angreifbar. Gibt inzwischen sogar eine Initiative, die solche Unterwanderungen unterbinden will. Wir könnten dich auch da einschleusen, wenn du noch einmal – zumindest teilweise – dem Floristenleben Adieu sagen und mehr die Spannung bevorzugen willst?!"

Britta hatte äußerst interessiert zugehört. Auch die Gegenden, wo ihre Einsätze stattfinden könnten, klangen nicht schlecht.

„Wir schicken dich in die Niederlande. Das ist ja gleich um die Ecke, da bist du nicht aus der Welt. Der Amsterdamer Flughafen Schiphol und der Rotterdamer Hafen zählen zu den Hauptumschlagplätzen von illegal gehandelten Waren. Natürlich wird streng kontrolliert, Tag um Tag. Aber du kennst das ja. Kriminelle finden immer wieder Schlupflöcher, um aktiv zu sein. Wer sich auf gesetzeswidrige Aktivitäten verlegt hat, der lässt eben nicht locker …"

Britta hatte irgendwie Feuer gefangen und hakte nach.

„Ich dachte immer, das würde eher in anderen Bereichen gang und gäbe sein, nicht gerade beim Handel mit den Zierpflanzen?"

„Doch, gerade auch dort. Weil eben weniger streng kontrolliert wird. Geht ja beispielsweise um die ach so schönen Rosen aus Ecuador oder Afrika. Die bringt man nicht so schnell mit Drogen in Verbindung."

Britta nickte und hörte weiter zu.

„Du bist wohl interessiert?", wollte Martin wissen.

Jetzt nickte Britta.

„Wenn ich an einem Ort sowieso die Zelte abbrechen muss, dann könnte ich doch auch gänzlich neu anfangen. Oder bin ich euch schon zu alt?"

Das klang ein wenig kokett.

Martin lachte und schüttelte den Kopf.

„Keineswegs. Du wärest richtig für so einen Einsatz. Hast die entsprechende Fachkenntnis, den nötigen Durchblick und eine absolut seriöse Ausstrahlung."

Er musterte sein Gegenüber gründlich.

„Na dann! Steht dem wohl nichts mehr im Wege … Aber erzähle erst mal noch weiter", forderte Britta.

„Jedenfalls ist die Zierpflanzenbranche in der Richtung recht angreifbar. Sind eben auch Logistiksysteme, die sich relativ leicht missbrauchen lassen. Übrigens gibt es sogar schon Widerstand in den Niederlanden."

„Tatsache?"

„Exakt. Die Initiative nennt sich Standhafte Zierpflanzenbranche und darin engagiert sind die Gemeinden Westland, Katwijk, Aalsmeer und Uithoorn. Außerdem gehören die Polizei und die Staatsanwaltschaft von Den Haag sowie Amsterdam-Amstelland, der Zoll und das Finanzamt dazu. Royal FloraHolland dürfte dir ja bestens bekannt sein. Die sind ebenfalls mit im Boot ..."

„... die weltgrößte Vermarktungsorganisation für Blumen und Pflanzen! Junge, Junge, das ist schon eine respektable Zusammenstellung. Und was machen die gemeinsam?"

„Bei so viel gewichtigem Background haben die natürlich Zugriff auf repressive Maßnahmen, wichtiger aber noch sind vorbeugende Möglichkeiten. Geht ja immer um den Schutz vor krimineller Unterwanderung."

„Ich denke mal, die werden Schulungen anbieten, um zu sensibilisieren. Es gibt bestimmt Anzeichen von dieser kriminellen Unterwanderung, wie du das nennst. Kann mich jedenfalls noch gut an meine frühere Tätigkeit erinnern. Da gab es auch immer wieder die klassischen Hinweise ...", ergänzte Britta.

„Eben. Ist bei dir ja schon ein kleines Weilchen her. Und natürlich gibt es solche Schulungen. Aber inzwischen werden da auch Apps eingesetzt, mit denen Mitarbeiter der Städte und Kommunen eventuelle Verdachtsfälle melden können. Ansonsten ringt man aber momentan darum, dass dieses Problem auch offiziell anerkannt wird. Dafür braucht es darüber hinaus eine strukturelle finanzielle Unterstützung von Staats wegen."

„Und wo könnte mein Einsatzgebiet liegen?"

Britta wollte endlich auf den Punkt kommen.

„Ich merke schon, du willst in dieser Stadt nicht alt werden. Nun gut. Ich bin ja nicht unvorbereitet in dieses Gespräch gekommen. Bei Royal FloraHolland!"

„Echt?"

„Ja, echt. Einiges haben die schon intern getan, um die Sicherheit zu verbessern: verschärftes Kundenscreening, erhöhte Datensicherheit, mehr Auflagen fürs Niederlassungsmanagement. Hinzu kommen die strengeren Regeln, wenn es um den generellen Einkauf geht. Soll eben vermieden werden, dass die Produzenten ihre Arbeiter zu sehr ausbeuten. Ein neues Zahlungssystem gibt es seit einiger Zeit, damit soll Geldwäsche bekämpft werden. Und wenn man aufs Versteigerungsgelände will, dann muss man die neuen Regeln fürs Betreten beachten. Die Firma lässt ansonsten ihr Areal mit Ermittlungsdiensten strenger überwachen. Da könnten wir dich integrieren, vielleicht aber eher wieder undercover, so wie einst, dachte ich mir."

Martin war nicht zu bremsen, aber sein Gegenüber hörte sowieso fasziniert zu.

„Gern", strahlte jetzt Britta über das ganze Gesicht und hatte ihren kleinen Blumenladen für Augenblicke völlig verdrängt, auch die Sache mit dem gefälschten Fünfzigeuroschein, mit dem ein Kunde bei ihr tags zuvor im Laden bezahlt hatte. Eine einzige, auch noch heruntergesetzte Trauerkarte.

„Momentan stocken wir noch an beiden Hauptsitzen von FloraHolland auf. Du könntest dir also aussuchen, ob du nach Aalsmeer oder Naaldwijk willst …"

Britta schluckte. Das ging ihr jetzt doch zu schnell.

„Gibst du mir noch etwas Zeit für meine Entscheidung?"

„Klar doch. Aber warte nicht zu lange. Wir haben auch andere geeignete Kandidaten! Anfang Januar benötige ich deine Zusage. Übrigens, Rudi ist auch wieder mit an Bord!"

Jetzt riss Britta die Augen auf, war aber sprachlos. Ihr Rudi, wegen dem sie Niederländisch gelernt hatte? Der große, schöne Rudi, mit diesen bezaubernden Grübchen im Gesicht, wenn er lächelte. Sie hatten beide verdeckt ermittelt und sogar ihr Verhältnis geheim gehalten.

„Wenn du denkst, wir haben das damals nicht mitbekommen, bist du aber auf dem falschen Dampfer", grinste Martin. „Wir wollten euch nur das bisschen Freude lassen. Und außerdem habt ihr euch wirklich perfekt getarnt. Mein Kompliment im Nachhinein."

„Das hätte ich wirklich nicht vermutet", seufzte Britta auf.

„Lass mal, Pia. War doch in Ordnung."

Jetzt war Martin ihr früherer Vorname rausgerutscht.

„Du könntest übrigens bei Britta Baumgarten bleiben, dann haut das auch mit der überzeugenden Identität hin, wenn sich einer fragt, was du in deinem neuen Job tust."

„Rudi erkennt mich bestimmt nicht wieder", hauchte Britta.

„Heißt inzwischen übrigens Hendrik. Aber so ganz spurlos sind auch die Jahre an ihm nicht vorübergegangen. Hat nicht mehr ganz so volles Haar", sagte Martin und strich sich über seine Glatze.

Genau, dieses einmalige lockige dunkelbraune Haar, das hatte sie auch so an ihm geliebt. Britta schaute an sich und an den Speckrollen am Bauch hinunter. Diät, fuhr es ihr blitzartig durch den Kopf. So kannst du Rudi alias Hendrik unmöglich unter die Augen treten. Am besten würde sie das den Mädels auf der Arbeit verklickern. Und vielleicht bekam sie ja sogar Verstärkung. Schließlich waren sie allesamt Meisterinnen im Ausprobieren verschiedenster Diäten …

„Ach übrigens, damit hat gestern ein Kunde bezahlt."

Britta schob den falschen Fünfziger über den Tisch. Martin nickte nur und griff zu. Dann hielt er den Schein gegen das Licht, um die Merkmale zu prüfen.

„An die Aufnahme aus deiner Überwachungskamera hast du gedacht?"

„Aber natürlich. Gar keine Frage. Hier."

Jetzt hatte Britta auch einen kleinen Stick aus ihrer Handtasche herausgeholt.

„Und deinen Angestellten gegenüber …"

Martin kam nicht dazu, seine Frage zu vollenden.

„… habe ich im Vorfeld, als wir das Ding mal installiert haben, erklärt, dass es wichtig wäre, falls mal einer in unsere Kasse greifen will. Sie waren alle einverstanden."

„Und du?"

„Ehrlich gesagt, fühle ich mich etwas sicherer damit. Ich checke ja regelmäßig die Aufnahmen, ob mir etwas verdächtig vorkommt. Irgendjemand Parallelen zu meiner Vergangenheit aufweist."

„Dann ist ja alles gut", sagte Martin und ergänzte: „Stimmt übrigens, der Schein hier ist definitiv falsch. Allerdings recht gut gemacht. Ich reiche den und den Stick dann mal an die zuständigen Kollegen weiter. Brauchst gar nichts weiter zu unternehmen."

Britta holte sich wieder in die Gegenwart zurück, während sie das bereitgelegte Stück Butter in die heiße Pfanne gleiten ließ. Nachdem es sich aufgelöst hatte, gab sie mit einem Esslöffel Mehl dazu, bis es ihr ausreichend erschien. Jetzt brauchte sie nur ein wenig Geduld, bis die Masse eine schöne Brauntönung annahm. Zwischendurch rührte sie alles mit einem Holzlöffel um. Nachdem der Wecker geklingelt hatte, gab sie die Bindung in die Möhrensuppe und schmeckte alles zu guter Letzt ab. Das war jetzt zwar keine kalorienreduzierte Kost, aber etwas Warmes und zwar richtig Gutes brauchte der Mensch schon zwischendurch. Dafür konnte man sich ja bei den anderen verführerischen Leckereien bremsen, die die Adventszeit so bot.

„Hm", lobte sich Britta selbst, als sie einen Löffel voll kostete, nachdem sie beschlossen hatte, alle Zutaten müssten nun ausreichen. „Lecker!"

Sie war zufrieden, füllte sich eine große Suppentasse mit dem Eintopf und lief zum Esstisch im Wohnzimmer.

„Wenn der Frühling kommt, dann schick ich dir Tulpen aus Amsterdam", sang sie lauthals vor sich hin. Eines ihrer Lieblingslieder, schon immer gewesen. Bevorzugt in der Fassung von Heintje. Ansonsten mochte sie sowieso alles, was mit Schlagern zu tun hatte. Ihren Musikgeschmack setzte sie auch im Blumenladen durch. Die Mädels hatten zwar anfangs gemault, sich aber dann gefügt und trällerten nun immer wieder mit, wenn sie eine CD mit Liedern von Roy Black oder Rex Gildo startete oder sich für etwas Moderneres mit Howard Carpendale, Andrea Berg beziehungsweise Helene Fischer entschied. Ihre persönliche Favoritenliste war ziemlich breit angelegt.

Britta führte einen gefüllten Suppenlöffel zum Mund, pustete kurz drüber und ließ es sich dann schmecken, während sie weiter nachdachte. Sie würde auch wieder ihr Niederländisch praktizieren können, das sie damals extra für den Polizeieinsatz beziehungsweise ganz speziell für Rudi erlernt hatte. Es war sicher etwas eingestaubt, aber nicht völlig vergessen. Das war ja wie Fahrradfahren. Musste nur angewendet werden.

Plötzlich dachte sie doch wieder an ihr kleines, eingespieltes Team, das sie nun ernsthaft verlassen wollte. Ein paar Tränen liefen ihre Wangen hinunter.

6. Kapitel
Quartett

Doreen war vom Einkaufen gekommen, gemeinsam mit ihren drei Kindern. Einerseits war die Quengelei im Supermarkt der absolute Horrortrip, andererseits trugen acht Arme mehr als nur ihre zwei. Und für geringe Zugeständnisse in Sachen Süßigkeiten waren die Kleinen schon bereit, auch eine Last auf sich zu nehmen.

„Hallo", grüßte jetzt Jason in Richtung Hausmeisterin, die sich auf ihr Fensterbrett ein dickes, besticktes Kissen gepackt hatte. Ihre verschränkten Arme lagen darauf, und sie musterte die Ankömmlinge. Drei Kinder von jeweils einem anderen Vater! Elizabeth schüttelte kaum merklich den Kopf. Hecken wie die Karnickel und dann dem Staat auf der Tasche liegen, fuhr es durch ihre Gedankenwelt. Dennoch nickte sie der Familie zu, fast wirkte es hoheitsvoll.

Wie kann man nur so am Fenster lümmeln? War das nicht mal früher üblich, vor vielen, vielen Jahren?, grübelte Doreen. Außerdem ist es doch total kalt. Die Hausmeisterin kann sich ja den Tod holen … Sie empfand fast ein wenig Mitgefühl, obwohl diese alte Hexe ja häufig auf den Kindern herumhackte und sie beschimpfte beziehungsweise sich bei ihr wortreich beschwerte, wann immer irgendwas im Haus passierte. Das konnte dann nur einer von ihren Dreien gewesen sein. Aktuell fielen die

Beschuldigungen gern auf Kevin. Aber egal, was es auch war, Doreen nahm ihre Kinder immer in Schutz. Ganz automatisch. Die Schuldfrage wurde dann daheim in aller Ruhe geklärt und, wenn nötig, eben eine kleine Strafe aufgebrummt: Abwasch erledigen, Schuhe putzen, Blumen gießen. Von Stubenarrest und Fernsehverboten hielt die Mutter nichts. Es sollte etwas Praktisches sein, was sie bei der Hausarbeit ein wenig unterstützte.

„Pass auf, Kevin", schrie Doreen ihrem Jüngsten hinterher, als der im Treppenhaus die Stufen nach oben sprang, immer den Beutel an die Steine anschlagend.

„Scheiße in der Lampenschale bringt gedämpftes Licht im Saale", erschallte kraftvoll und fröhlich von Kevin. Seine Wiederholungen wurden immer leiser.

Doreen musste in ihren Überlegungen auflachen. Wo hatte er das nur wieder aufgeschnappt? Dann dachte sie schlagartig an die Einkäufe. Was hatte sie ihm zum Tragen hineingetan? Nein, das war eigentlich kein Problem. Nur die leichteren Sachen – Nudeln, ein paar Tütensuppen, Brötchen zum Aufbacken … Zumindest zerbrechen konnte nichts. Laetitia, die Mittlere, und Jason, ihr Großer, begleiteten gemessenen Schrittes die Mutter rechts und links. Jeder mit seinem Gepäck in den Händen.

„Lass mal, Mama, Vini hat eben Pfeffer im Hintern", sagte das Mädchen mit ernstem Gesicht.

Doreen verkniff sich jetzt ein Lachen. Ihr Mädel war köstlich, immer wieder. Das heiterte im öden Alltag stets auf. Die Kleine erinnerte sie vollkommen an den Vater, der bei einem Motorradunfall ums Leben gekommen war. Nach ihrem ersten Beziehungsmissgriff in Bezug auf Jason,

dessen Erzeuger ein absoluter Filou war, der nichts an-
brennen ließ. Dafür der zweite, intensivere Mann an ihrer
Seite das totale Gegenteil: die Ruhe in Person, mit einem
perfekten trockenen Humor ausgestattet. Und das, obwohl
er in verschiedenen Heimen aufgewachsen war. Oder vielleicht gerade deshalb? Auf jeden Fall hatte er eine ungeheure Sehnsucht nach einer richtigen Familie. Der Termin
für die Hochzeit war schon anberaumt, Kleid und Anzug
waren besorgt, Restaurantplätze für eine Feier bestellt, und
dann war er nur noch mal für eine Besorgung losgefahren.

„Bis gleich, mein Doppelmäuschen", hatte er gesagt, ihr
zärtlich über den schon leicht gerundeten Bauch gestrichen und beim Starten gewunken. „Mal sehen, was ich für
den Lütten diesmal auftreiben kann."

Immer brachte er von unterwegs auch eine Kleinigkeit
für Jason mit, den er liebte, als wäre er sein eigenes Kind.
An jenem Tag aber nicht, da standen zwei Uniformierte
vor ihrer Tür, als sie auf das Klingeln hin öffnete. Ob sie
hereinkommen dürften, und sie solle sich doch erst einmal setzen, hatte die Polizistin mit erkennendem Blick auf
ihren Bauch gesagt. Was dann folgte, war die Schilderung
eines tödlichen Zusammenstoßes mit einem Lkw. Ob sie
denn in der Lage sei, ihren Lebensgefährten zu identifi-
zieren? Das sei nötig, weil sich das Unfallgeschehen auf
offener Straße ereignet hätte, kam die Erklärung auf ihren
geflüsterten Einwand, er hätte doch seinen Personalaus-
weis und die Fahrzeugpapiere dabeigehabt, und wäre das
dann nicht eindeutig?

Lange verwand sie diese endgültige Trennung nicht,
inzwischen aber war sie froh, wenigstens in der Person

von Laetitia eine Verkörperung des Vaters an ihrer Seite zu haben. Eigentlich wollte sie mit den beiden Kindern allein klarkommen, aber dann verknallte sie sich Hals über Kopf in einen verheirateten Kollegen. Der wollte natürlich später von Kevin nichts wissen, zahlte aber wenigstens regelmäßig den Unterhalt.

Jetzt jedenfalls hatte sie die Nase von den Männern gestrichen voll. Wer weiß, was passieren würde, wenn sie mit einem nächsten anbandelte. Garantiert ein viertes Kind, zumal sie nichts von Abtreibungen hielt. Und alles bisherige Verhüten hatte ja definitiv nicht geklappt. Doreen wollte es so belassen, wie es war, ihr kleines Familienquartett.

Laetitia hielt die Einkaufstasche fest umklammert und drückte mit der anderen Hand an ihren Anorak. Vorhin im Laden hatte sie in einem unbeobachteten Moment eine Deosprayflasche mitgehen lassen. Genau in ihrer Griffhöhe, in der mittleren Preisklasse. Eine Sorte, die die Mama sehr mochte. Dafür hatte das Kind beim Betreten des Geschäftes extra den Reißverschluss heruntergezogen.

„Ist dir heiß, Liebes?", hatte Doreen gefragt und Leatitia besorgt an die Stirn gefasst. „Nicht dass du was ausbrütest, ausgerechnet zu Weihnachten! Das können wir jetzt, weiß Gott, nicht auch noch gebrauchen."

Die Kleine hatte nur den Kopf geschüttelt und war etwas errötet, was die Mutter nun doch als beginnende Erkältung deutete, gleichzeitig aber wieder vergaß, bevor sie sich der Abarbeitung ihrer Einkaufsliste auf dem Smartphone widmete. Zwischendurch warf sie den Kindern nur Wortbrocken zu, und die betreffenden Artikel landeten im Metallgitterwagen, der sich zunehmend füllte. Eigentlich waren zwei solcher Exemplare für einen Wochenendeinkauf nötig, aber da glaubte Doreen, eventuell die Übersicht verlieren zu können.

Man war ein eingespieltes Team. Nur in seltenen Fällen griff die Mutter wieder zu und tauschte gegen eine billigere Variante aus. Markenprodukte gehörten nicht unbedingt zu ihren Einkäufen. Damit es an der Kasse bei den letzten Lockartikeln für die lieben Kleinen nicht zu größerem Aufruhr kam, durfte sich vorher schon jeder in der Süßwarenabteilung etwas von seinen Lieblingsartikeln aussuchen. Lediglich eine maximale Summe war gesetzt. Zwei Euro pro Nase, gern weniger, das gab es dann als Plus für einen nächsten Einkauf. Jason hatte dazu eine Excel-Tabelle erstellt, die er akribisch führte, natürlich auch streng überwacht von seinen Geschwistern. Da konnte gar kein Irrtum passieren.

Laetitia war indessen froh, auch diese Hürde wieder genommen zu haben. In der Hektik der Vorweihnachtseinkäufe achtete sowieso kaum jemand auf sie. Jeder war mit sich beschäftigt, inklusive der Verkäuferinnen. Mit der Sprayflasche konnte auch nichts schiefgehen, dachte Laetitia und an ihren Reinfall mit der Schokoladenweihnachtsmannfigur für den kleinen Bruder. Die hatte sie so intensiv an sich gedrückt, dass nur noch zerbrochenes Stückwerk übrig blieb, das sie in der Woche zuvor mit schlechtem Gewissen selbst verzehrte.

Mit gerunzelter Stirn stand Doreen mit den Kindern vor der Fahrstuhltür, aus alter Gewohnheit. Wobei es ja wohl kaum denkbar sein konnte, dass seit ihrem Weggang zuvor jemand hier etwas repariert hatte. Ein Glück, dass ihr die Rangen etwas von der Last abnahmen. Und schön, dass sie ihre kleine Familie hatte. Aber was sollte werden, wenn sie tatsächlich umziehen mussten? Wer nahm schon eine Alleinerziehende mit übersichtlichem Einkommen als Verkäuferin in der Damenoberbekleidung und drei dazugehörigen Kindern als Mieterin? Und selbst wenn, dann war die Frage, ob sie die Miete überhaupt finanzieren konnte. Hier war sie immerhin halbwegs überschaubar. Mach dich nicht verrückt, riet ihr ihre innere Stimme. Und mach dir verfrüht keine unnötigen Gedanken über Dinge, die du nicht ändern kannst!

Die Familie stieg mit ihren Einkäufen die Stufen nach oben. Doreens Atem ging etwas schwer. Du solltest mal Sport treiben, machte sich eine Idee in ihr breit – na klar, unbedingt, aber wann denn??? Mit einem Mal störte sie der Anblick von ein paar offensichtlich neueren Schmierereien an den Wänden, die aussahen, als könnten sie von ihrem Jüngsten stammen. Na, den wollte sie sich wohl bei nächster Gelegenheit vornehmen.

Als sie oben ankamen, stand die Wohnungstür sperrangelweit offen, und von drinnen drangen die Kommandos eines Videospiels. Kevin hatte seinen Beutel mit den Einkäufen gleich im Flur stehen lassen und war bereits im Kinderzimmer der beiden Jungs angekommen. Dort lümmelte er gemütlich auf dem Bett, die Spielkonsole in den Händen. Immerhin hatte er sich Schuhe und Jacke ausgezogen, wie Doreen beruhigt feststellte.

So richtig bei der Sache war Kevin allerdings nicht. Vorhin im Supermarkt hatte er deutlich gesehen, wie Laetitia eine Sprayflasche in ihrem Anorak verschwinden ließ. Für einen Moment war er da drauf und dran, die Tatsache lauthals zu verkünden. Aber dann hätte ja auch gleich die gesamte Familie in einem schlechten Licht dagestanden. Er konnte sich genau daran erinnern, was es vor einiger Zeit für einen Aufstand gab, nur weil ein Klassenkamerad von ihm eine Tüte Sahnebonbons nicht bezahlen wollte und deshalb möglichst unauffällig in seiner Hosentasche verstaute. Aber eine alte Frau hatte da sofort aufgeschrien und mit dem Finger auf Timothy gezeigt. Sofort war der Filialleiter aufgetaucht, und es hatte mitten im Laden eine Standpauke gegeben. Wie schrecklich. Er hatte da mit seiner Familie schon an der Kasse gestanden, und seine Mutter hatte das nicht richtig mitbekommen. Sie war vollauf mit dem Beladen des Transportbandes und dem anschließenden Befüllen des Korbes beschäftigt. Am folgenden Tag hatte es noch ziemlich viel Theater in der Schule gegeben, vor allen Leuten, zu Beginn einer Schulstunde. So etwas wollte er überhaupt nicht heraufbeschwören.

War seine große Schwester nun eine richtige, coole Diebin? So ein Langfinger, wie sie aus Abenteuergeschichten kannte? Musste er nicht ehrlich sein und seiner Mutter davon erzählen? Verräter, fuhr ihm ein Widerwort durch den Kopf. Kevin musste sein Spiel zum wiederholten Male starten. Ihm fehlte die nötige Konzentration. Eben fiel ihm auch noch der jüngste Einsatz der Feuerwehr ein. Natürlich war er die Treppen hinuntergeeilt, als er die

Sirene hörte. Er hatte schon darauf gewartet. Und als er vor der Haustür stand, rollten die uniformierten Männer Schläuche aus.

„Was stehst du hier rum, Junge? Du störst uns bei der Arbeit", fuhr ihn ein Feuerwehrmann an und hielt kurz inne.

„Hast wohl selbst gekokelt und willst mal schauen, was daraus geworden ist?"

Kevin war erstarrt und kreidebleich geworden. Man hatte ihn auf frischer Tat ertappt. Genau so hieß das doch immer in den Geschichten, die aber alle ein gutes Ende fanden.

„Lass mal, Kleiner, war nicht so gemeint", sagte der Mann noch. „Stell dich einfach etwas weiter weg, damit du uns nicht behinderst. Ist ja sicher spannend für dich, besser als Fernsehen. Ich möchte wetten, du willst mal Feuerwehrmann werden."

Der Uniformierte wartete keine Antwort ab, sondern kümmerte sich um seine Aufgaben.

Als Kevin jetzt zu einem anderen Spiel wechselte, grübelte er. Feuerwehrmann. Gar keine schlechte Idee. Wenn ihn demnächst einer fragen würde, dann hätte er jetzt eine passende Antwort.

Sein großer Bruder Jason hatte in der Zwischenzeit seine Tasche rasch in der Küche auf einem der Stühle abgestellt, stand schon neben seiner Mutter und schaute fragend zu ihr auf.

„Darf ich?"

„Klar, Jasi, aber nicht zu lange bleiben. Um sieben gibt es Abendbrot."

„Logo, Mama. Habe die Uhr im Blick!"

„Na, das wüsste ich aber …“, sagte Doreen so leise, dass es ihr Sohn nicht mehr vernahm. Blieb nur noch Laetitia zum Vorbereiten des Abendbrots.

„Gehst du mir ein bisschen zur Hand, Liebes?“, wollte die Mutter wissen.

„Sofort!“, kam die Antwort der Tochter, die ebenfalls ihre Tasche in die Küche trug, sich danach den Anorak auszog und ihn an die Garderobe hängte. Vorsichtig nestelte sie ihr Präsent heraus und nutzte einen unbeobachteten Moment, um damit in ihrem Zimmer zu verschwinden, während sich Doreen schon in der Küche zu schaffen machte. Als sie den Wasserhahn an der Spüle aufdrehen wollte, kam kein Tropfen heraus, nur ein hohles, rülpsendes Geräusch. Die Frau fluchte: „So ein verdammter Mist aber auch. Haben die schon wieder das Wasser abgestellt???“

Dann wandte sie sich um und prüfte in der kleinen Abstellkammer die Mineralwasservorräte. Doch, damit kamen sie zumindest ein paar Tage hin, wenn sie sparsam mit allem umgingen. Wenn sie das geahnt hätte, dann hätte sie vorher wenigstens ein paar Wassereimer für die Toilettenspülung abgefüllt. Aber da musste nun wieder der schon mehrfach praktizierte Plan ran. Wassereinsatz nur nach größeren Geschäften und auch dann nicht allzu viel. Irgendwo musste sie noch den Zettel haben, den sie beim letzten Mal im Bad, deutlich sichtbar für alle, angebracht hatte. Laetitia hatte ein paar witzige Bilder dazugemalt.

Den Gedanken an ihren Großen tat sie beiseite. Neulich hatte sie einer Freundin davon erzählt, dass er sich mit einem alten Herrn aus dem Hause angefreundet hatte, und die war sichtlich erschrocken. Ob sie denn gar keine Angst hätte, wenn sich ihr Sohn ganz allein bei einem fremden Mann befinden würde? Aber der Nachbar war doch nicht fremd, und außerdem war er Professor. So einer tat nichts Böses, das hatte sie ihrer Freundin gegenüber betont, um sich auch selbst in Sicherheit zu wiegen. Sie war ja froh, wenn Jason sinnvoll beschäftigt war und auf andere Gedanken kam. Nach jeder Begegnung mit dem alten Herrn war er aufgekratzt und erzählte voller Begeisterung unheimlich viel. Das konnte doch nur ein gutes Zeichen sein.

Doreen schüttelte sich, und sofort waren die schweren Grübeleien durch Alltagssorgen überlappt. Vor allem um ihre Tochter machte sie sich Gedanken. Viel zu viel Zeit verbrachte sie am Computer, und nicht immer ließ sich das überwachen oder gar regulieren. Schließlich waren die Kinder tagsüber mehrere Stunden sich selbst überlassen. In dem Modeladen, in dem Doreen arbeitete, waren natürlich auch Schichten am Wochenende angesagt oder in den Abendstunden. Vor allem an verkaufsoffenen Sonntagen war die Mutter stets gefordert und bereit. Es gab dann gutes, zusätzliches Geld fürs Haushaltsbudget. Das konnte die Familie dringend gebrauchen.

Was ihre eigene Garderobe anging, so war Doreen stets gut gekleidet und modisch auf dem Laufenden. Das forderte auch ihr Beruf. Glücklicherweise konnte sie auf spezielle Rabatte für Mitarbeiter zurückgreifen, und auch für die beiden Jungen und das Mädchen fand sich so eine Lösung über eine befreundete Kollegin in der Kinderabteilung. Falls es gar nicht gefiel oder nicht richtig passte, konnte leicht umgetauscht werden. Wobei die Mutter einen guten Blick für die Größen und ein Gespür für die Vorlieben ihrer Kleinen hatte.

Vor gar nicht allzu langer Zeit war Doreen allerdings dazugekommen, als Laetitia vor dem Bildschirm saß, sich einen Gürtel um den Hals gelegt hatte und den immer enger zog. Gleichzeitig hatte sie das Smartphone der Mutter hochkant angelehnt und den Filmmodus eingestellt. Ganz langsam war sie an ihr Kind von hinten herangetreten, um es nicht zu erschrecken. Dann hatte sie sich seitlich neben Laetitia geschoben, sich zu ihr gebeugt und ihr in die Augen geschaut.

„Und ich wundere mich, wo mein Smartphone abgeblieben ist! Was machst du denn da für einen Blödsinn?", wollte sie mit betont ruhiger Stimme wissen und löste bei diesen Worten schon den Gürtel.

„Nur eine Mutprobe, Mama. Machen doch alle. Ich wollte die Blackout-Challenge nur ein Mal ausprobieren", würgte das Kind hervor.

„Hatten wir darüber nicht schon mal gesprochen?"

„Doch, Mama. Ich springe auch nicht aus dem Fenster, wenn die anderen das sagen."

„Genau."

„Aber das hier ist doch was anderes."

„Ich glaube nicht, mein Schatz. Auch das kann bestimmt ganz schlimm enden, wenn du richtig ohnmächtig wirst und dich dann niemand findet."

„Hm?"

Doreen hatte ihre Tochter in den Arm genommen und liebevoll an sich gedrückt. Dann hatten sie noch einmal über den Vorfall geredet, und die Mutter hatte für die Zukunft ähnliche Aktionen verboten. Das Kind schien einsichtig.

Als Doreen später selbst im Internet nach dem Stichwort der Tochter stöberte, stieß sie in mehreren sozialen Netzwerken auf sogenannte Challenges, ob nun Blackout oder Hanging. Da versahen Jungen und Mädchen ihre Gesichter inklusive Mund und Nase mit transparentem Klebeband und konnten zeitweilig nicht mehr atmen. Die Teilnehmer hatten sich dabei gefilmt und das dann ins Netz gestellt. Andere Wettbewerbe schienen ganz witzig zu sein, aber das entschuldigte noch lange nicht solche extrem gefährlichen Aufforderungen. Verbieten müsste man das alles, dachte Doreen wütend. Als die Mutter noch weiter forschte, entdeckte sie, dass Laetitia bei der Altersangabe auf ihren Konten geschummelt hatte. Da stand 16 Jahre.

„Herrgott noch mal, prüft denn so was keiner?", entrüstete sich Doreen halblaut. Ob sie wollte oder nicht, sie musste den Kindern mehr auf die Finger schauen, was die Nutzung der Computer anging.

Ein Weilchen war es mit der Tochter problemlos gelaufen. Aber seit geraumer Zeit verhielt sich das Kind so merkwürdig. Redete wenig, zog sich häufig zurück. Eine Mutter spürte das doch. Ob die Kleine vielleicht schon Liebeskummer hatte? Das rückte ja vom Alter her immer weiter nach vorn, hatte sie von ihren Freundinnen gehört. Aber Laetitia war erst neun, wurde allerdings bald zehn. Dennoch viel zu jung für irgendwelche Abenteuer mit dem anderen Geschlecht. Ich sollte sie dennoch dringend aufklären, fiel Doreen eben ein. Bei ihrem Großen hatte sie das schon vorsichtig getan und ihm einfach entsprechende Lektüre auf seinen Schreibtisch gelegt. Die hatte sie sich aus der nahegelegenen Stadtteilbibliothek besorgt.

„Wenn du Fragen hast, dann leg einfach los. Ich beantworte dir, was ich kann", hatte sie zu Jason gesagt und insgeheim bedauert, dass sie keinen Mann an ihrer Seite hatte. Der wäre ja wohl in dem Fall dafür zuständig gewesen. Vor ihr genierte sich doch der Junge. Das war ganz eindeutig. Schon als sie nach angemessener Zeit das Gespräch auf das Buch gebracht hatte, war er angelaufen wie eine Tomate und hatte nur abgewunken.

„Kein Bedarf, Mama. Ist eigentlich alles klar. Nehmen wir auch in der Schule durch."

„Aber wenn …"

„Ja, weiß ich! Dann kann ich mich an dich wenden."

Jason eilte inzwischen die Treppen nach oben und klingelte wie ausgemacht. Er freute sich auf die ungestörte Zeit mit dem alten Herrn. Die Stunden bei ihm verflogen. Wenn er wieder gehen musste, dann bedauerte er das jedes Mal. Aber die Mutter duldete keine Unpünktlichkeit. Und er wollte es unbedingt vermeiden, dass sie nach oben kam und eventuell diese ganz besondere Atmosphäre zerstörte.

7. KAPITEL
HOCHPROZENTIG

Kaum waren die Türen zur Wohnung von Doreen und den Kindern und auch zwei Etagen höher beim Professor hinter Jason ins Schloss gefallen, näherte sich ein nächster Bewohner. Mit schwankenden Schritten und die Breite des Eingangs voll einnehmend. Rechts und links schleifte Ruppert an der Wand entlang und stützte sich mit den flachen Händen ab. Die verschiedensten Graffiti gingen in den Fluren und im Treppenhaus auf sämtlichen Flächen ziemlich nahtlos ineinander über. Niemand mehr machte sich die Mühe, die Wände zu übertünchen oder die Farbe von den Briefkästen zu entfernen. In den tiefen Taschen seines dicken Wintermantels steckten auf beiden Seiten die Kornflaschen. Zwei Stück von der billigsten Sorte. Die Ration für die heutige Nacht und die eiserne Reserve bis zum nächstmöglichen Einkauf.

Elizabeth hatte Ruppert nicht bemerkt. Er war erst in dem Moment aufgetaucht, in dem sie das Fenster verschlossen hatte und sich fröstelnd zurückzog. Einen zu hohen Preis für ihre Neugierde wollte sie nun wohl auch nicht zahlen, eine Erkältung oder gar eine Lungenentzündung. Dafür entging ihr der torkelnde Mann. Das allerdings wäre ja keine Neuigkeit gewesen.

Rupperts Brille saß schief und war beschlagen. Als er den Briefkasten öffnen wollte, gelang ihm das erst beim dritten Anlauf. Zuvor fiel ihm immer wieder der Schlüssel aus der Hand, und fast, aber eben nur fast wäre ihm eine der Flaschen aus der Manteltasche gerutscht. Mit einem ziemlich eleganten Griff schob er sie wieder an ihren Platz und hielt endlich den einzigen Brief in der Hand, der sich im Kasten befunden hatte. Auch die Brille rückte er gerade. Von der Wohnungsverwaltung, ein Einwurfeinschreiben. Das konnte nichts Gutes bedeuten, fuhr Ruppert zusammen. Seit wann war die Miete nicht mehr überwiesen worden? Er konnte sich beim besten Willen nicht daran erinnern. Eigentlich hatte er ja die Einwilligung zu einer Einzugsermächtigung gegeben. Aber wo nichts ist, da ist auch nichts zu holen. Die bedrohlichen Schreiben seiner Bank waren mehr als deutlich gewesen. Es gab auch Terminvorgaben, die er allesamt ignorierte.

Wobei Ruppert ja einiges an Geld in der Schachtel unter der Matratze liegen hatte. Davon finanzierte er auch seinen Alkoholkonsum. Und diese Scheine stammten noch aus seiner letzten Beschäftigung, nur eine kleine bis mittlere Unterschlagung. Keine große Geschichte. Er wunderte sich allerdings selbst, dass ihm bislang niemand auf die Schliche gekommen war. Hätte es bei ihm jemals an der Tür geklingelt, was höchst unwahrscheinlich war, dann hätte das nur die Polizei sein können.

Den Job bei der Versicherung hatte Ruppert vor einem guten Jahr verloren. Es wurde Personal wegrationalisiert, auch weil mehr Technik zum Einsatz kam, und seine Abschlüsse und damit Einnahmen fürs Unternehmen überzeugten niemanden. Er hatte sich nicht einmal dagegen gewehrt. Wie auch? Es gab einen Sozialplan, alles war mit dem Betriebsrat bis ins kleinste Detail abgestimmt, und bei ihm zählten keinerlei Pluspunkte, die für seine weitere Beschäftigung gesprochen hätten: Er hatte keine Kinder, war nicht behindert, lag vom Alter her noch in dem Bereich, wo es anderswo durchaus Chancen geben konnte. Mit ihm lief folglich alles absolut sozialverträglich.

Arbeitslosengeld erhielt er zwölf Monate lang, aber dann hätte er Arbeitslosenhilfe beantragen und dafür klare Gedanken finden müssen. Doch sein Alkoholkonsum, der schon während seiner Anstellung deutlich über dem Limit lag, steigerte sich mehr und mehr. Vorher wurden gute Abschlüsse im Team begossen, bei jedem Geburtstag, zu Jubiläen oder ähnlichen Anlässen wurde angestoßen, freitags traf sich eine Männerrunde direkt nach Dienstschluss in einer Eckkneipe. Dort konnte es beim angeregten Geplauder spät, sehr spät werden. Gründe für das eine oder andere Glas ergaben sich im Grunde täglich. Zur Entspannung, zur Aufmunterung, zur Freude, zum Frustabbau …

„Wenn wir hier so weitermachen, müssen wir wohl bei nächster Gelegenheit bei den Treffen der Anonymen Alkoholiker aufschlagen, und dann trinken wir nur noch Kaffee ohne Ende und leisten uns als einzige Sucht die Zigaretten", hatte einer der Kollegen bei einer Kneipenrunde mal gewitzelt, und alle hatten herzhaft darüber gelacht, während der Wirt dazutrat und ein nächstes Tablett mit gefüllten Schnapsgläsern brachte. Der Spruch war bei Ruppert haften geblieben, allerdings so gut versteckt in seinem Gedächtnis abgelegt, dass er momentan nicht drankam oder auch nicht drankommen wollte.

Sobald die Pflicht des Zusammenreißens für den Job nicht mehr bestand, uferte der Konsum bei Ruppert aus. Kein Tag verging mehr ohne Hochprozentiges. Mit Bier begnügte er sich schon lange nicht mehr. Auf diese Weise schwand auch das Geld auf seinem Konto, rasch war der Puffer aufgebraucht, den er sich aufgrund hoher Provisionen angespart hatte. Die regelmäßigen Abbuchungen überstiegen die geringer gewordenen Einnahmen, die nach Ablauf der zwölf Monate gänzlich ausblieben. Ab einem bestimmten Zeitpunkt war das Konto nicht mehr gedeckt, rasch der geduldete Überziehungskredit mit seinen hohen Zinsen ausgeschöpft. Was blieb, das war das stetig steigende Minus.

Rupperts Lebensgefährtin Angela hatte längst das Weite gesucht, war bei ihm ausgezogen, mit den wenigen Sachen, die sie bei ihm deponiert hatte. Vielleicht hatte sie auch geahnt, dass diese Beziehung nicht ewig dauern würde. Und da sie nicht verheiratet waren, mussten sie sich auch nicht scheiden lassen.

„Was bin ich froh, dass ich meine Wohnung behalten habe", sagte sie emotionslos an jenem Tag der Trennung, während sie ihre Reisetasche packte. Er schaute ihr nur zu, möglicherweise um zu prüfen, dass sie nur ihre eigenen Sachen einpackte.

„Ich habe dich gewarnt", erhob sie nach einer kleinen Weile doch ihre Stimme. „Und du hast immer nur leere Versprechungen abgeliefert. Schau mich doch an, ich habe es schließlich auch geschafft, damit kürzerzutreten. Wir hätten es gemeinsam packen können."

Mit einem Ruck zog sie den Reißverschluss der Tasche zu. Seit ein paar Wochen besuchte sie ein Gruppentreffen der Anonymen Alkoholiker. Sie hatte es nicht mehr ausgehalten, sich im Spiegel nicht mehr in die Augen schauen können. Auf Ruppert hatte sie eingeredet, er solle doch mitkommen. Das würde auf jeden Fall etwas bringen. Man könnte sich gegenseitig motivieren, abstinent zu bleiben. Sich Ziele setzen und mit anderen darüber reden, die einen verstanden, weil sie Ähnliches durchgemacht hatten. Da wären auch total verschiedene Leute dabei, viele, bei denen man es gar nicht für möglich halten würde. Trinker wären aber sehr erfinderisch im Verstecken ihrer Sucht. Doch er hatte das alles nur lächerlich gemacht. Er könne stündlich aufhören, wenn er nur wolle, aber er wolle eben nicht.

„Jedenfalls ertrage ich diesen ständigen Fuselgeruch keinen Tag länger", setzte Angela noch nach.

Er wollte sie davon abbringen, ihn zu verlassen, aber ihm fehlten die Worte. Und statt einer Entschuldigung, die sie vielleicht doch noch einmal umgestimmt hätte, wie schon so viele Male zuvor, blieb er wortlos, lief in die Küche und öffnete den Kühlschrank, um sich die Schnapsflasche aus dem oberen Fach zu greifen. Ein Glas benötigte er nicht. Er drehte nur den Verschluss auf und setzte die Flasche an. Das kühle Getränk, das in seiner Kehle hinunterlief, beruhigte ihn und wärmte ihn innerlich, vor allem, als er die Wohnungstür zuschlagen hörte. Auch wenn er dabei zusammenzuckte.

Mit wankenden Schritten war er in den Flur gelaufen, um dort den Wohnungsschlüssel auf der Ablage neben der Garderobe zu entdecken. Angela hatte ihn dagelassen. Das war ein eindeutiges Zeichen. Er hielt ihn in der Hand und starrte lange auf das Maskottchen, das er ihr geschenkt hatte, einen kleinen Bären, während in seinem Kopf in rasantem Tempo die Bilder mit schönen Begegnungen abgespult wurden.

Dabei hatte sie zeitweilig prächtig mit ihm mitgehalten. Dann, wenn sie saisonbedingt freigestellt war. Im Winter verkaufte sich Eis nicht so sonderlich gut, auch nicht die vielfältigsten Kreationen, da machte die Diele dicht, und die Besitzer nahmen eine kleine Auszeit in ihrer Heimat, im tiefen, sonnigen Süden von Italien, direkt an der Küste. Die Angestellten wurden aber nach Ablauf dieser Frist sofort wieder eingestellt.

An einem Dezemberabend hatte er sie einst in der Kneipe kennengelernt, in der er sich mit den Kollegen traf. Sie saß allein am Tresen und bestellte ein Bier.

„Frisch gezapft schmeckt das doch viel besser als aus der Flasche", hatte sie ihm erklärt und sich etwas Schaum von der Oberlippe gewischt, als er sich neben sie setzte. Da hatten sich die anderen aus seiner Runde schon verabschiedet, ausnahmsweise an diesem Abend, weil jeder noch etwas vorhatte. Das Schicksal offensichtlich. Sie redeten und redeten, als ob sie sich schon ewig kennen würden. Beide waren dann so lange geblieben, wie der Wirt sie duldete. Sie gingen erst, als er die Stühle hochstellte und schon mit dem Wischeimer unterwegs war. Ruppert brachte Angela galant nach Hause, verabschiedete sich aber lediglich mit einem Handkuss vor ihrer Tür. Beide spürten, dass das erst der Anfang war.

In der Woche drauf war sie am Freitag wieder in der Kneipe, um ein Bier zum Ausklang der Woche zu trinken, und Ruppert holte sie an seinen Tisch, nachdem er sich von den anderen das Einverständnis eingeholt hatte.

Sie hatte das gewisse Etwas. Eine schlanke, mittelgroße Erscheinung mit dunklem, halblangem Haar. Modisch gekleidet, schick frisiert. Mit den Männern konnte sie gut mithalten, was das Trinkpensum und die mitunter derben Sprüche anging. Sie hatte ebensolche Witze auf Lager.

Auf Anhieb hatten sie sich verstanden. Ruppert brachte seinen gesamten Charme auf, dem Angela erlag. Vier Wochen später rissen sie sich die Kleidung von den Leibern, als sie in ihrer Wohnung eingetroffen und endlich allein waren. Der Sex war hemmungslos und lustvoll, solange ein gewisser Pegel an Alkohol nicht überschritten wurde. Es war bei beiden so, als ob sie etwas nachzuholen hätten. Sie probierten die verschiedensten Spielarten aus und sanken danach schweißgebadet und atemlos in die Kissen.

Der Brief der Verwaltung steckte zusammengeknittert in der Innentasche des Mantels, während Ruppert versuchte, den Wohnungsschlüssel in den Schlitz zu stecken. Seine Brille gab ihm inzwischen wieder freie Sicht. Auch hier waren mehrere Anläufe nötig. Schließlich gelang es ihm. Er öffnete die Tür und drückte sie wieder hinter sich ins Schloss, dann sank er mit dem Rücken angelehnt auf den Boden. Sein dicker Mantel federte ihn ab, und die beiden

Flaschen erzeugten dabei plumpsende Geräusche, die ihn erschrocken zusammenzucken ließen.

Dann überzeugte er sich im Sitzen davon, dass nichts kaputtgegangen war. Eine Flasche stellte er in die äußerste Flurecke, indem er sich weit hinüberbeugte und den Arm ausstreckte, bei der anderen drehte er den Verschluss auf und setzte sie an. Er hielt erst inne, nachdem ein Viertel der Menge geleert war. Sorgfältig verschloss er die Flasche wieder. Schließlich erhob er sich schwerfällig und stolperte nun mitsamt der Flasche in einem Arm in Richtung Wohnzimmer.

„Dich will ich erst mal ins Tiefkühlfach legen, mein Schätzchen. So pupswarm schmeckt das doch gar nicht. Stilvoll sollte es schon sein."

Sagte es, lachte auf und machte noch einen Abstecher in die Küche, um das zu erledigen. Seine dreckigen Straßenschuhe hinterließen dunkle Spuren auf dem ohnehin stark verschmutzten Teppichboden und dem Linoleum. Den Mantel behielt er an, als er kurz darauf aufs Sofa rutschte, in sich zusammensank und erst einmal einnickte. Er hatte wenigstens die Knöpfe und den Reißverschluss darunter geöffnet, um es bequemer zu haben. Und die Brille hatte er ordentlich auf den Tisch gelegt.

Rupperts geschlossene Augen zuckten nervös, während er sich hin und her wälzte, dabei fast auf den Boden gerutscht wäre. Gerade noch bekam er in einer Drehung wieder Halt und krallte sich an die Rückenlehne. Er sah sich im Traum in seinem Büro, wie er das Geld aus dem Safe griff, als der für einen unbeobachteten Moment offen stand, und in seiner Hosentasche verschwinden ließ.

Ein Notnagel für Eventualitäten, wie sein Chef ihm in besseren Zeiten, als er noch optimal funktionierte und ihr Verhältnis schon deshalb richtig gut war, augenzwinkernd erklärt hatte. Man könne ja nie wissen, wozu so was mal nötig sei. Als später das Fehlen des Geldes festgestellt wurde, kamen mehrere Verdächtige infrage.

Ruppert sah sich mit den anderen aus dem Team in dem großen, hochwertig möblierten Chefbüro sitzen und hörte sich absolut überzeugend klingen, als er einen eventuellen Diebstahl verneinte. Allein so eine Anschuldigung wäre schon ein starkes Stück. Ruppert hatte sich empört und die Befragung sogar mit der Inquisition verglichen. An dem kleinen, schmalen Azubi, der erst drei Monate zuvor seine Ausbildung gestartet hatte und sich demzufolge noch in der Probezeit befand, blieb alles hängen. Es sah auch zu offensichtlich aus: sein hochrotes Gesicht, das Gestammel und später sogar Tränen. Dabei errötete er immer, wenn er aufgeregt war. Darüber hatten sie sich hinter seinem Rücken schon lustig gemacht.

Ruppert wollte plötzlich doch einen Einwand vorbringen, dass der Junge es nicht gewesen sein könne. Er wollte das Geld einfach auf den Tisch legen, die Angelegenheit als einen Scherz bezeichnen, einen Test, wie sicher hier alles sei oder auch nicht, und alles wäre gut. Aber sein Mund war wie zugenäht, obwohl sich seine Wangen aufblähten. Kein Wort kam heraus, nur ein Stöhnen und dann ein lauter Aufschrei, als der Mann auf den Boden fiel und in der Wirklichkeit erwachte.

„Aua."

Ruppert rieb sich den rechten Ellbogen, mit dem er aufgeschlagen war. Du solltest das klären, auch jetzt noch, nach so langer Zeit, erhob sich seine innere Stimme mahnend. Der Junge wird doch sonst seines Lebens nicht mehr froh und hat immer diesen Makel. Selbst wenn es nicht eindeutig in den Personalunterlagen festgehalten war, so tauschten sich doch Arbeitgeber darüber aus, was zwischen den Zeilen in den Beurteilungen stand. Vor allem dann, wenn einer die Probezeit nicht überstand, dafür musste es doch überzeugende Gründe geben.

Immer noch rieb sich Ruppert den schmerzenden Ellbogen und schüttelte den Kopf. Wie denn? Das Geld war längst aufgebraucht und er seit Monaten raus aus dem Rennen. Wahrscheinlich hatte der Junge in der Zwischenzeit was anderes gefunden. Die würden ihn in der Firma gar nicht für voll nehmen, wenn er da plötzlich auftauchen und ein Geständnis ablegen würde. Und der kleine Azubi? Dem hast du die Ausbildung und den Start in sein Berufsleben versaut! Da war wieder das bohrende Innere, das einfach nicht lockerlassen wollte.

„Ach was", sagte Ruppert laut in den Raum. „Wer denkt denn in diesen egoistischen Zeiten an mich? Mein Leben ist schließlich auch den Bach runtergegangen. Warum sollen es andere besser haben als ich?"

Er stand schwerfällig auf. Der Alkohol hatte seine Bewegungsfähigkeit schon erheblich verlangsamt. Dann lief der Mann in den Flur. Hier musste sich doch irgendwo die andere Flasche befinden, die er mitgebracht hatte. Sie musste in einer Flurecke stehen, fiel ihm gerade ein. Ganz plötzlich erinnerte er sich exakt an diesen Standort. Gezielt setzte er einen Fuß vor den anderen in die richtige Richtung. Dann bückte er sich, stützte sich dabei mit einer Hand an der Wand ab und kam mitsamt der Flasche hoch. Geht doch, dachte Ruppert. Und voll ist mein kleiner Vorrat auch noch. Das reicht für die nächsten Stunden. Und morgen? Ach was, morgen ist ein anderer Tag. Da findet sich schon eine Lösung. Hat sich schließlich immer gefunden. Man soll doch im Jetzt leben.

Noch im Gehen schraubte er die Flasche auf und setzte sie an. Beim Trinken floss ihm rechts und links etwas von der Flüssigkeit über die Mundwinkel und tropfte auf seine Brust. Er wischte es vorsichtig mit dem Handrücken herunter und leckte ihn ab. Nur nichts vergeuden von dem kostbaren Hochprozentigen. In der Küche tauschte er die beiden Flaschen aus und nahm einen weiteren Schluck von dem eisgekühlten Inhalt.

Als er an sich herunterblickte, entdeckte er, dass er noch seinen dicken Mantel trug und die Straßenschuhe anhatte. Deshalb ist mir so warm, stellte er fest, zog beides aus und deponierte es ordentlich bei einem der Stühle. Vielleicht sollte ich mal was essen, überlegte Ruppert und öffnete ein paar der Schranktüren. Die Vorratslage erwies sich als äußerst übersichtlich. Dann griff er sich eine heiße Tasse mit Nudeln und Pilzen, befüllte den Wasserkocher und stellte ihn an. Er wartete ab, bis das Wasser aufgekocht war, goss es bis zur Randmarkierung in den Behälter und rührte gründlich um. Danach drückte er den Deckelverschluss wieder auf das Gefäß und stellte seine Zeitschaltuhr auf fünf Minuten: ein dicker Koch mit weißer Mütze, schon etwas abgewetzt an den Seiten.

Als er es sich für die Wartezeit auf einem Stuhl bequem machen wollte, fiel ihm das Schreiben auf, das er aus dem Briefkasten genommen hatte. Es lugte aus seiner Manteltasche hervor. Ruppert seufzte tief auf. Das hatte ja keinen Sinn, Dinge zu leugnen. Er musste den Brief öffnen. Vielleicht war es ja gar nicht so schlimm. Du Schwachkopf, schalt er sich selbst. Was sollte denn jetzt von der Verwaltung kommen und nicht schlimm sein?! Er zog eine Schublade heraus und griff sich ein scharfes Messer. Damit öffnete er das Schreiben. Seine Hände zitterten dabei. Fast hätte er sich geschnitten.

„Zwangsräumung", sprang ihm die Überschrift in die Augen. Mehr musste er gar nicht lesen. Als Datum war der 2. Januar des folgenden Jahres angegeben. Das war dick markiert im Text. Aber sie mussten doch sowieso allesamt aus diesem Haus raus, warum ließ man ihm denn nicht noch die paar weiteren Wochen? Ruppert rollten Tränen über die unrasierten Wangen, als der Kurzzeitwecker klingelte.

8. KAPITEL
HUMANIST

„Prof. Dr. Dr. W. Wiesener" stand auf dem goldenen Klingelschild, das Jason betätigte. Dreimal kurz hintereinander, so wie ausgemacht. W. stand für Wotan, wie der Junge wusste, der diese Frage gleich zu Beginn ihrer intensiveren Bekanntschaft geklärt hatte. Und dass der alte Mann sich als überzeugter Humanist darstellte, war ebenfalls eindeutig. Den Begriff erklärte er weitschweifig, so wie viele andere. Der Junge musste nur ein winziges Anzeichen an Unverständnis zeigen, ein Zucken der Augenbrauen, ein Schräglegen des Kopfes … und schon war eine Erläuterung parat.

Latein und Altgriechisch waren einst seine Fachgebiete an der Universität gewesen, ehe er feierlich mit einer letzten hohen Ehrung verabschiedet wurde und sich in den Ruhestand begab. Den nun verbrachte er ausgerechnet in diesem Haus, das zu seinem großen Entsetzen zunehmend verwahrloste. Erst vor drei Jahren war er eingezogen, nachdem er seine Eigentumswohnung aus finanziellen Gründen hatte aufgeben müssen.

Verspekuliert an der Börse. Er hatte es ja nie mit Zahlen gehabt, sonst hätte er einst vielleicht etwas anderes studiert, und sein gesamtes Leben wäre in eine andere

Richtung gedriftet. Jedenfalls hätte er besser seine Finger von solchen akrobatischen Kunststücken lassen sollen. Gewinnoptionen in gigantischen Größenordnungen. Wer glaubt denn so etwas?! Auch mehr Durchhaltevermögen hätte nichts gebracht, als die Kurse seiner Anlagen ins Bodenlose stürzten. Dabei hatte er wenigstens etwas gestreut, genau so, wie ihm der Anlageberater empfohlen hatte. Aber es waren wohl die falschen Pferde, auf die er gesetzt hatte. Und einzig und allein dieser windige Berater durfte am Ende von den Transaktionen etwas gehabt haben. Das Versagen auf dieser Strecke blieb allerdings Wotans Geheimnis. Nicht nur das.

Die Einrichtung der Wohnung bestand vorwiegend aus eng gefüllten Bücherregalen, die sich vom Erdboden bis an die Decke und durch jeden Winkel zogen. Bestückt vorrangig mit feingeistiger Lektüre. Die Möbel waren edel, auf dem Boden lagen hochwertige, wenn auch etwas abgetretene Teppiche. Weitere Accessoires waren dezent eingesetzt, ein paar schöne Kopien alter Meister auf den kargen freien Wandflächen, einige goldene Kerzenleuchter mit halb abgebrannten Kerzen darauf, ein wenig chinesisches Porzellan und an verschiedenen Stellen nackte, wohlgeformte tönerne sowie bronzene Männerfiguren in sportlichen Posen.

Der alte Herr erhob sich gemächlich aus seinem Ohrensessel, als er das verabredete Klingeln vernahm, und legte sein bebildertes Buch aufgeschlagen und gut sichtbar in ein unteres Regalfach. Auch die karierte Decke, die er sich über die Knie gelegt hatte, packte er beiseite. Dann strich er sich durch das volle graue Haar, das fast bis zu den

Schultern reichte. Er hatte sich gerade wieder einmal die „Römischen Elegien" von Goethe vorgenommen, hübsch illustriert mit Federzeichnungen. Es handelte sich um die vollständige Fassung, auch mit den Kapiteln, die der Dichterfürst einst wegen ihrer anstößigen Stellen zurückhielt, und die erst weit nach seinem Tode veröffentlicht wurden. Ob er das wohl gewollt hätte, grübelte Wotan und lächelte dabei selig. Nur komplett war das Werk berauschend, wie er befand. Er las es mit äußerstem Vergnügen. Insofern ein riesiges Glück, dass man Johann Wolfgang nicht mehr zu seinem Einverständnis befragen konnte.

Inzwischen stand Wotan an der Tür und verzichtete auf einen Blick durch den Spion. Das konnte nur Jason sein. Er erwartete sonst keinerlei Besuche, und der Klingelrhythmus war eindeutig. Außerdem stand das Schachbrett mit dem noch nicht vollendeten Spiel auf dem Tisch mit den schönen Intarsien, eine äußerst erotische Darstellung verschiedenster Liebesdienste. Auch hierzu hatte ihm der Junge immer wieder Fragen gestellt, die der Professor nach besten Kräften beantwortete. Immer gerade so ins Detail gehend, wie er es für angemessen hielt. Er steigerte die Dosis bei jedem Besuch des Kindes.

Besonders gern griff er zur entsprechenden Lektüre alter Dichter und wählte passende Passagen zum Vorlesen aus. Ein Favorit darunter das schmale Bändchen von Ovid, der darin „Die Liebeskunst" beschreibt, so wunderbar lakonisch, von psychologischer Tiefe und immer noch aktuell. Dem hatten auch die veränderten Zeiten keinen Abbruch getan, da war sich Wotan sicher. Dicht gefolgt von Lukian und dessen schon umfangreicherem Werk

„Götter, Tote und Hetären". Manchmal „Die geschwätzigen Kleinode" von Denis Diderot, die er nicht ganz so favorisierte, aktuell aber die zwei Bände „Kin Ping Meh oder Die abenteuerliche Geschichte von Hsi Men und seinen sechs Frauen". Mit dem Begriff Abenteuer hatte er Jason fangen können … Sie waren schon beim sechzehnten Kapitel angelangt, wo Grasschlange und Wegratte dem Doktor Bambushügel eine Tracht Prügel verabreichen und Frau Ping in neuer Liebe zu Hsi Men entbrennt.

„Na, mein Junge, hast du dich daheim losreißen können?", erkundigte sich Wotan mit freundlich-weicher Stimme, als er Jason hereinließ.

„War gar nicht so einfach. Erst mussten wir einkaufen gehen, so was dauert ja ewig. Ich verstehe die Frauen nicht, bei mir allein würde das ruck, zuck gehen. Und jetzt habe ich auch nur eine Stunde für unser Spiel Zeit, hat Mama gesagt. Sie legt doch solchen großen Wert auf Pünktlichkeit. Hoffentlich reicht das aus. Wir müssten uns eigentlich beeilen, aber das geht bei Schach nun überhaupt nicht."

„… und wenn wir es nicht schaffen sollten, vertagen wir es. Ich habe ja alle Zeit der Welt, und ich stehe dir stets zur Verfügung", erklärte Wotan.

„Das klingt lustig – stets zur Verfügung stehen. Das würde ja auch heißen mitten in der Nacht!"

Jason zog die Stirn nachdenklich kraus.

„Genau so meinte ich das", sagte der Professor, dessen Augen blitzten, und ging vor.

Jason folgte ihm, nachdem er die Wohnungstür hinter sich ins Schloss gedrückt hatte. Er verlangsamte automatisch seine Schritte und musterte seine Umgebung intensiv, so wie er das bei jedem Besuch tat. Ihn faszinierten die unzähligen Buchrücken, viele von ihnen abgegriffen und fast alle Exemplare äußerst staubig. Aber der Junge mochte diesen Geruch, der ihm geheimnisvoll erschien. Gar zu gern hätte er nacheinander jedes Buch in die Hände genommen und darin gelesen, am besten von der ersten bis zur letzten Seite, wie sich das gehörte. Aber er war sich unklar, in welcher Reihenfolge man das tun sollte. Wo anfangen und wo aufhören?

Zuerst blieb der Junge vor der Zimmertür stehen, die zu den beiden Graupapageien führte. Ein Großteil dieses Raumes war durch die äußerst umfangreiche Voliere ausgefüllt.

„Darf ich?", verhielt er im Schritt, als der Professor sich umdrehte.

„Aber ja, mein Junge, Karl und Friedrich haben dich bestimmt schon erwartet."

Die beiden Vögel waren nach Karl Marx und Friedrich Engels benannt, auch von diesen philosophischen Theoretikern hatte er Jason schon viel erzählt. Seit vierzig Jahren begleiteten ihn diese Tiere in trauter Zweisamkeit und weitere zwanzig Jahre standen ihnen an Lebenszeit eventuell noch bevor. Das konnte eng werden. Dann musste sich ein anderer Tierfreund um sie kümmern. Wotan hatte bei der Anschaffung unterbewusst gehofft, dieses Hobby würde ihn auf andere Gedanken bringen und von irgendwelchen Abwegen abhalten.

Der Professor hielt Jason ein paar Nüsse hin.

„Aber schön vorsichtig sein."

„Ich weiß", antwortete Jason. „Die können mit ihrem dicken Schnabel ganz schön zuhacken. Und sich vielleicht sogar einen Finger einverleiben."

„Na, so schlimm wird es schon nicht werden. Das habe ich nur mal im Scherz so gesagt. Die beiden hier sind ja äußerst intelligent und sozial, Fremden gegenüber meist etwas ängstlich. Dich kennen sie schon und wissen, du willst ihnen nichts tun. Im Gegenteil."

Jason hielt jetzt Karl die erste Nuss hin, die er sich sofort schnappte. Friedrich legte schon sein Köpfchen schräg, in Erwartung seiner Leckerei. Seine hellgelben Augen schienen immer größer zu werden. Es knackte laut und im selben Augenblick fielen unter Karl die Schalen zu Boden. Übrig blieb die pure Nuss, die er verzehrte. Dann kam Friedrich an die Reihe und fortan beide im Wechsel, solange der Vorrat reichte. Am Ende putzten beide ihr graues Federkleid bis hin zu den leuchtend roten Schwänzen.

„Und wo sind meine Lieblinge zu Hause?", stellte Wotan Jason auf die Probe.

Er spielte mit.

„Graupapageien zählen zu den größten Papageien in Afrika. Vor allem in Zentral- und Westafrika bewohnen sie tropische Regenwälder, Mangroven und zum Teil auch Feuchtsavannen. Deshalb geht auch so ein kleiner Vogelkäfig für sie gar nicht, und warm muss es immer sein! Sie mögen neben allerlei Körnern frisches Obst oder auch Trockenfrüchte …"

Wotan nickte bestätigend.

„Wir können ja nachher noch einmal vorbeischauen. Vielleicht ist den beiden dann nach Plaudern."

„Ich weiß", strahlte Jason, „die können singen, pfeifen, sprechen und alles Mögliche imitieren. Finde ich toll. Wenn ich groß bin, lege ich mir auch mal Papageien zu."

„Das ist aber eine immense Verantwortung", betonte Wotan. „Du musst immer ein Pärchen nehmen, weil sie mit dem Alleinsein nicht klarkommen, und dich auf ganz viele Jahre mit ihnen einlassen. Die hier können etwa sechzig werden."

„So alt?!"

Während Wotan schmunzelnd nickte, begaben sich die beiden nun zu ihrem Spiel. Es standen nur noch wenige Figuren auf dem Schachbrett, die Masse lag daneben. Der Junge hatte Weiß, der Professor Schwarz. Für Letzteren befand sich gerade die Königin in einer äußerst bedrohlichen Situation. Mit einem Blick hatte Jason erkannt, dass sich seit seinem jüngsten Aufenthalt vor zwei Tagen nichts verändert hatte. Sein Gedächtnis funktionierte in solchen Dingen perfekt. Außerdem hielt er es für ausgeschlossen, dass ein Professor betrügen würde. Nie und nimmer!

Der Junge setzte sich gemütlich auf seinen Stuhl, der Professor nahm ihm gegenüber Platz.

„Ich habe uns schon einen Kakao gemacht", sagte Wotan und strich sich über sein Haar. Das heiße Getränk dampfte auf einem separaten Tischchen in zwei gut gefüllten Tassen vor sich hin.

„Woher wussten Sie denn eigentlich, dass ich jetzt auftauche?", erstaunte sich der Junge.

„Ich habe gesehen, wie ihr vier nach Hause gekommen seid, da konnte es bis zu deinem Eintreffen bei mir nicht lange dauern. Habe einfach kombiniert und lag damit genau richtig. Schön, dass du da bist."

Jason grinste breit und griff nach einer Figur, für die er sich entschlossen hatte, schon beim vorigen Mal, als der Professor stoppte. Er war mit dem nächsten Zug dran. Er freute sich auf das Spiel und aufs anschließende Vorlesen. Dabei war es ihm ziemlich gleichgültig, was für Bücher das waren. Hauptsache entspannt zuhören können. Die Mutter nahm sich nie die Zeit dafür. Aber hier konnte er es genießen, wenn er mit dem Professor auf dessen Sofa saß, eng aneinandergekuschelt. Bei einer zweiten Tasse Kakao.

„Dafür bist du doch schon viel zu groß", hatte seine Mutter unlängst angemerkt, als er sich beim gemeinsamen Fernsehen dicht an sie schmiegte und seinen Kopf auf ihre Brust legte.

„Außerdem drückt das, Junge! Du tust mir weh."

Dann hatte sie ihn beiseitegeschoben. Dabei hatte es ihm für die wenigen Augenblicke so unendlich gutgetan, aber er wollte ihr natürlich nicht wehtun. Und was das Vorlesen anging, so entschuldigte sich die Mutter schon seit Jahren damit, dass ihr die Augen abends schmerzten und ihr die nötige Konzentration fehlen würde. Er glaubte inzwischen eher daran, dass sie nicht richtig lesen konnte, vor allem seit seine Deutschlehrerin im Unterricht mal etwas von Analphabeten erzählt hatte, von denen es so viele geben würde, selbst wenn sie das Bildungssystem in Deutschland erfolgreich durchlaufen hätten. Er konnte sich das überhaupt nicht vorstellen, wie man denn ohne Lesen durchs Leben kommen sollte.

Dass mit seiner Mutter etwas nicht stimmte, war ihm schon verschiedentlich aufgefallen. Er hatte das sogar überprüft, sich ganz alte, speckige Kinderbücher mit wenig Text vorgenommen. Das waren die Ausgaben für die Kleinen. Seine Erinnerung trog ihn doch nicht, die Mutter hatte etwas ganz anderes zu den jeweiligen Geschichten erzählt. Es ähnelte sich zwar, aber es waren nie und nimmer exakt die Zeilen, die in den Büchern standen. Nach seiner Entdeckung hatte er nur nie ein Wort darüber verloren, sondern alles für sich behalten.

Wenn Behörden- oder andere Post eintraf, musste er ihr die Briefe immer vorlesen. Und als er sich darüber verwunderte, redete sich Doreen damit heraus, dass sie ihre Lesebrille nicht finden könne, die Stärke sowieso nicht ausreichend und für eine neue kein Geld da sei. Außerdem würde sie den Inhalt viel besser verstehen, wenn ihr das jemand vorlas.

Jason wollte seine Mutter nicht weiter bedrängen. Wenn sie mit der Wahrheit rausrücken wollte, dann würde sie es schon tun. Ganz bestimmt eines Tages, es brauchte bloß Zeit. Möglicherweise schämte sie sich ja auch vor ihm, was überhaupt nicht nötig war, aber das traute er sich schon gar nicht zu sagen.

„Wir waren doch bereits beim Du angelangt", sagte Wotan, als er nun mit einem Zug antwortete.

Jason wirkte verlegen. Er hielt den Professor für eine Respektsperson, und seine Lehrer duzte er schließlich auch nicht. Das erklärte er seinem Gegenüber wortreich.

„Denk dir einfach, ich wäre dein Opa", schlug daraufhin Wotan vor.

„Das ist eine gute Idee", entschied der Junge. „Aber ‚Opa' kann ich natürlich nicht sagen. Den gibt es ja schon in meiner Familie. So was muss sich unterscheiden. Sonst kommt man im Alltag völlig durcheinander."

„Nein, nein. Wotan und du, das ist völlig in Ordnung", lächelte nun der Mann.

Der Professor war sich sicher, dass er bald am Ziel seiner Wünsche angelangt war. Auf jeden Fall hatte er das Vertrauen des Kindes erlangt. So wie das der anderen Jungen, die zuvor bei ihm Nachhilfeunterricht bekamen, dann aber mit ihren Familien ausgezogen waren. Das kleine Extra auf seine Pension war also weggefallen. Und er war nicht einmal richtig zum Zuge gekommen. Hatte sich nur herangetastet, mit einfühlsamen Worten und Gesten und dabei die knisternde Spannung genossen.

Sein ganzes Leben lang war Wotan auf der Suche. Er startete erst spät mit dem anderen Geschlecht. Beziehungen währten bei ihm nicht lange, auch weil sie ihn nicht befriedigten. Er hatte es mit Frauen, er hatte es mit Männern probiert. Beides war nicht das Optimale. Dann stürzte er sich in seine Ausbildung und die folgenden weiteren Qualifizierungen. Es war wie eine Sucht. In der Arbeit fand er eine Bestätigung und vor allem auch offizielle Anerkennung, nach der er gesucht hatte, wie er inständig hoffte. Denn im Laufe der Zeit kristallisierte sich seine pädophile Neigung heraus. Aber das konnte und durfte nicht sein. Er doch nicht. So etwas hörte man nur von anderen. Alles, was er zum Thema fand, las er. Aber statt dass es ihn abschreckte, erregte es ihn nur noch mehr. Zeile um Zeile.

Eines Tages konnte er nicht mehr an sich halten, da war er weit über sechzig und wirkte nicht mehr an der Universität. Um sich Linderung seiner Gefühlsqualen zu verschaffen, war er schon häufiger zum Bahnhof gefahren, gelegentlich von dort aus auch in die nächstgrößere Stadt. Er kannte die Stellen, wo sich die Stricher aufhielten. Manche von ihnen konnten gut als Kinder durchgehen. Er hatte einen Blick für zarte Haut und Unreife. Genau das reizte ihn. Und für relativ wenig Geld gaben sie ihre Körper zu allem Möglichen her. Meist in einer der billigen Absteigen, die sich in der Nähe zu diesem Milieu befanden.

Wotan ekelte sich vor dem Dreck, der ihn aus allen Ecken anzustarren schien. Die jungen Burschen widerten ihn an, sobald alles erledigt war. Und hinterher war ihm so speiübel, als hätte er etwas Unrechtes gegessen. Schließlich duschte er, sobald er daheim war, so heiß er konnte, und rieb sich die Haut mit einer Bürste ab, bis sie knallrot war und zuletzt Blut heraustrat. Erst der Schmerz brachte ihn wieder zur Besinnung.

Als sich der Kontakt zu Jason ergab, hatte er gar nicht erst auf bezahlte Hilfe gedrungen, zumal sie bei diesem intelligenten Kerlchen nicht nötig war. Der konnte sogar ihm noch allerlei erklären, vor allem in Sachen Mathematik. Außerdem konnte eine Alleinerziehende mit drei Rangen wohl kaum Geld aufbringen, um solche Dinge zu finanzieren. Doreen hatte das gleich klargestellt, als sie sich eines Tages im Treppenhaus trafen. Und zwar ziemlich direkt.

„Es ist sehr nett von Ihnen, Herr Professor, dass Sie sich um meinen Jason etwas kümmern. Dafür bin ich Ihnen sehr dankbar. Da kommt der Junge mal auf andere Gedanken, hat eine sinnvolle Ablenkung in seiner Freizeit. Aber wenn Sie denken, bei uns wäre Geld zu holen, dann sind Sie auf dem falschen Dampfer. Eigentlich müsste ich den Jungen zu einem Job bewegen, der etwas einbringt. Zeitungaustragen vielleicht …"

Der Professor hatte nur abgewunken. Ums Finanzielle ging es ihm beileibe nicht.

„Ich bin froh, so liebe Gesellschaft zu haben. Und Ihr Sohn ist ein ausgesprochen talentierter Schachspieler. So etwas muss man einfach fördern. Das schult ihn fürs Leben in vielerlei Hinsicht."

Damit war zwischen den beiden Erwachsenen alles gesagt. Und Doreen trug ein überzeugendes Gefühl der Beruhigung in sich.

„Schachmatt", sagte jetzt Jason, als er das Spiel mit einem für den Professor überraschenden Zug beendete. Dann verschränkte er die Arme und lehnte sich zufrieden zurück. In seiner Tasse befand sich noch ein Schluck Kakao, den trank er nun aus.

„Glückwunsch, mein Junge. Eine perfekte Lösung des Problems", erwiderte der Professor. „Das kam jetzt wirklich vollkommen unerwartet für mich."

Er war etwas unkonzentriert, weil seine Gefühle Amok liefen. Am liebsten wäre er sofort über das Kind hergefallen, ohne sich auch nur im Geringsten Gedanken über etwaige Konsequenzen zu machen. Was zählte, das war doch der Augenblick. Schließlich hatte Goethe in seinem Faust geschrieben: „Werd ich zum Augenblicke sagen:

Verweile doch!" Und das, weil eben jener Augenblick so schön war.

Aber irgendetwas hielt ihn noch zurück. Ein Funke von Anstand vielleicht.

Jason erhob sich, nachdem er auf die Wanduhr geschaut hatte.

„Ich muss dann auch los, Professor."

„Wotan."

„Ja, Wotan. Los muss ich trotzdem. Die Zeit ist rum. Ich muss mich beeilen, damit ich noch pünktlich unten bin. Beim Essen versteht Mama gar keinen Spaß. Vor allem nicht, wenn sie sich viel Mühe gegeben hat und es dann kalt wird."

Wotan strahlte aus seinem Inneren heraus. Die Begegnung mit dem Kind hatte ihm wieder gutgetan. Er würde sich später seinen Traumfantasien widmen können.

„Was gibt es denn Schönes bei euch?", erkundigte er sich noch interessiert.

„Spaghetti mit Tomatensoße", lautete die umgehende Antwort.

„Und das ist dein Leib-und-Magen-Gericht, möchte ich schwören."

„Woher wissen Sie, äh, weißt du denn das schon wieder?"

Der Junge riss die Augen auf.

„Lebenserfahrung, Jason, die pure Lebenserfahrung. Die wirst du auch eines Tages haben."

„Wirklich?"

„Ja, wirklich. Aber nun spute dich. Ich möchte keinen Ärger mit deiner Mama bekommen."

Wotan fasste den Jungen an den Schultern und schob ihn Richtung Ausgangstür. Er fühlte sich dabei wie elektrisiert.

9. KAPITEL
FLÜGGE

Lea war daheim rausgeflogen und wohnte erst seit einem halben Jahr in dem Hochhaus, in dem sie sich manchmal fürchtete. Vor allem, wenn sich diese Gang wieder herumtrieb, die überall Randale machte, wilde Partys feierte und von hemmungsloser Zerstörungswut befallen war. Auch die eingeworfenen Fenster in den unteren Etagen gingen auf deren Konto, das hatte sie beobachtet. Sobald sie aber beim Heimkommen einen von dieser Truppe entdeckte, machte sie einen großen Bogen ums Haus und wartete so lange ab, bis die Luft rein war. Auch wenn der Sicherheitsdienst patrouillierte, machte das die Sache für sie nicht angenehmer.

So richtig eingewöhnt hatte sie sich nicht und fühlte sich manchmal mächtig einsam. Vor allem seit ihre beste Freundin mit der Familie in eine andere Stadt gezogen war. Sie hatten einander zwar ewige, treue Freundschaft geschworen, auch über alle Männer hinweg, die sie je kennenlernen würden, aber die Entfernung zehrte an der Bindung. Anfangs telefonierten sie mehrmals täglich miteinander, doch mit der Zeit dünnte das immer weiter aus. Inzwischen kamen nur noch gelegentliche Nachrichten auf WhatsApp. Witzige Videos mit ein paar Smileys. Du fehlst mir so unendlich, und wir sollten uns unbedingt wiedersehen, hätte Lea am liebsten geschrieben, aber sie fand es mittlerweile unpassend. Auch schmerzte die Trennung schon lange nicht mehr so sehr wie in den Anfängen.

In den davor liegenden Monaten waren Auseinandersetzungen in der Familie an der Tagesordnung und zunehmend eskaliert. Es ging um die Hausarbeit, wer was erledigen sollte. Sie sah überhaupt nicht ein, anderen den Dreck hinterherzuräumen. Und in ihrem Zimmer fühlte sie sich genau so wohl, wie es war. Das musste man nicht beständig auf Hochglanz polieren. Hauptsache, sie fand immer das, was sie gerade suchte. Es drehte sich darum, wohin Lea sich auf den Weg machte und wann sie heimkam. Dabei war sie doch schon siebzehn und bald könnte sie sowieso tun und lassen, was sie wollte. Ihre schlechten Noten spielten unentwegt eine Rolle, war mal eine bessere dabei, wurde das einfach nur kommentarlos hingenommen.

„Du lernst doch nicht für die Schule oder für mich, sondern einzig und allein für dich", hatte die Mutter mit ihrer klassischen Formulierung geschimpft. „Ich kann schon alles Mögliche. Im Gegensatz zu dir habe ich meinen beruflichen Weg gefunden! Aber wenn es mit dir so weitergeht, gibt es ein böses Erwachen. Und zwar schlagartig. Wenn du deine Lehre nicht schaffst, kannst du dich gleich in die Schlange der Arbeitslosen einreihen."

Genau so verfolgte sie Lea seit den ersten Schuljahren, später immer ergänzt um die aktuelle Lage. Das Mädchen konnte dieses monotone Gezeter nicht mehr hören. Mutter und Tochter schaukelten sich aneinander hoch, bis

Türen knallten. Irgendwann fanden die beiden endlich einen ruhigen Moment für ein klärendes Gespräch. Und dabei kam die Idee mit einem eigenen Zuhause auf. Wer sie zuerst ausgesprochen hatte, war hinterher nicht mehr ganz eindeutig. Im Grunde war das aber auch gleichgültig.

Ihre Mutter hatte dank guter Beziehungen dieses Mietverhältnis arrangieren können, wenngleich die Wohnung für die Halbwüchsige viel zu groß war. Aber kleinere Wohnungen waren noch viel schwieriger zu bekommen, und wirklich billiger waren sie ebenfalls nicht. Den Vertrag hatte sie unterschrieben, auch weil ihre Tochter noch nicht volljährig war, und vor allem die nötige Kaution hinterlegt: eine Summe in Höhe von drei Monatsmieten.

Jetzt saß Lea auf ihrer Liege, den Kopf in die Hände gestützt, ihr Zopf hing über der Schulter, die Tränen flossen und etwas Rotz lief ihr aus der Nase. Dazu dröhnten die Bässe ihrer Lieblingsband, und der Sänger schrie sich gerade die Seele aus dem Leib. Die Texte kamen ziemlich unverständlich rüber, aber Lea kannte jedes Lied auswendig. Es ging um Tod und Trauer, um Versagen und Angst, um Hass und Gewalt.

Ein Dutzend Kerzen auf einem Teller, der einen Sprung in der Mitte hatte, flackerte vor sich hin und ließ den Talg unkontrolliert bis auf den Tisch auslaufen. Leas einziges Zugeständnis an die Weihnachtszeit, dafür aber kein Kranz, kein Baum, kein Tannengrün und erst recht kein Schmuckgedöns, so wie bei Mama. Das alles wollte sie endlich hinter sich gelassen haben.

Die Lehrstelle für das Mädchen hatten die Eltern noch gemeinsam organisiert: Mechatronikerin. Zwar war Leas theoretisches technisches Verständnis nicht sonderlich entwickelt, aber in dem Bereich wurde händeringend Nachwuchs gesucht. Das sprach für sie, außerdem die angestrebte Chancengleichheit für Frauen. Und etwas handwerkliches Geschick brachte sie mit. Ansonsten war es ihr fast vollkommen egal, in welche Richtung ihr künftiger Job gehen sollte. Nur eine reine Bürotätigkeit kam für sie nicht infrage.

In der Berufsschule und im Ausbildungsbetrieb war Lea fast überall vorrangig unter Männern. Sonst hätten die sich nicht nach ihr umgedreht, aber aufgrund des mangelnden Angebots gab es auch in diesem Umfeld da und dort flottes Wortgeplänkel, was ihr schmeichelte und ihr Auftrieb brachte.

Kaum aber hatte Lea ihre Lehrzeit begonnen, zog der Vater daheim aus. Er hatte also sein Vorhaben tatsächlich verwirklicht.

„Erst wenn das Kind eigene Wege geht, verlasse ich dich. Vorher kann und will ich das meiner Tochter nicht antun." Diesen Satz des Vaters hatte das Mädchen schon sehr früh aufgeschnappt, als es an der Tür lauschte, und er war ins Gehirn eingebrannt. In Variationen tauchte er bei den regelmäßigen, heftigen elterlichen Auseinandersetzungen immer wieder auf. Lea hatte es nie hören wollen, und dennoch war es nicht zu überhören gewesen. Selbst wenn sie sich in ihrem Zimmer mit beiden Händen fest die Ohren zuhielt, drangen die Bösartigkeiten, die sich die Erwachsenen an die Köpfe warfen, zu ihr vor. Sie spürte deren Hass und die gegenseitige Verachtung. Das alles tat ihr körperlich weh. Sie bekam im Wechsel Bauch- und Kopfschmerzen.

„Ich bin immer für dich da!", hatte der Vater beim Abschied gesagt, sie noch einmal in die Arme geschlossen und liebevoll geküsst. Es hatte wahrhaftig geklungen. Dann war er nur wenige Wochen später in eine andere Stadt gezogen, Hunderte Kilometer entfernt.

Der Neue an der Seite der Mutter gab sich mit dem Vater fast die Türklinke in die Hand. Und natürlich hatte Lea vom seit geraumer Zeit bestehenden Verhältnis der Mutter etwas mitbekommen. Gelegentlich lag deren Smartphone achtlos herum, und der Schriftwechsel auf den verschiedensten Kanälen, auch per Mail am Computer, war mehr als eindeutig. Sehr anzüglich und voller sexueller Fantasien. Manchmal wurde sie Zeuge, wenn die beiden miteinander telefonierten. Eklig, wie Lea befand, so konnten sich doch alte Leute nicht mehr benehmen … Ihrem Vater gegenüber hatte sie dazu geschwiegen, solange er noch daheim war. Und auch später verlor sie nicht das geringste Wort darüber. Sie wollte keine Verräterin sein.

Zumindest auf der Arbeit fühlte sich Lea halbwegs wohl. Einer der älteren Kollegen hatte sie unter seine Fittiche genommen und erzählte immer „olle Kamellen", so seine Bezeichnung dafür, aus seinen ersten Berufsjahren. Sehr erheiternd, wie sie fand, und total unglaubwürdig in manchen Fällen. Der behauptete doch glatt, früher mal Motoren in Waschbenzin mit den puren Händen gereinigt zu haben. Keine Ohrenschützer, keine Abzüge für die Abgase, keine Geräte, um die Reifen für den Wechsel anzuheben.

„Ging alles mit purer Manpower, wie ihr das heute nennt", hatte er sie einmal in der Mittagspause angegrinst, vor ihr stehend und beide Daumen unter den Trägern seiner roten Latzhose verhakt. Mitten auf der Brust unübersehbar das große Firmenlogo. Auf dem Kopf eine schon etwas fadenscheinige, knappe Strickmütze.

Dann versuchte er am Waschbecken neben dem Aufenthaltsraum seine Hände zu reinigen. Der schmierige schwarze Dreck ließ sich indes nur oberflächlich entfernen. Als er mit Papiertüchern alles trocken rieb, trat er beiseite und machte Lea Platz, die einen ebenso vergeblichen Versuch startete. Vor allem an den Fingerkuppen und unter den Nägeln hatte sich auch bei ihr die Hinterlassenschaft der Arbeit schon eingefressen. Da halfen selbst die Handschuhe nicht viel, denn gelegentlich musste man ohne sie arbeiten, auch weil man das entsprechende Feingefühl bei speziellen Reparaturen, dem Auswechseln elektronischer Einheiten benötigte. Nur nach einer etwas längeren Auszeit wie dem Urlaub nahmen die Hände wieder ihr ursprüngliches Aussehen an.

„Womanpower", fiel Lea dazu nur etwas verspätet ein, woraufhin ihr Kollege in schallendes Gelächter ausgebrochen war.

„Gut gekontert, Lea", war sein Echo, nachdem er sich wieder beruhigt hatte.

Was ihr aber sehr gut gefiel, waren seine praktischen Ratschläge bei den verschiedensten Reparaturen. Wenn er sagte: „Versuch es doch mal so …", oder: „Nimm einfach dieses Werkzeug als Ergänzung …", dann konnte sie sicher sein, es würde ihr entschieden leichter von der Hand gehen. Aber lange würde sie mit diesem netten Kollegen auch nicht mehr zusammenarbeiten. Der ging in Kürze in Rente.

„Hoffentlich habe ich von der noch was", war seine stete Rede. „Knie im Eimer, Rücken im Arsch, Haut ein Fall für den Dermatologen … Wahrscheinlich gondle ich von einem Facharzt zum nächsten, wenn ich überhaupt einen Termin bekomme! Mädel, wie konntest du dich nur für so einen schwierigen Beruf entscheiden? Verstehe ich echt nicht. Den Frauen steht doch die Welt offen. Vielleicht ein schöner, geruhsamer Job im Amt, bei dem du dir die Finger nicht hättest schmutzig machen müssen. Wobei … das ist natürlich Ansichtssache!"

Seine witzigen Sprüche würden ihr fehlen. Ob das wirklich so im Berufsleben war, dass man sich den Körper kaputtmachte? Sie konnte es sich nicht vorstellen. Zwar schmerzte auch ihr mitunter das Kreuz, aber dann hatte sie sich wahrscheinlich etwas übernommen und verhoben. Ging auch fix wieder vorüber. Da reichte ein heißes Bad. Wobei das mit den Händen schon etwas blöd war. Nichts mit langen Fingernägeln. Den Gang zur Maniküre konnte sie sich definitiv sparen. Das wäre rausgeschmissenes Geld.

Lea nahm ihre Ellbogen von den Knien, hob den Kopf in die Höhe und rekelte sich. Dann zog sie ein Taschentuch aus ihrer Hose und schnaubte sich lautstark die Nase. Vorhin war sie noch daheim gewesen, um ein paar Sachen aus ihrem Kinderzimmer zu holen und sich für ein weihnachtliches Treffen zu verabreden. Am Heiligen Abend sollte sie ja auf jeden Fall kommen und dann noch am zweiten

Feiertag, dazu war sie eingeladen. So der Plan. Ihre Mutter und der Neue hatten es nicht einmal bemerkt, dass sie aufgetaucht war. Beide vollzogen auf dem Sofa im Wohnzimmer splitterfasernackt akrobatische Übungen, unter heftigem Gestöhne. Es roch nach Schweiß und mehr.

Lea hatte nur angewidert den Kopf geschüttelt, war in ihr Zimmer geschlichen, um sich wenigstens ihre Tagebücher zu holen, die sich in einem Versteck befanden. Direkt hinter dem Kleiderschrank, hochkant gestellt auf dem schmalen Stück des Bodens, das hinter der Rückwand hervorragte. Mit ihren Fingern konnte sie gerade so dahinterlangen und alles unauffällig verschwinden lassen.

Aber neulich ging die Rede von Renovierung und genereller Neugestaltung und dass sie doch eigentlich ihr Zimmer nicht mehr benötigen würde … Die Aufzeichnungen sollte niemand in die Hände bekommen. Die waren einzig und allein für sie bestimmt, für keinen anderen. Immerhin hatte sie über die Jahre mit nur wenigen Unterbrechungen schon drei Bände gefüllt, mit kleinen Zeichnungen, manchmal nur wenigen Zeilen, dann aber wieder seitenlangen Einträgen für nur einen einzigen Tag. Begonnen hatte sie damit, als die Auseinandersetzungen der Eltern Regelmäßigkeit annahmen, da war sie zwölf.

Auf ihrem vorsichtigen Rückzug schlug sie vom Flur aus den Weg in die Garage ein. Ganz automatisch. Neben dem mächtigen Auto des Neuen ließ sie ihre Sporttasche sinken. Wow, genau das waren die Reifen, die sie nicht wechseln konnte, wofür ihre Kräfte nicht ausreichten und wozu sie männliche Unterstützung in der Werkstatt benötigte. Vor allem dann, wenn die hilfreiche Technik fürs Anheben gerade anderswo gebraucht wurde, sie schnell handeln musste, weil ein Kunde wartete, und alles mit Armen und Händen bewältigen sollte.

Ihre Blicke glitten durch den Raum. Doch, das Werkzeug lag immer noch an seinem Platz. Warum auch nicht?! Sie öffnete behutsam die Motorhaube, legte die Stirn in Falten und überlegte ein kleines Weilchen. Dann hatte sie den, wie sie fand, perfekten Einfall, schloss die Motorhaube wieder und machte sich an die Arbeit. Dazu griff sie sich einen Schraubenschlüssel und legte sich seitlich unters Auto. Mit wenigen, fachmännischen Griffen hatte sie die Schraube von der Spurstange gelöst. Gelassen betrachtete sie ihr Werk.

Der Nächste, der mit diesem Kraftfahrzeug seine Tour starten würde, dürfte mit der Lenkung sein blaues Wunder erleben und definitiv nicht weit kommen. Den nur ganz kurzen, mitfühlenden Gedanken, dass es auch ihre Mutter treffen könnte, schüttelte Lea von sich ab. Bekam sie nicht Halbwaisenrente, wenn Mama tot war? Und außerdem könnte sie dann bei Papa leben, bohrte es in ihr. Da würde es ihr doch bestimmt viel besser ergehen. Er hatte ja keine neue Flamme, sondern war immer noch allein. Ihr Gesicht wirkte zufrieden, als sie die Garage verließ und sich wieder auf den Heimweg zu ihrem Hochhaus machte.

Das Mädchen lief durch seine Wohnung. Es konnte sich nicht mehr genau daran erinnern, was es getan hatte und wie es zu sich nach Hause gekommen war. Ohne jeden Tropfen Alkohol war dieses Puzzleteil ihres Lebens ausradiert oder zumindest in eine der alleruntersten Gedankenebenen einsortiert. Lea zog ihre Leggings hoch, die über Bauch und rundlichem Po spannten. Das Shirt, das sie trug, war nur weit, aber dafür sehr kurz. In ähnlichem Outfit ging sie auch völlig unbekümmert auf die Straße.

Vielleicht konnte das ja mit Liam was werden, hoffte Lea im Stillen. Er saß in der Berufsschule neben ihr und ließ sie auch gelegentlich abschreiben. Zwar hatte er viele Pickel im Gesicht, war lang und schlaksig, aber ansonsten eigentlich ganz nett. Die Sache mit Henry konnte sie wohl vergessen. Der war einfach zu schön und unerreichbar für sie. Nur in ihren Träumen begleitete er sie immer wieder, in ganz aufregenden Situationen. Und was Liam anging, so hoffte sie inständig, er würde sich noch ein wenig mausern, so wie das hässliche Entlein aus dem Märchen, das sie innig geliebt hatte. Dann konnte ja vielleicht doch was aus ihnen werden. Auf jeden Fall war es nicht verkehrt, wenn man einen Notnagel hatte. Allerdings käme da vielleicht auch ein anderer infrage. Ein paar Etagen über ihr lebte doch ein junger Mann ebenfalls allein. Er war ihr schon häufiger aufgefallen, hatte sie indes keines Blickes gewürdigt. Aber was nicht war, konnte ja noch werden. Auf jeden Fall schien er etwas für seine Gesundheit zu tun, denn meist trug er eine Sporttasche über der Schulter und war damit garantiert gerade auf dem Weg ins Fitnessstudio.

Lea kehrte jetzt aus der Küche zurück, mit einem Teller voller weihnachtlicher Süßigkeiten und einer Cola von der billigen Sorte, die echte Marke war ihr zu teuer. Sie hatte sich einen Plan gemacht, wofür ihr Lehrlingsentgelt eingesetzt werden konnte. Es gab eine Einnahme- und eine Ausgabespalte. Die füllte sie regelmäßig mit Zahlen, um den Überblick zu behalten. So ein Monat war immer schneller rum, als einem lieb war, aber das Geld schrumpfte noch viel schneller.

Die Musik lief immer noch in voller Lautstärke, doch zum Glück störten hier ja keine unmittelbaren Nachbarn auf der Etage. Höchstens von oben kamen manchmal heftiges Getrampel oder dumpfe Schläge, wahrscheinlich mit einem Besen. Da wohnten irgendwelche alten Weiber in einer WG, wie schrecklich. Das war für Lea eine unvorstellbare Zukunftsvision.

Nur manchmal begegnete sie einigen Mitbewohnern des Hauses, und wenn es jemand aus der Etage über ihr war, dann wurde die Stirn krausgezogen und die Nase gerümpft. Als ob sie sich nicht waschen würde! So eine Frechheit …

„Geht es nicht mal leiser, Fräuleinchen?!", hatte neulich eine von den grauhaarigen Schachteln geknurrt, und sie musste erst mal googeln, um was für ein Schimpfwort es sich da handelte. War aber gar keines, nur eine ausgestorbene Bezeichnung für unverheiratete Frauen.

Am besten ignorierte sie die Alten, beschloss Lea und zog sich jetzt einen Zimtstern von ihrem Teller. Die Sorte mochte sie am liebsten. Rasch folgten dem Gebäckstück die nächsten Teile. Lea kaute und kaute und spülte zwischendurch mit Cola.

Sie machte jetzt zusätzlich den Fernseher an und zappte durch die Kanäle. Eine ihrer Lieblingsserien mochte doch wohl gerade laufen. Schade. Daheim gab es ein Abo bei Netflix, da konnte sie ungehindert streamen, was sie begehrte. Bei dem, was sie auf klassischem Wege empfangen konnte, war es eher übersichtlich.

10. KAPITEL
SENIOREN-WG

Senta schloss erschrocken das Fenster und zwar so heftig, dass die Scheibe vibrierte. Sie hatte ausgiebig gelüftet, aber nun war es mehr als genug an frischer Luft im Raum. Ihre Blicke waren zuvor draußen nach unten gewandert, wo sich gerade Doreen mit ihren Kindern auf den Weg machte. Zunächst ließ sie diese Idylle etwas melancholisch werden: Eine Mutter mit ihren Kleinen, stapfend durch den Schnee, welch schönes adventliches Bild. Aber dieser Gang?, durchzuckte es sie. Woher kam ihr der nur so bekannt vor? Und dann auch die Figur, zumindest was sie von der Höhe aus ihrer Etage her abschätzen konnte.

Sie zog mit einem Ruck die Gardine vor die Scheiben und riss dabei zwei der Röllchen aus der Leiste heraus. Na super!, dachte Senta, als sie das Malheur betrachtete. Diese Variante würde sie garantiert nicht mehr bekommen, deren Kauf war doch schon ewig her. Ein Exemplar ließ sich vielleicht reparieren, mit einem winzigen Tropfen Kleber, aber das andere war eindeutig hinüber. Auf jeden Fall musste sie bei der nächsten Wäsche alle neu verteilen und mühselig aus- und danach einfädeln, damit die bauschigen Stores wieder gleichmäßig fielen. Verärgert hielt sie die beiden Plastikteile in der Rechten und ließ sie dann auf ihren Mahagonischreibtisch gleiten. Darum würde sie sich später kümmern. Nervös griff sie zu einer Zigarette und zündete sie an. Es klappte erst mit dem zweiten Streichholz, das erste bekam sie einfach nicht angezündet. Fast hätte sie sich die Finger verbrannt.

Diese Frau da unten? Irgendwie war sie ihr zuvor nicht aufgefallen. Sie war mit ihren Kleinen ja wohl kaum gerade erst in das Hochhaus gezogen! Wobei man hier nicht sonderlich auf seine Nachbarn achtete, vor allem nicht auf die aus anderen Etagen. Die von direkt nebenan hätte Senta indes exakt beschreiben können, falls die Polizei mal ein Phantomfoto erstellen wollte. Aber das war ja höchst unwahrscheinlich. Außerdem wohnte sie mit ihrer Rentnerinnen-Wohngemeinschaft schon ziemlich lange allein auf diesem Flur. Und ewig würde das auch nicht mehr andauern. Das war jedoch ein gänzlich anderes, schier unlösbares Problem.

Aber wer erinnerte sich überhaupt an eine einzelne Verkäuferin, die einem nie wieder im Leben begegnete? Das mochte auch damit zusammenhängen, dass Senta die Läden für ihre Aktionen mit Bedacht wählte und selten zweimal in einem auftauchte. Sie wollte keinen und keiner sollte sie wiedererkennen.

Senta saß inzwischen zurückgelehnt in ihrem bequemen Ohrensessel, zog an der Zigarette, blies den Qualm ganz langsam aus, erzeugte dabei einen schwebenden Kringel, schnippte ein wenig Asche auf den Emaille-Aschenbecher und sah alles vor sich.

Die Boutique, in die sie erst vor zwei Tagen einen Abstecher unternommen hatte. Ziemlich am anderen Ende der Stadt gelegen. Sie war ihr erst bei einer jüngsten Recherchetour für weitere Aktionen ins Auge gefallen und sofort in die engere Auswahl gekommen. Die Läden durften einerseits niemals zu klein sein, dann waren sie zu überschaubar. Andererseits durfte es auch keine große Kette sein, die gar mit einem Kaufhausdetektiv arbeitete. Das waren ja ganz gewiefte Typen.

Sie hatte in der Richtung schon mal äußerst schlechte Erfahrungen gesammelt und sich nur tränenreich herausreden können, dass sie sich überhaupt nicht erklären könne, wie sie denn versehentlich ein noch nicht bezahltes Teil anbehalten hätte. Sicher der Stress mit der todkranken Mutter, zu deren Pflege sie gerade wieder eilen müsse. Sie hätte sich ja lediglich ein wenig beim Begutachten schöner Garderobe entspannen wollen. Einfach mal auf andere Gedanken kommen. Gnädigerweise gab es nur ein Einkaufsverbot für dieses Geschäft, was sie äußerlich seufzend und wie am Boden zerschmettert, aber innerlich hochzufrieden akzeptierte. Das war damals noch einmal gut gegangen.

Senta drückte jetzt den Stummel ihrer Zigarette aus. Wer nahm denn solch weite Arbeitswege auf sich, dachte sie. Da vertrödelte man doch den halben Tag. Locker eine Stunde für eine einfache Tour, und wenn man mit den Anschlüssen Pech hatte, noch viel mehr. Busse fielen ja häufiger sang- und klanglos aus. Senta schüttelte den Kopf und war sich nun absolut sicher. Das war die Verkäuferin, die ihr erst wenige Tage zuvor beim jüngsten Coup vorwurfsvoll hinterhergeschaut hatte, als sie aus der Umkleidekabine trat, mit den verbliebenen Bügeln nebst Garderobe darauf, ein Exemplar natürlich doppelt bebügelt. Sonst wäre ein Bügel ja verdächtig leer geblieben. Alles hängte sie am nächsten x-beliebigen Ständer auf die Stange. Sehr unauffällig, damit nicht sofort eine Angestellte herbeigeeilt kam, um alles wieder einzusortieren. Und nicht etwa dort, wo sie die Sachen hergeholt hatte. So weit kam es noch. Dafür war schließlich das Personal zuständig.

Ohne etwas zu kaufen und grußlos hatte sie den Laden verlassen, dafür aber trug sie unter ihrer weiten Jacke einen eleganten Pullover aus einer schönen, hautverträglichen Biobaumwolle unter ihrem eigenen, sehr legeren Oberteil, damit auch nichts einschnürte. Wobei, so eigen war das nun auch wieder nicht. Eine Jagdtrophäe aus einem anderen Geschäft. Natürlich ohne die lästige Sicherung daran. Ebendiese hatte sie auch vom neuen besten Stück mit wenigen Griffen entfernt. Wozu doch Verlegenheitsjobs so alles gut sein konnten.

Noch bevor man sie in die Rente geschickt hatte, hatte ihr die Arbeitsagentur diverse Tätigkeiten angeboten, wovon sie die eine oder andere mehr oder weniger gezwungenermaßen wahrnahm, um keine Sanktionen aufgebrummt zu bekommen. Und in einem Warenhaus weihte man sie in die Feinheiten ein, wie die jeweiligen Typen an Diebstahlsicherungen zu entfernen waren. Mit einem passenden Magneten ging das kinderleicht. Ansonsten hatte sie einen hübschen Schraubendreher in ihrer Handtasche oder ließ im Zweifelsfall, wenn es zu schwierig erschien und die Sachen eventuell hätten Schaden nehmen können, die Finger davon. Dann eben nicht! Zu großem Risiko ging sie lieber aus dem Weg.

Die Teile der Sicherungen verstaute sie geschickt in irgendwelchen Kisten mit billigen Sonderangeboten, total unauffällig. Nur ein kleiner, scheinbar prüfender Blick auf ein Tuch oder einen Slip und ein Abtasten mit den Fingern, so als wolle sie die Qualität des Materials einschätzen, und schon waren die kleinen Dinger entsorgt.

„Kommst du zum Kaffee? Boah, wie das wieder bei dir riecht. Hatten wir nicht vereinbart, dass nur auf dem Balkon geraucht wird?", steckte jetzt Heidelinde den frisch frisierten Kopf durch die Tür. Natürlich ohne anzuklopfen, wie immer. Senta wollte sich schon entrüsten, aber das hatte ohnehin keinen Sinn. Irgendwelche Bemerkungen hinterließen bei ihrer Mitbewohnerin null Echo.

Senta nickte also nur und erhob sich. Hoffentlich hatte diese Frau sie nicht erkannt und als Mieterin dieses Hauses eingeordnet. Und wenn schon, dachte Senta, dann müsste man mir das alles erst einmal nachweisen. Schließlich verhielt sie sich bei ihren Ausflügen stets äußerst umsichtig, hatte jede Videokamera im Blick, die sie eventuell aufnehmen könnte. Auch zu deren Einsatz war sie damals in einem Crashkurs geschult worden. Bildung schadete jedenfalls definitiv nicht! Und das Stück, das sie erobern wollte, trug sie auf dem Weg zum Anprobieren in der Garderobe stets zwischen den anderen, die sie später wieder zurückhängte, also fast unsichtbar. So wählte sie auch die jeweiligen Objekte ihrer Begierde aus. Das Mitzunehmende musste auf jeden Fall etwas kleiner als die Modelle rechts und links davon in ihrer Hand sein, und es musste sich in ihre bestehende Anzugsordnung einfügen lassen.

„Na, hast du ein geruhsames Nickerchen gemacht?", empfing Brunhilde, die schon an dem großen Küchentisch saß, Senta und hob ihre gefüllte Kaffeetasse: „Prost!"

Als ob man hier ein Auge zutun könnte, fuhr es Senta durch den Kopf. Ihr Zimmer grenzte an das von Heidelinde, die stets Klassikradio hörte und zwar in voller Lautstärke. Nichts gegen Beethoven, Mozart oder Chopin, aber doch nicht zum nervtötenden Krawall aufgedreht, der die Wände erbeben ließ. Dazu gern noch der Radau von dem unerzogenen Gör eine Treppe tiefer. Es war ja sowieso die Frage, was dieses Kind allein in einer Wohnung, ebenso groß wie die ihrige, trieb. Die totale Ungerechtigkeit, was den für einen einzelnen Menschen zur Verfügung stehenden Platz anging. Gab es denn da keine Eltern, die mal für Ordnung sorgten? Und wie frech dieses Luder geschaut hatte, als sie mal auf den ungehörigen Lärm aufmerksam gemacht hatte. Nicht nur frech, das war ein richtig böser Blick gewesen.

„Klappt es denn mit deinem neuen Hörgerät, Linde?", erkundigte sich Senta scheinheilig bei Heidelinde, die nun auch an dem schön gedeckten Tisch saß und mit einem beiläufigen Griff den Sitz ihrer Dauerwelle prüfte. In der Mitte des Tisches ein Kranz, geschmückt in satten Rottönen mit kleinen Kugeln und Sternen, dazu ein paar braune Zimtstangen, die Rollen zu niedlichen, duftenden Paketen verschnürt, mittendrin thronte nur eine einzige dicke Kerze, die eine gemütliche Atmosphäre verbreitete. Auch eine Entscheidung, die Senta unter deutlichem Protest nicht mitgetragen hatte, für sie gehörten vier Kerzen zu einem Kranz. Für jeden Adventssonntag eine, die dann mit dem feierlichen Anzünden immer ihren zusätzlichen Einsatz bekam, basta. So war das Anstand und Sitte, aber die beiden anderen hatten sie überstimmt. Es war in einer WG auch nicht immer alles Honigschlecken.

„Was hast du gesagt, Schätzchen?", wollte Heidelinde wissen, während Brunhilde schon ungerührt zur Stolle übergegangen war und in eine etwas lauter artikulierte Lobeshymne ausbrach.

„Also, deine Stolle, Liebes, die ist dir wieder einmal unschlagbar gut gelungen! Exakt so lecker wie im vorigen Jahr, da kann man sich schon jetzt auf das nächste Weihnachtsfest freuen, wenn du uns zuvor wieder mit deinen Backkünsten beglückst, du Liebe …"

Jetzt strahlte Heidelinde und errötete leicht.

„Ach, danke, Bruni, so ein Lob tut der Bäckerin immer wieder gut!"

„Deine Kochkünste sind ja insgesamt phänomenal. Du bist eben ein Universaltalent", schloss sich nun Senta friedlich und vollkommen ehrlich an. Sie hasste sämtliche Tätigkeiten in der Küche und war froh, wenn man sie auf diese Art und Weise delegieren konnte. Was ein paar freundliche Worte doch so alles erledigen konnten.

Über dem Beistellschränkchen hing eine Wochenübersicht, in der jede der drei Damen mit ihren jeweiligen Aufgaben eingetragen war. Ein häufiger Streitpunkt, wenn nicht gerade leckeres Essen die Gemüter allgemein besänftigte, was Heidelinde von Anfang an generell freiwillig übernommen hatte. Mit der Erklärung, sie würde für ihr Leben gern kochen. Und das bis ans Ende ihrer Tage. Vor allem wenn es um die Reinigung des Badezimmers ging, war schon heftiger Streit entbrannt und tagelanges Nicht-miteinander-Reden.

„Und du, Liebes, schon wieder eine neue Anschaffung?" Heidelinde wies auf Sentas Oberteil, während sie sich ihren Teil dachte. War da nicht immer die Rede von wegen wenig Geld, und knauserte Senta nicht überall, schnorrte sich durch, wo sie nur konnte, zahlte geborgtes Geld erst nach wiederholter Aufforderung zurück?

„Ach, das", winkte Senta ab, nachdem sie das Stück des Kuchens hinuntergeschluckt hatte, „das ist mal wieder von meiner Cousine. Die Arme verkauft sich ja stets und ständig. Denkt, sie hätte eine Größe oder gar zwei kleiner … haha. Dabei müsste sie eigentlich nur in den Spiegel schauen. Aber was soll's, so habe ich was davon. Auf jeden Fall hat sie Geschmack in der Auswahl ihrer Garderobe, wie ich finde. Oder was meint ihr?"

Die beiden anderen nickten kommentarlos. Senta hatte immer noch ihre beneidenswerte Traumfigur aus früheren Jahren und wenn sie gewollt beziehungsweise gekonnt hätte, dann hätte sie durchaus noch die Sachen aus ihrer Teenagerzeit tragen können. Farblich entschied sie sich auch häufig für einen auffälligen Mint- oder Pinkton, was sehr jugendlich wirkte. Zumindest von hinten. Wenn man mal von den grauen Haaren absah, die aber in einem flotten, stets exakt frisierten Pagenschnitt mit einer Glanztönung perfekt saßen. Selbst jüngere Frauen hatten schon Probleme mit dem Haar und verloren ihre Farbe. Das allein war zumindest kein deutliches Anzeichen des höheren Alters. Aber egal. Von hinten Lyzeum, von vorne Museum, das war Heidelindes Lieblingsspruch, wenn sie mit Brunhilde in der Abwesenheit von Senta ausgiebig über diese herzog.

Im Gegensatz zu Senta hatten die beiden anderen Frauen über die Jahrzehnte hinweg deutlich an Gewicht zugelegt, was auch die strammen Korsagen nicht wegzaubern konnten. Üppig nannte man so etwas vornehm. Zumindest waren sie nicht richtig dick, sondern man hatte eher etwas in der Hand, wenn man sie anpackte. Aber da war ja leider, leider schon seit Jahren niemand mehr, der kraftvoll zugepackt hätte. Andererseits wollten sie das auch gar nicht wieder haben, dieses frivole Angetatsche in Verbindung mit ausgebeulten Feinrippunterhosen und darin ein dickbäuchiger Mann mit stachligen O-Beinen, der nächtens ohrenbetäubenden Lärm mit seinem Geschnarche verursachte. Und der sich von vorn bis hinten ohne jedes Dankeschön bedienen ließ.

Man musste eben immer im Leben Zugeständnisse machen, und hier waren es die in einer Senioren-WG, einer Zwangsgemeinschaft, die aus Kostengründen entstanden war. Aus den unterschiedlichsten Ursachen bezogen alle drei nur eine sehr bescheidene Altersrente. In den Genuss einer Witwenrente war leider keine von ihnen gekommen. Das war einfach dumm gelaufen. Heidelinde hatte sich ungünstigerweise zwei Jahre vor dem Tod ihres Ex scheiden lassen, und Brunhilde war nie vor den Traualtar getreten. Es hatte sich einfach nicht ergeben, keiner ihrer Partner hatte um ihre Hand angehalten. Senta lebte getrennt von ihrem Mann, der wiederum war liiert mit einer 30 Jahre Jüngeren und schob immer irgendwelche Gründe vor, warum eine Scheidung nicht machbar sei. Ihre Vermögensverhältnisse schienen den anderen sowieso etwas undurchsichtig. Aber sie waren zu wohlerzogen für bohrende Nachfragen.

Langsam waren die geplanten Stücke der Stolle verzehrt, mehr war jedenfalls nicht angeschnitten, und der Kaffee ging zur Neige.

„Soll ich noch eine Kanne aufbrühen?", schlug Heidelinde mit leicht errötetem Gesicht vor. Kaffee sorgte immer dafür, dass ihr Blutdruck anstieg, und sie hätte – auf Anraten ihres Arztes, der gerade an ihr verschiedene senkende Medikamente ausprobierte – eigentlich auf die entkoffeinierte Variante umsteigen sollen. Aber der schmeckte ja grausig … So etwas tat man sich einfach nicht an. Wenn schon Kaffee, dann den richtigen! Man konnte höchstens bei der jeweiligen Stärke kleine Zugeständnisse machen und sich für eine mildere Sorte entscheiden. Aber da war dann wieder das jeweilige Sonderangebot im Supermarkt ausschlaggebend. Man konnte eben nicht alles haben.

Die beiden anderen schüttelten mit den Köpfen.

„Mein Herz, du weißt ja", entschuldigte sich auch Brunhilde. „Wir zwei beiden müssen schließlich generell achtsam mit dem Genuss von Kaffee umgehen. Schade, sehr schade. Was sich da auch alles im Alter so bemerkbar macht! Braucht man nicht wirklich."

„Und ich wollte noch einmal los, eilige Besorgungen, da ist dann so viel Kaffee zuvor keine gute Idee. Muss man nur plötzlich zwischendurch rasch aufs Töpfchen", kicherte Senta jetzt mit ebenfalls leicht geröteten Wangen.

„Das stimmt", bestätigte Heidelinde mit wissendem Gesicht. Dabei nickte sie. „Und dann bei dem Schietwetter mit den vielen Sachen vielleicht noch in irgendeinem Restaurant mühselig aus der zahlreichen Garderobe pellen …"

Jetzt lachten alle drei glucksend.

„Ich habe heute auch noch reichlich zu tun. Der Pullover für meine jüngste Enkelin muss fertig werden", erklärte Brunhilde.

„Der mit diesem unschlagbar schönen Muster?", erkundigte sich Heidelinde interessiert. „Da wird die Kleine aber Luftsprünge machen vor lauter Begeisterung. Zeig mir doch mal, wie weit du gekommen bist. Und dann musst du mir das Muster unbedingt bei passender Gelegenheit genau erklären. Würde ich gern übernehmen wollen. So eine tolle Handarbeit aber auch!"

Brunhilde strahlte über das ganze Gesicht.

„Wir können uns ja zusammen hinsetzen. Du greifst dir ebenfalls eine Handarbeit, und wir klönen noch ein bisschen über alte Zeiten oder den neuesten Bestseller, den ich dir gerade geliehen habe", schlug schließlich Brunhilde vor. „Bist du mit dem denn schon durch?"

„Aber ja, tolle Empfehlung von dir. Den habe ich auf einen Ritt durchgelesen. Gebe ich dir gleich wieder zurück. Und was das Klönen angeht: Wunderbar, so machen wir das", bestätigte Heidelinde und sprang von ihrem Stuhl auf, um ihre angefangene Stola und das Buch zu holen.

Wenig später hatte sich Senta erneut auf den Weg gemacht. Im Erdgeschoss stoppte sie noch einmal vor den Briefkästen, prüfte mit einem Rundblick, ob sie niemand beobachtete, und steckte dann den vorbereiteten Umschlag in den Schlitz, der mit Stellas Namen gekennzeichnet war. Sofort stieg ihr der Gestank in die Nase, was sie nicht einmal störte. In der Sendung befand sich Hundekot, den sie im Umfeld immer mal für diese Gelegenheit einsammelte. Dafür hatte sie sich extra ein paar Rollen dieser kleinen, schwarzen Beutelchen zugelegt. Sie schrieb auch nichts auf den Umschlag und steckte keine Botschaft hinein. Der pure Inhalt war ja eindeutig: Du bist Scheiße. Was anderes konnte eine Frau schon sein, die ihren Körper für Geld verkaufte. Dass man mit der unter einem Dach wohnen musste …

Diesmal schaute Senta aber im Haus und in dessen Umfeld noch vorsichtiger um sich, damit sie nicht dieser Verkäuferin begegnete. Gegebenenfalls wäre sie ihr ausgewichen. Man sollte nichts aufs Spiel setzen.

Es kribbelte ihr in den Fingern. Sie musste unbedingt noch heute etwas Neues heimbringen. Als sie in den Bus stieg, klopfte ihr Herz in wilder Vorfreude.

11. KAPITEL
SAMMELLEIDENSCHAFT

Mit aller Macht drückte Axel die Tür seiner Wohnung nach innen. Nur einen Spaltbreit bekam er sie geöffnet, immerhin noch weit genug, sodass er zur Seite gedreht hineinschlüpfen konnte. Eine neugierige Ratte, die bis zu diesem Moment direkt auf einer Tüte dahinter gesessen und sich geputzt hatte, nutzte die Gelegenheit, flitzte hinaus und suchte mit ihrer Beute im Maul, einem Stückchen angeschimmelter Pizza mit Salami, das Weite. Unbemerkt von dem Mann, der hinter sich sämtliche Schlösser verriegelte. Dann stieg er über die Berge an Dingen, die er angehäuft hatte. Sehr geschickt, ohne zu straucheln. Er trug bequeme, wenngleich sehr elegante Mokassins. Selbst im tiefen Winter, dann nur eine etwas stabilere Ausführung, damit er keine kalten oder gar nassen Füße bekam.

Alles war in dieser Wohnung akribisch getrennt, nach einem wohldurchdachten System. Im ersten Zimmer, gleich neben dem Eingang, befanden sich die Mülltüten, die inzwischen die halbe Höhe des Fensters erreicht hatten. Von der Tür aus ein schmaler Gang, um alles immer geordnet rechts und links zu deponieren. Hier roch es besonders streng, und Axel war bemüht, die Tür stets geschlossen zu halten. Aber der Geruch nahm sich sämtlicher Räume an. Gelegentlich brachte der Mann Duftbäumchen aus der Drogerie mit, um dagegen anzugehen. Zitrone am liebsten, zur Not auch Meeresbrise.

Das zweite Zimmer war sein Büro. Ein für Außenstehende heilloses Durcheinander von Büchern, Akten, Ordnern, Zeitungsstapeln. Nicht ein einziges Magazin wanderte in die Papiertonne. Es konnte ja sein, dass man irgendwann einmal in naher oder ferner Zukunft darauf zurückgreifen wollte, auf einen speziellen, hochwichtigen Beitrag. Und dann hatte man alles Nötige parat, fein säuberlich geordnet in thematischen Haufen. Seine gesamte Lebensgeschichte war hier gewissermaßen archiviert. Alle Zeugnisse, von der ersten Klasse an, sämtliche Auszüge seit Kontoeröffnung, jegliche Schriftstücke, die irgendwie mit ihm zu tun hatten. Beim genauen Hinsehen entdeckte man an den Wänden noch die einstigen Bücherregale, die aber von dem Davor schon lange eingeholt worden waren.

Mit dabei stapelweise Pakete, in denen sich ebenfalls größtenteils Bücher befanden, nicht richtig ausgepackt und im Inneren zumeist noch eingeschweißt. Axel konnte sich nicht bremsen, wenn es Neuerscheinungen gab, verfolgte alle Veröffentlichungen und die Kritiken dazu, die er selbstredend ebenfalls sammelte. Und jeden Bestseller musste er besitzen. Deshalb bestellte er wieder und wieder. Freute sich beim Eintreffen des Heißersehnten, wenn ein Zettel in seinem Briefkasten lag, dass man ihn nicht angetroffen habe, das Gewünschte aber am nächsten Tag unter der angegebenen Adresse abzuholen war, in der Zeit von bis. Zu einer direkten Entgegennahme konnte er sich nicht durchringen. Dann hätte vielleicht der Bote unmittelbar vor seiner Wohnungstür gestanden und Einblick in seinen Flur bekommen. Was er unbedingt vermeiden wollte.

Zum Glück waren die Zeiten vorüber, wo gelegentlich ein Nachbar auf der Etage behilflich war und Sendungen quittierte. Die Übergabe gestaltete sich in der Folge stets überaus anstrengend. Jedes Mal musste sich Axel etwas einfallen lassen. Er ignorierte einfach das Klingeln an seiner Tür und meldete sich entschieden später nebenan, mit dem Hinweis, er wäre noch auf der Arbeit gewesen, hätte im Anschluss einen Zettel im Briefkasten gefunden und wäre ja so unendlich dankbar für die nachbarschaftliche Nettigkeit. Oder er öffnete die Tür nur eine Winzigkeit, um mitzuteilen, er stünde quasi unter der Dusche und käme im Anschluss gleich mal vorbei. So oder so ähnlich lauteten seine vielschichtigen Argumente. Aber die waren ja schon länger nicht mehr nötig.

Aus den anderen Etagen wäre niemand auf die Idee gekommen, etwas für ihn oder einen anderen Bewohner in Empfang zu nehmen. Und die Hausmeister schon gar nicht. Die wurden auch immer schroffer, wie Axel festgestellt hatte. Eher ja sie, diese Elizabeth, die hatte Haare auf den Zähnen. Aber ihn hatte er schon länger nicht gesehen. Wie hieß er doch gleich mit Vornamen? Sollte er sich Gedanken machen um ihn? Du kommst auf Ideen, schalt er sich bei dieser Überlegung.

Er nahm, seit diese Leere im Haus herrschte, stets den ziemlich weiten Weg zur Postfiliale auf sich. Im Augenblick der Annahme eines Paketes war die Euphorie noch vorhanden, aber sobald er daheim war, am Wohnzimmertisch saß und alles auspackte, war sie auf und davon.

Als hätte es sie nie gegeben. Regelrecht lustlos wurde ihm zumute, sodass er häufig die funkelnagelneuen Bücher in der schützenden Folie ließ und in den Karton zurücklegte. Zum Lesen kam er schon seit Langem nicht mehr.

Im Arbeitszimmer gab es einen kleinen Ausguck aus dem Fenster. Dessen mittleren Teil hatte Axel freigehalten, und sein wuchtiger Schreibtisch stand davor, mit dem Computer darauf. Gelegentlich war Homeoffice angesagt. Für die dazu nötigen Konferenzen blendete er die tatsächliche Sicht auf sein Zuhause aus und setzte ein neutrales Bild für den Hintergrund ein, das er gern wechselte. Mal eine Sicht in ein Museum mit zahlreichen Bildern an den Wänden, mal einen Blick in einen Wald mit skurrilen Bäumen, mal die Aufnahme einer Segeljacht, sonnenüberstrahlt und bereit zum Auslaufen.

Das dritte Zimmer beherbergte lauter Dinge aus der Haushaltsauflösung seiner Großmutter, die sich um seine Erziehung gekümmert hatte, nachdem die Eltern an der Überforderung hilflos gescheitert waren. Der Kontakt zu ihnen war dann auch total abgebrochen. Er hatte keinerlei Bedürfnis nach dieser familiären Nähe. Man würde ihn schon benachrichtigen, wenn sie mal starben. Dieses Wissen reichte Axel völlig aus.

Mittendrin in diesem Raum stand eine ältere, schon durchgelegene Campingliege. Ein paar Spannfedern fehlten, und der Stoff mit den Sonnenblumen darauf war etwas zerschlissen. Sein Bett seit einigen Monaten, vor allem, seit er das eigentliche Teil nicht mehr erreichen konnte. Es war vielleicht etwas unbequem, aber es erinnerte intensiv an seine Jugend und an Ausflüge mit den Pfadfindern.

Dort unter einer Steppdecke zusammengerollt, fand er auf ein paar bestickten Zierkissen wunderbare Träume. Auch sein Federbett und das Kopfkissen waren längst belegt und nicht mehr für ihren normalerweise vorgesehenen Einsatz verfügbar.

In der Einbauküche standen die Möbel noch an ihrem angestammten Platz, die Mehrzahl hätte er auch gar nicht verrücken können, waren sie doch fest verankert an den Wänden. Hier fielen vor allem die Pappkartons mit den Ravioli-Dosen ins Auge, sein Leibgericht. Das machte er sich auf einem alten Campingkocher warm, seitdem auch der Elektroherd unter den vielen wichtigen Utensilien verschwunden war, von denen er sich nicht trennen konnte.

Gegessen wurde direkt aus dem Topf, dafür gab es einen einzigen Löffel, der zumindest bereitlag und den er stets spurenlos ableckte für den nächsten Gebrauch, sowie einen liebevoll gehäkelten Topflappen noch von seiner Oma, damit er sich die Finger nicht verbrannte. Besonders schön der blaue, muschelartige Zierrand um das ansonsten rot-weiß gestreifte Exemplar. Die zahlreichen Flecken darauf ignorierte Axel. Er wollte die wunderbare Handarbeit auch nicht durch viele Wäschen etwa unwiederbringlich verderben.

Nachdem der Mann den Flur durchstiegen hatte, ging er zunächst ins Badezimmer. Ein Ritual wie jeden Tag, wenn er von der Arbeit kam. Dann wusch er sich gründlich mit warmem Wasser und Seife aus dem Spender die Hände. Sobald es nötig war, nutzte er auch die hölzerne Bürste, deren Borsten sich schon etwas spreizten. Drei

Minuten lang dauerte die Zeremonie, genauso lange, wie er sich die Zähne putzte. Er aktivierte für Letzteres seine alte Sanduhr mit dem Gestell aus Messing. Erst die Kauflächen eine Minute, dann die Außenflächen eine weitere Minute und zuletzt der Innenbereich die dritte Minute. Und immer ordentlich von Rot nach Weiß. Kai nannte man die abgekürzte Reihenfolge wohl für die Kinder, damit sie es als Namen für einen Jungen leichter behalten konnten.

Aber so recht erinnerte er sich nicht mehr daran, das war nur ein Gedankensplitter, wie eine Sternschnuppe aufgetaucht und schon wieder verschwunden, außerdem hatte er keinen Nachwuchs. Nur eine außerordentliche Vorliebe für Beatrix, die Assistentin des Chefs. Ein Bild von einem Weib, wenn er das mal so in seinen Gedanken formulieren wollte. Irgendwelche sexistischen Äußerungen hätte er nie in den Mund genommen. Das lag ihm fern.

Axel sah sich jetzt im Spiegel an, die drei Minuten Waschzeremonie waren vorüber. Nun trocknete er die Hände gründlich ab.

„Sonst werden sie rissig, Junge, schau dir nur mal meine strapazierten Hände an", hatte er seine Großmutter im Ohr, die ihm bei diesen Worten stets die eingerissenen Finger und vor allem die Daumen dicht vor die Augen gehalten hatte. Überall rote, wunde Stellen, innen und außen, die nie wirklich abheilten.

„Von der vielen Arbeit, natürlich", war immer die Erklärung der Oma gewesen.

Axel sah träumerisch in sein Spiegelbild. Ein hageres, markantes Gesicht mit schmalen Lippen, etwas Grau von der Hautfarbe her, dafür aber schönes, volles und dunkles Haar, das sein Haupt in groben Locken bedeckte. Spätestens alle vier Wochen ging er zu seinem Friseur, damit das auch alles perfekt aussah. Meist gönnte er sich noch die Maniküre und eine kleine Handmassage dazu. In Sachen Trinkgeld zeigte er sich äußerst großzügig.

Zwei blaue Augen musterten jetzt den Oberkörper, der in einer gepflegten Anzugjacke steckte, noch zugeknöpft mit gewölbten Lederknöpfen. Ein hübsches Jacquard-Muster in Tiefseeblau mit Schwarz. Dazu der ebenfalls in Blautönen gehaltene Schlips. Fast uni. Das Hemd in Schlohweiß. Selbst jetzt noch, nach einem Achtstundentag im Büro des örtlichen Energieversorgers.

Der Tag war wieder extrem anstrengend gewesen. Ein Telefonat nach dem anderen. Es handelte sich bei ihm um säumige Zahler, um den Einsatz des Gerichtsvollziehers, um das Abstellen von Strom als allerletztes Mittel. In einer vormittäglichen Besprechung war es darum gegangen, noch mehr Arbeitszeit ins häusliche Umfeld zu verlegen als bislang. Schließlich wäre das doch im Sinne aller. Sie würden die Fahrtzeiten und natürlich Kosten sparen. Sie könnten ihr Privatleben besser organisieren. Das Unternehmen könnte die Fläche der Büroräume reduzieren. Vielleicht nur noch ein paar ausgewählte Bereiche, in denen man sich gelegentlich traf, um kreativ zu sein. Der Begriff Thinktank war gefallen: Denkfabrik. Axel hatte ungerührt auf seinem Stuhl gesessen und zugehört, während andere schon in erregtes Diskutieren gerieten. Wenn die Mietkosten sinken würden, könne man auch darüber nachdenken, etwas davon auf die Gehälter umzuschichten. So verlief die Rede des Regionalleiters.

Als ein Einwurf aus der Runde kam, es würde doch dann die zwischenmenschliche Ebene fehlen, winkte der Vorgesetzte nur ab und zerstreute die Bedenken. Er erklärte die wunderbare, befriedigende Methode eines stillen Arbeitens. Per Videokonferenz wären alle Teammitglieder zusammengeschaltet, gestartet würde mit allgemeinem Geplauder. Eben über die Kinder, über das Wetter, über die Lage im Land – genau wie hier im Büro. Und dem würde sich dann ein konzentriertes Arbeiten jedes Einzelnen anschließen. Kamera ja, Ton nein. So einfach war das. Fragen könne man im Chat loswerden. Und nach zwei, drei Stunden könnte alles wieder ganz normal laufen.

Dann ging es um die weiteren Ergebnisse des Beraterteams, das man zur effizienteren Strukturierung des Unternehmens eingeschaltet hatte. Fast wäre Axel eingenickt, als es um eine „Pomodoro-Technik" ging, eine Zeitmanagement-Methode, die sich sprachlich auf eine Küchenuhr in Tomatengestalt zurückführen ließ. Die Arbeit in 25-Minuten-Abschnitte einteilen, und exakt dann eine Pause ansetzen, in der man sich über die Ergebnisse austauschen konnte. Auf was für Ideen die Leute alles kamen? Konnte denn kein Mensch mehr normal arbeiten?, holte sich Axel gedanklich wieder in die Besprechung zurück und goss sich einen Kaffee aus der großen Warmhaltekanne ein. Auch Beatrix, die neben ihm saß und ihm ihre Tasse hinhielt. Sie dankte ganz leise und lächelte ihn freundlich an.

160

Später hatte er ein Telefonat seines Chefs mitbekommen, der sich unbeobachtet fühlte. Die Tür zu seinem Zimmer stand sperrangelweit offen, seine Sekretärin holte gerade die Post. Es ging in dem Gespräch um die Adresse seines Hauses. Und genau dort sollte der Strom abgestellt werden.

„Klar kriegen wir das hin. Für Sie doch immer", hatte sein Vorgesetzter gesagt, seinen Drehsessel etwas geschwungen, aber weiter die Position mit Blick aus dem Fenster beibehalten. Axel hatte sich leise zurückgezogen. Er bekam trotz größter Mühe keine Ordnung in seine Gedanken. Warum sollte denn der Strom bei ihnen abgeschaltet werden, ausgerechnet jetzt im Advent?!

Als Axel sich nun auszog, kam eine äußerst knochige Gestalt zum Vorschein. Vielleicht aufgrund der wenigen Aufmerksamkeit, die er dem Essen widmete. Es war für ihn ein zwingendes Übel, um seine Maschine, seinen Körper, am Laufen zu halten. Aber es hätte ihn auch nicht gestört, wenn man für die nötigen Vitamine und Mineralstoffe einfach generell auf Tabletten umgestiegen wäre.

Wobei er dann ja nie Beatrix in ein schönes Restaurant hätte ausführen können. Das zumindest war sein Ziel, und es schien ihm näher als je zuvor. Hatte doch der Chef offensichtlich sein Verhältnis mit ihr beendet und sich einer anderen, noch jüngeren Kollegin zugewandt, die just vor einem Vierteljahr in der Marketingabteilung eingestiegen war. Viele machten ihr momentan den Hof, aber sie war offensichtlich auf Macht und Einfluss fixiert.

Beatrix aber litt sichtlich, und das wollte Axel keinesfalls auf sich beruhen lassen. Vor allem nicht, nachdem die Kollegen – ohne einen Namen zu nennen, aber absolut eindeutig – über sie gewitzelt hatten, von wegen „ficken, fördern, feuern". Diese Äußerungen hatten ihn richtig geschmerzt. Zu Letzterem wollte er es gar nicht erst kommen lassen. Das Büro ohne Beatrix konnte er sich überhaupt nicht vorstellen.

Er legte behutsam seine Krawatte auf die Waschmaschine, einen Frontlader, sodass er gut den oberen Bereich nutzen konnte. Dann knöpfte er sein Jackett auf, hängte es auf einen Bügel und drapierte es auf der Wäschestange darüber. Gleich daneben kam die Hose, ordentlich auf die Bügelfalten gelegt, in den passenden Hosenbügel geklemmt und noch einmal glatt gestrichen. Schließlich zog sich der Mann seinen Anzug für daheim an, der an einem Haken an der Tür hing, ebenfalls ordentlich auf einem Bügel. Keinen Schlabberlook im üblichen Sinne, keine ausgebeulte Trainingshose, nichts Legeres. Im Gegenteil. Auch in seinen vier Wänden trug Axel Anzüge. Dabei handelte es sich allerdings um die Modelle, die zeitlich nicht mehr so ganz in die Mode passten und seinerseits, was zumindest die Arbeit anging, ausrangiert waren. Die Hosenbeine mit etwas weiterem Schlag, die Revers eine Spur zu breit.

Auf Krawatten verzichtete er zumeist. Wenn er richtig gut drauf war, dann zog er eine seiner unzähligen Fliegen aus einem Schubfach heraus und legte diese um: gepunktet, geblümt, gestrichelt, changiert … Es gab sogar welche darunter mit witzigen Motiven: Comicfiguren, Smileys, Fantasietiere.

162

Der Mann benutzte noch kurz die Toilette, im Sitzen selbstverständlich. Dann spülte er, schloss den Deckel und wusch sich noch einmal die Hände, trocknete sie ab und cremte sie gründlich ein. Nun führte ihn sein Weg auf den Balkon, wo er sein abendliches Zigarillo rauchte. Nur im Freien, damit es in der Wohnung nicht nach altem Tabak stank. Das hätte auch die Oma nicht gemocht.

Gedankenverloren beugte sich Axel über die Brüstung, zwischen dem Wäscheständer auf der einen Seite und Fahrrad sowie weiteren ungenutzten Sportgeräten und Schränkchen auf der anderen Seite. Er sah Doreen mit ihren Kindern vom Einkaufen kommen. Ach, Familie, dachte der Mann, das wäre etwas für Beatrix und mich. Gern auch drei so kleine Rangen oder mehr, wenn sie es nur wollte. Da würde er sich ganz nach ihr richten. Welch wunderschöne Vorstellung. Er blickte auf seine Armbanduhr. Oh, schon so spät. Er hatte ja noch etwas zu erledigen …

Axel zitterte aufgrund der Kälte ein wenig. Er nahm einen letzten Zug und drückte die Kippe in einem großen Eimer aus, der am Boden ursprünglich mit Sand gefüllt war, was man aber nicht mehr erkannte. Noch eine Fingerspanne etwa war bis zum Rand frei. Dann musste er sich etwas Neues einfallen lassen.

Als er ein gedämpftes Klingelgeräusch hörte, fuhr er zusammen, beruhigte sich aber gleich wieder. Nein, das war nicht an seiner Tür, so wie unlängst, als er etwas länger krankgeschrieben war und zwei Kollegen aus der Buchhaltung einen Anstandsbesuch bei ihm machen wollten. Zum Glück hatte er die beiden abwimmeln können, dafür die Tür nur minimal geöffnet, sodass lediglich seine Stimme deutlich zu hören war. Heftig gehustet hatte er und dabei geröchelt und heiser etwas von wegen „Ansteckungsgefahr" und „Virus" von sich gegeben. Daraufhin hatten die Besucher bereitwillig Blumenstrauß und Pralinenschachtel vor der Tür auf dem Boden stehen lassen und nur gute Genesung gewünscht. Das Klingeln ertönte in der Wohnung darunter oder von noch weiter her. Es war seit dem teilweisen Leerzug des Hauses nicht mehr so recht auszumachen, wo die Ursache bestimmter Geräusche lag.

Als der Mann an seinem Schreibtisch saß, fuhr er den Computer hoch und surfte erst ein wenig durchs Internet. Auch auf ein paar Singlebörsen, bei denen er gern mal zu Gast war, aber seine Aktivitäten sehr eingeschränkt hielt. Dann loggte er sich wieder aus und holte sich den Ordner hervor, in dem seine Korrespondenz abgelegt war. Dabei ein Unterordner, der sich auf das bezog, was er jetzt erledigen wollte. Er trug den Namen seines Chefs.

„… sehe ich mich gezwungen, Ihre Frau umgehend von der aktuellen Situation in Kenntnis zu setzen …"

Klang das zu geschwollen? Nein, das war schon genau richtig, dachte Axel und rieb sich mit Daumen und Zeigefinger den Nasenrücken. Musste er sich nicht noch irgendetwas einfallen lassen, was er forderte? Das taten doch Erpresser in der Regel! Eigentlich wollte er seinen Vorgesetzten beunruhigen und das richtig heftig. Der sollte Blut und Wasser schwitzen bei seinen Drohungen. Man konnte sich doch an der Angst anderer weiden, hatte Axel mal in einem Krimi gelesen. Schließlich ging es ihm nicht um Geld. Und irgendwie musste für die seelisch verletzte Beatrix eine optimale Lösung gefunden werden. Das war er ihr schuldig, jedenfalls fühlte sich das so an. Seine Finger wirbelten jetzt über die Tastatur. Er hatte die richtigen Formulierungen gefunden. Und er wusste auch schon die Verabschiedungsfloskel: „Einer, der es gut mit Ihnen meint!"

Nur das mit den zwielichtigen Machenschaften musste noch irgendwie integriert werden. Es ging doch nicht mit rechten Dingen zu, wenn da so ohne Weiteres bei ihm im Haus der Strom abgestellt werden sollte. In dieser Angelegenheit hatte er bislang nichts auf dem Tisch gehabt, obwohl es doch seine Zuständigkeit gewesen wäre. Außerdem trennte man nicht gleich ein gesamtes Haus von der Versorgung und das für einen offensichtlich längeren Zeitraum, wie er sich an die Worte seines Chefs erinnerte. Zum wiederholten Male – das war ihm erst jetzt bewusst geworden. Ihm fielen mehrere Situationen ein, wo in der zurückliegenden Zeit sein Campingkocher nicht funktionierte, die Lichtschalter keine Reaktion brachten, sein Computerbildschirm schwarz blieb.

Vielleicht war einer der Mieter im Verzug mit den Zahlungen, aber doch nicht gleich alle. Dafür sollte er vielleicht einen separaten Brief schreiben! Das wirkte dann nachdrücklicher. Viele Leute waren ja unfähig, zwei verschiedene Dinge in einem Schreiben aufzunehmen, und fokussierten sich lediglich auf eine Angelegenheit. Teil 2 blieb unbeantwortet. Ein häufiges Problem, wenn Axel in einer Mail mehrere Vorgänge ansprach.

12. KAPITEL
LIEBESDIENSTE

Schon kurz nachdem das Hochhaus bezugsfertig war, hatte Stella hier ihre Studenten-WG begründet. Drei Zimmer, drei Leute, geteilt wurden Bad und Küche. Sie hatte sich auf die klassische Betriebswirtschaftslehre verlegt, Nora studierte Rechtswissenschaften und Ulrike Medizin. Ihre Gemeinsamkeit währte indes nicht lange, denn Nora wechselte nach einem halben Jahr die Universität, weil sie sich mit einem Professor überworfen hatte, und Ulrike überstand die ersten Prüfungen nicht, der Lernstoff war einfach zu umfangreich.

Eigentlich hätte sich Stella nach neuen Mitmietern umschauen müssen, weil das monatliche Salär nur zu dritt zu stemmen war, aber vor allem die durch drei geteilte Toilettenbenutzung hielt sie davon ab. Ständig war besetzt, wenn sie mehr als dringend musste und eigentlich schon auf dem Weg zum Bus sein sollte, der sie hätte pünktlich zu Uni bringen können. Aber genau dann gaben sich Nora und Ulrike die Türklinke in die Hand, wie auf ein geheimes Signal hin, hielten sich ewig mit Schminken und anderem auf, und ihr blieben nur die quälende Warterei sowie das Zuspätkommen.

Ein weiteres, äußerst leidiges Thema in dem Zusammenhang war die Reinigung. Jede von den dreien sah die

Gründlichkeit darin auf einem anderen Niveau. Stella war im Grunde ihres Herzens eine Reinlichkeitsfanatikerin und ertrug es nicht, wenn noch bräunliche Schmierspuren das Toilettenbecken zierten, wenn der Spiegel über dem Waschbecken vollgespuckt blieb, wenn muffig riechende Handtücher in den Ecken zusammengeknüllt aufs Wegräumen harrten. Dann doch lieber allein für alles zuständig sein.

Während sich andere Studenten ein Zubrot mit Kellnern, Nachhilfeunterricht oder Babysitten verdienten, war Stella voller Begeisterung in ein Escortunternehmen als freie Mitarbeiterin eingestiegen. Sehr lukrativ und außerordentlich kulturell. Die Herren, die sie buchten, wollten bei Dienstreiseaufenthalten in der Stadt gern gediegen zu Abend speisen und das nicht allein, sondern in dekorativer Gesellschaft. Ihnen lag auch an geistvollen Gesprächen, die Stella durchaus zu bieten hatte. Mal ganz abgesehen von ihren sonstigen Reizen.

Theaterpremieren, Opernaufführungen, Konzerte mit international angesagten Dirigenten – all das, was sie sich nicht hätte leisten können, genoss sie an der Seite begüterter Männer, die sich mit dem schönen jungen Ding schmückten. Gastronomisch lernte sie sämtliche Nobelrestaurants der Stadt und ihrer näheren Umgebung kennen und deren Speisekarten schätzen. Champagner schmeckte eben anders und klang auch um so vieles mehr gehaltvoller als Schaumwein aus ihren reinen Studententagen, wie sie schon nach kürzester Zeit beschloss.

Mehr in solchen Zweisamkeiten konnte, musste aber nicht sein, das lag ganz in ihrer Hand. So jedenfalls lautete die offizielle Vereinbarung mit der Agentur. Nichtsdestotrotz nahm sie da oder dort das finanzielle Extra ganz gern mit. Allerdings nur, wenn die Reisenden auch einigermaßen attraktiv waren und vor allem gut rochen. Das war die Grundbedingung. Graue Schläfen fand Stella sexy, ein Bäuchlein störte sie nicht.

Eigentlich hätte sie sich aufgrund ihrer äußerst guten Einnahmen eine Eigentumswohnung leisten können oder ein hochwertigeres Appartement, aber irgendwie hing sie auch an ihrer alten, bis ins Detail nach und nach nobel eingerichteten Wohnung in diesem anonymen Vielgeschosser. Niemand hätte so etwas Schickes in diesem Umfeld vermutet. Und da schon während ihrer Studentenzeit ein ständiges Kommen und Gehen bei ihnen angesagt war, fiel es auch nicht sonderlich auf, wenn sie wechselnde Herrenbesuche hatte. Die allerdings nur relativ selten, eher nutzte man das Hotelzimmer des jeweiligen Kunden.

Wann genau ihr Studium ausgelaufen war, daran konnte sich Stella später gar nicht mehr erinnern. Das viele Geld berauschte sie, und das Lernen geriet in den Hintergrund. Irgendwann hatte sie den Anschluss verpasst und konnte die offenen Belegarbeiten auch nicht mehr rechtzeitig nachreichen. Sie wurde exmatrikuliert, mit wenigen sachlichen Sätzen. Auch eine Einspruchsfrist war angegeben. Das entsprechende Schreiben hatte sie erwartet, es einfach achselzuckend zur Kenntnis genommen und tief in ihrem echten Biedermeier-Schreibtisch versteckt. Die Frist ließ sie verstreichen.

Zumindest legte sie Erspartes gut an, um später ihr Leben im Rentenalter finanzieren zu können. Ihre rudimentären BWL-Kenntnisse gaben ihr die Basis für vernünftige, rationale Entscheidungen von langfristiger Dauer. Auf jeden Fall war sie ab einem bestimmten Zeitpunkt in dem Hamsterrad der bezahlten Liebesdienste gefangen.

Die Jahre gingen dahin, eine dauerhafte Beziehung ergab sich einfach nicht. In der Regel war „Mann" verheiratet und hatte liebe Kinder, absolut unmöglich, sie zu verlassen. Außerdem ähnelten sich die Herren der Schöpfung einfach zu sehr, trotz aller Intelligenz. Behielten beim Beischlaf die Socken an, was Stella überhaupt nicht leiden konnte. Hörten nicht zu, wenn sie etwas erzählte, was sie für wichtig hielt. Gingen nicht auf ihre Fragen ein. Wozu also hätte sie einen Mann an ihrer Seite benötigt? Das bisschen Heimwerkeln schaffte sie allein, in Notfällen half Edgar aus.

Stella stand vor ihrem Spiegel im Bad und schminkte sich gerade. Wo früher wenige Striche ausgereicht hatten, war heute ein relativ zeitaufwendiger Einsatz angesagt. Sie setzte die Spirale mit der schwarzen Wimperntusche an und riss die Augen weit auf. Nur nicht wieder verschmieren und erneut von vorn anfangen müssen …

„Ich glaube, ich muss da langsam für stärkeres Licht sorgen, dieses Gefunzel reicht ja überhaupt nicht mehr aus", flüsterte sie in die Stille, kicherte ein wenig und dachte darüber nach, was im Alter alles abgebaut wurde. Geruchs- und Geschmackssinn, das Gehör, das Sehvermögen! Hatte ja auch durchaus Vorteile, wenn man nicht alle grauen Haare und Falten entdeckte und nicht jedes dämliche Geschwätz verstand! Nun mach dich mal nicht verrückt, beschloss sie und beendete ordentlich ihr Schminken. Alles im Leben hat seine Zeit. Ein letzter prüfender Blick in den Spiegel. Doch, das sah richtig gut aus. Und ihr wirkliches Alter schätzte sowieso niemand korrekt.

Dass seit Längerem der Fahrstuhl im Haus nicht funktionierte, machte ihr nichts weiter aus. War ein Fitnesstraining erster Klasse. Hatte sie schon immer gern genutzt. Wenn das Wetter nicht mitspielte, hatte sie ihre Trainingseinheiten ganz unkompliziert im Treppenhaus absolviert. Mehrmals von oben bis nach unten und wieder zurück, gern auch mehrere Stufen mit einem Mal nehmend, dazu zwischendurch Dehn- und Streckübungen für die Gelenkigkeit, die sie ja für ihre Tätigkeit auf jeden Fall benötigte. Für die erforderliche Frischluft sorgte sie, indem sie auf jeder zweiten Etage ein Kippfenster öffnete und das auch so beließ. Konnten die beiden Hausmeister ja gern wieder schließen, falls ihnen danach war. Wenn andere Mieter im Treppenflur störten, grüßte sie sehr kurz, aber höflich und sauste dabei an ihnen wie ein Wirbelwind vorüber. Selbst die Wandbemalungen aus jüngerer Zeit fand sie gar nicht so schlimm. Manche sahen richtig künstlerisch aus.

Langsam bewegte sich Stella durch die Wohnung. Dann stand sie vor ihrem großen Kleiderschrank und wählte mit Bedacht aus, ehe sie sich für die passende Garderobe entschied. Wenn sie das Haus verließ, musste sie einigermaßen seriös-unauffällig aussehen. Die vielfältigen erotischen Extras lagerten alle in dem angemieteten Zimmer des Bordells, in dem sie seit etlichen Jahren aktiv war. Privat und Beruf wurden streng getrennt.

Als Stella ihre Bluse zuknöpfte, blickte sie auf die Straße, sah den tänzelnden Schneeflocken zu und entdeckte Elizabeth. Komisch, dachte Stella schlagartig, Edgar habe ich ewig nicht gesehen. Jetzt vermisste sie ihn plötzlich, seine leicht anzüglichen Bemerkungen, sein Zwinkern, seinen gelegentlichen Klaps auf ihren Hintern. Nie hatte sie ihm etwas übel genommen. Er hatte so einen besonderen, kumpelhaften Charme, war einfach ein liebenswerter Kerl. Sah auch richtig witzig aus mit seinem kurzen Borstenhaarschnitt über dem runden Gesicht. Irgendwie erinnerte er sie an den braven Soldaten Schwejk, jenen ausgefallenen Helden im Roman des tschechischen Schriftstellers.

Na gut, mit dem Drachen an seiner Seite konnte Edgar auch unmöglich glücklich sein, grübelte Stella weiter. Vielleicht hat er einfach das Weite gesucht. Zu verübeln wäre es ihm nicht … Wobei sie bei Gelegenheit schon mal wieder seine handwerkliche Unterstützung nötig hätte.

Der letzte Knopf war geschlossen. Nun zog Stella noch eine edle Jeanshose an und deren Reißverschluss über dem flachen Bauch hoch. Im Flur schlüpfte sie in ihre gefütterten Stiefel. Kalte Füße konnte sie auf den Tod nicht ausstehen. Dann die wattierte Jacke übergezogen, die Handtasche geschnappt, und es konnte hinaus in den Winterabend gehen. Im Erdgeschoss prüfte sie noch einmal ihren Briefkasten. Tatsächlich. Wieder war darin so ein stinkender Umschlag gelandet. Wer mochte nur dahinter stecken? Vielleicht dieses Bürschlein, mit dem sie sich schon angelegt hatte? Sie zog sich einen von den Gummihandschuhen über, die sie seit dem ersten Fund immer dabeihatte, ergriff die Sendung und steckte sie in einen Plastikbeutel. Dann machte sie einen kleinen Umweg über den Standplatz der Mülltonnen und ließ die stinkende Botschaft darin verschwinden. Sie nestelte noch ein Desinfektionstuch hervor, rieb sich die Hände sauber und warf es hinterher. Einfach nicht weiter darüber nachdenken oder gar ärgern …

Nach ein paar Schritten entschied sich Stella für ihre Kapuze. Sie zog sie über den Kopf und band eine feste Schleife vor dem Kinn. Nur nicht die Frisur zu sehr verderben, die war wieder teuer genug gewesen. Der Wind blies ziemlich heftig, aber das war er hier am Hochhaus eigentlich immer. Vielleicht verfing er sich aufgrund dieses Bauwerks und tänzelte immer darum herum?!

Nach wenigen Metern entdeckte Stella ein Taxi, dessen Schild auf dem Dach auffordernd leuchtete. Sie hob die Hand, und der Fahrer setzte den Wagen sanft an den Straßenrand. Als sie sich die Kapuze vom Kopf gezogen und die Jacke geöffnet hatte, rekelte sie sich behaglich an der Rücklehne. Sie nannte dem Fahrer noch einmal die Adresse, die er beim ersten Mal nicht verstanden hatte oder nicht hatte verstehen wollen. Jedenfalls kam eine Rückfrage von ihm. Er verzog jedoch keine Miene und startete in die angegebene Richtung.

Hoffentlich lief heute wieder alles wie geplant, überlegte Stella. Nur nicht zu viel Alkohol trinken, der die Sinne vernebelte. Immer bei klarem Verstand bleiben, und die Augen offen halten. Seit die Kundschaft bei ihr altersbedingt rarer wurde, musste sie sehen, wo sie blieb. Gern widmete sie sich Freiern, die etwas unbeholfen wirkten, vielleicht schon zum Zuge gekommen waren, aber mehr wollten. Außerdem mussten sie schon ordentlich dem Hochprozentigen zugesprochen haben. Wenn später der Erinnerungsfaden riss, dann wurden eventuelle Nachforschungen nur peinlich, und meist ließen es die Herren gar nicht darauf ankommen.

Nur in zwei Fällen während ihres bisherigen Berufslebens waren Beschwerdeführer aufgetaucht. Aber beide lagen zeitlich weit auseinander und verstrickten sich in Widersprüche, konnten nicht einmal die Damen zuordnen, die die Liebesdienste geleistet hatten, als es zu einer Gegenüberstellung kam. Kein Wunder bei ihrem jeweiligen Alkoholpegel. Stella konnte sich ja selbst total nüchtern kaum daran erinnern, was wenige Tage zuvor abgelaufen war. Nur die Gesichter ihrer Freier, die hatte sie wie auf einer Porträtfotowand parat. Schon merkwürdig, was so ein Gedächtnis abspeicherte und was nicht.

Stella ließ sich von den Beschuldigungen nicht aus dem Konzept bringen, legte nur bei beiden Fällen eine etwas längere Pause ein, damit niemand sie verdächtigte. Fest stand, sie brauchte auf jeden Fall ein paar Scheine extra, die sie sich aus den Portemonnaies fischte. Immer angemessen in Bezug auf die vorhandene Gesamtsumme. Nie alles. Beischlafdiebstahl, das klang so abwertend! Sie nahm eher nur das, was ihr zustand. Schließlich gab es auch Erlebnisse, die sie in ihrem Leben lieber nicht gehabt hätte. Und dafür mussten nun andere bezahlen. So einfach war das. Ihre Rache an dem Typen, der sie in ihren Anfängen mal auf brutalste Art und Weise vergewaltigt hatte. Damals musste sie sogar ins Krankenhaus und konnte monatelang nicht arbeiten. Oder an dem, der ihr nachstellte und sie ganz widerlich stalkte, bis er glücklicherweise mit seiner Familie umzog.

Als das Taxi beim Etablissement vorfuhr, stand es in einer Reihe weiterer Fahrzeuge, die aus- und einluden. Das Haus selbst war intensiv beleuchtet, natürlich auch mit einem weihnachtlichen Touch. Die Farbe Rot passte ja dazu. Der Taxifahrer hatte beim Bezahlen doch einen prüfenden, fast vorwurfsvollen Blick aufgesetzt oder kam ihr das nur so vor? Das hatte ihr gerade noch gefehlt. Der musste ungefähr in ihrem Alter sein. Was maßte der sich Vorwürfe an? Hatte vielleicht selbst Dreck am Stecken und beschiss seinen Chef oder seine Frau oder sonst wen. Tat einfach nur scheinheilig. Sollte doch jeder nach seiner Fasson selig werden und seine Nachbarn in Ruhe lassen! Fast wütend schaute Stella auf das Auto, das wieder in die Nacht davonfuhr.

Du bist niemandem zur Rechenschaft verpflichtet, hörte sie sich lautlos sagen. Genau, nickte jetzt Stella zu ihrer inneren Zwiesprache. Dann legte sie ihren betont eleganten Gang ein und stolzierte in Richtung Entree. Davor zwei Securitymänner mit deutlichen Fitnessstudio-Ergebnissen. Oberarme vom Allerfeinsten, mächtige Brustkörbe und zum athletischen Aussehen der breitbeinige, feste Stand auf dem Boden. Die beiden jedenfalls konnte nichts oder nicht gleich alles erschüttern.

Seit sich Auseinandersetzungen nicht mehr nur mit Fäusten austragen ließen, sondern gleich zum Messer oder gar einer Pistole gegriffen wurde, war ihr Job ungleich schwerer geworden. Das Wort Ehre galt unter den Ganoven offensichtlich schon lange nichts mehr. War eher

174

eine Reminiszenz ans vergangene Jahrtausend. Oft hatte sich Stella in ein paar freien Minuten mit den Jungs ausgetauscht, die beide vom Alter her durchaus ihre Söhne hätten sein können.

„Na ihr zwei, alles paletti?", erkundigte sich Stella freundlich, als sie auf der Höhe der Security ankam.

„Hallo, Stella! Gut siehst du aus. Mal wieder ab ins Getümmel?", erkundigte sich der eine.

„Pass auf dich auf und bleib sauber", ergänzte der andere.

„Danke. Na, das kann ich euch auch nur wünschen!", antwortete Stella und trat durch die Tür, die ihr von einem der Männer mit eleganter Geste offen gehalten wurde.

Drinnen umfing sie die übliche Musik, die sie aber nicht als unangenehm empfand. Das gedämpfte Licht verzieh Zeichen des Alterns und milderte Jahrgangsunterschiede.

Stella wirkte flott und jugendlich, grüßte da und dort, winkte zur Bar hinüber. Dann gesellte sie sich dort zu ein paar wartenden Kolleginnen, alle die Beine kokett übereinandergeschlagen.

„Na, Herzchen, alles im grünen Bereich?", fragte eine der Damen.

„Nee, eher im roten …", kicherte Stella bei ihrer Antwort. Die anderen stimmten in ihr Lachen ein. Hinter der Bar wurde auch ihr ein Glas eingeschenkt. Zuvor hatte sie ein Zeichen gegeben, das Mineralwasser bedeutete. Ein unauffälliges Nicken war die Antwort des Verstehens. Stilles Mineralwasser natürlich, das konnte auf den ersten Blick durchaus als Wodka durchgehen. Nur riechen durfte man nicht daran.

„Ich glaube, dein Typ wird verlangt", sagte Stellas Nachbarin nach einer kleinen Weile und bewegte ihren Kopf in Richtung Eingang zu den einzelnen Appartements.

„Schade. Hätte gern noch eine Runde mit euch geplaudert", sagte Stella mit echter Enttäuschung in der Stimme. Sie hatte nicht einmal ihren persönlichen Bereich aufgesucht, war quasi immer noch in ihrem Straßenoutfit. Doch jetzt schien ihr Eile geboten. Im Hintergrund winkte Jenny etwas nervös mit der Rechten.

„Ich komme ja schon", murmelte Stella und rutschte vom Barhocker herunter.

„Na, Schatzi, wo brennt es denn?", wollte sie wenige Schritte später von Jenny wissen, die nur ein Nichts von einem silbrig glänzenden Morgenmantel über ihrem nackten Körper trug.

„Du hast so eine Arschruhe! Das verstehe ich nicht. Hier ist mal wieder der Teufel los."

„Wart's ab, Kindchen. Wenn du in meinem Alter bist, wirst du das eine oder andere auch mit mehr Gelassenheit betrachten. Und was ist nun dein Problem?"

Stella wirkte mütterlich.

Jenny hatte die Stirn krausgezogen. Auf das Thema Alter wollte sie nun wahrhaftig nicht angesprochen werden. Auch sie hatte die Dreißig schon ein Weilchen überschritten, blieb aber bei jeder Frage stoisch bei ihrer Neunundzwanzig. Lange konnte sie das allerdings nicht mehr durchhalten.

„Du bist ja noch nicht mal umgezogen", entrüstete sich Jenny jetzt. „Mannomann! Dann spute dich mal. So lange ertrage ich den Typen noch und sorge dafür, dass er für dich halbwegs aufrecht bleibt."

Sagte es und war schon in ihren Räumlichkeiten verschwunden. Stella folgte ihr zu ihrem eigenen Appartement, zwei Türen weiter. Als sie die Tür hinter sich schloss, lehnte sie sich erst einmal daran und atmete tief durch. Mach dir keine überflüssigen Gedanken, sagte sie sich, und tu, was du tun musst. Nichts ist für ewig im Leben. Da war er wieder, ihr Lieblingsspruch, gern etwas abgewandelt in Variationen.

Wenig später stand sie in aufregendem Dress in der Tür ihrer Kollegin. Ihre üppigen Brüste wurden von einem BH gehalten, der jeden Augenblick zu zerspringen drohte. Knallrot, ebenso wie der kaum wahrnehmbare Slip mit den Strapsen daran, und aus schöner, hochwertiger Spitze. Die langen Beine steckten in schwarzen, durchbrochenen Strümpfen und die Füße in hochhackigen Pumps. Mindestens zehn Zentimeter Absatzhöhe. Stella investierte gern in ihre Garderobe, war sie doch ein Teil von ihr.

Es war das übliche Bild, das sich ihr bot. Ein am Boden zerstörter Jammerlappen. Einer, der erheblich zu viel getrunken hatte, um sich Mut zu machen. Dann seine aufmüpfige Nummer mit allerlei Forderungen, die er sich daheim nie getraut hätte auch nur auszusprechen. Jenny hatte sicherlich das eine oder andere erfüllt. Egal, es interessierte Stella nicht wirklich.

Was da jetzt zu betreuen war, war eher unappetitlich. Der Mann hatte sich zwischendurch übergeben, danach aber erneut dem Alkohol zugesprochen. Jetzt lallte er konfuses Zeug vor sich hin und war weinerlich geworden. Er brauchte eine starke Schulter, um sich daran auszuheulen. Das war der Einsatzpunkt für Stella. Dass sie im Zuge dessen auch das Erbrochene beseitigen musste, störte sie nicht allzu sehr. Zu oft hatte sie das schon getan. Über die Zeit war sie abgestumpft und nahm kaum noch den widerlich säuerlichen Geruch wahr.

„Ich schau mal nach einem nächsten Freier", warf Jenny noch in den Raum. Sie hatte sich in der Zwischenzeit frisch gemacht. „Und dank dir. Bist mir wie stets eine echte Hilfe."

„Nicht dafür", entgegnete Stella und hockte sich neben den Besucher des Bordells.

„Hast du dir auf die Schnelle die Haare gefärbt?", kam eine undeutliche Frage aus dem am Boden Liegenden. Offensichtlich hatte er eben doch einen Unterschied zwischen den beiden Frauen festgestellt.

„Tja, so was geht bei uns ganz fix, mein Lieber. Wir sind wahre Zauberkünstlerinnen, in ganz vielen Bereichen. Davon konntest du dich ja schon überzeugen", sagte Stella nur sachlich und wischte den Boden sauber. Sie wollte sich nicht auch noch dreckig machen.

„Komm mal näher an mich ran, du heißer Feger", forderte der Mann sie jetzt auf. „Gut, dass ich bei dir bin. Daheim habe ich ja überhaupt nichts zu lachen. Meine Frau ist eine echte Furie."

„Sag bloß?"

Stella tat interessiert, und schon kam eine wortreiche Erklärung zu einem völlig verdorbenen Leben, zu unendlich vielen Fehlentscheidungen, zu all der Ausweglosigkeit. Auch zum Job, der das allgemeine Unglück bestärkte.

„Aber jetzt bin ich ja bei dir, und du kannst mich trösten." Der Mann rutschte ungeschickt in die Arme von Stella, die inzwischen neben ihm kniete und ihn gleich darauf umschlungen hatte.

„Das mach ich doch gern. Es wird alles wieder gut", flüsterte sie und streichelte ihn, seinen Oberkörper an ihrer Brust wiegend.

„Das tut ja so unendlich gut", seufzte der Mann. „Hast du mal noch einen Schluck? Ich glaube, ich bin durstig."

Stella überlegte nicht lange. Sie wurden in diesem Etablissement natürlich auch am Getränkeumsatz gemessen. Ihrer war bis eben dürftig für die heutige Schicht gewesen. Sie drückte nur kurz auf einen verborgenen Knopf seitlich am Bett, häufigeres Betätigen war für Notfälle gedacht. Es dauerte gar nicht lange, bis jemand behutsam die Tür öffnete. Eine sparsam bekleidete Kellnerin mit einer noch verschlossenen Flasche Champagner und einem großen Whiskeyglas, äußerst gut gefüllt und nur mit ganz wenig Eis darin.

Stella bedankte sich und griff zu dem Glas, um es dem Mann zu reichen. Einen Absacker noch, dann dürfte er mehr als genug für den heutigen Abend haben. Die Flasche Champagner würden sie später in der Mädelsrunde trinken. Das handhaben sie immer so, wenn der Hauptandrang gelaufen war.

Gierig schluckte der Mann alles hinunter, rülpste dann lautstark und übel riechend. Stella lief zum Fenster und öffnete es weit. Die Luft war doch stickig geworden.

„Ich glaube, ich muss langsam nach Hause. Habe ich dich denn überhaupt schon bezahlt?"

Stella schüttelte den Kopf und wartete darauf, dass er sein Portemonnaie zückte. Den Hunderter ließ sie sichtbar in ihrem Dekolleté zwischen den Brüsten verschwinden. Dann landete die Geldbörse auf dem Boden, und Stella half dem Mann umsichtig in seine Garderobe.

„Ach, ich muss doch noch mal pinkeln, sonst wird die Heimfahrt zu lang", sagte der Mann und torkelte Richtung Toilette. Stella war ihm behilflich, ließ ihn dann aber auf dem Becken sitzen und ging raus. Dort nahm sie sich die Börse und schaute in aller Ruhe in das Scheinefach. Doch, da ließ sich locker weiteres Geld abzweigen. Nur nicht alles, er sollte ja sein Taxi bezahlen können und nicht gleich ausrasten. Wenn eine akzeptable Summe verblieb, dann beschwerte sich meist keiner. Schließlich war es unsicher, wo denn das andere Geld gelandet war. Und ein potenzieller Dieb würde ja keine relativ üppigen Reste übrig lassen.

Während der Mann halb eingenickt auf dem Klo hing, wo sie ihn platziert hatte, schloss sie das Fenster wieder und erneuerte die Wäsche auf dem breiten Bett. So viel Service war ausgemacht. Dann sprühte sie etwas von dem starken, erregend duftenden Parfüm in den Raum und kümmerte sich wieder um den Betrunkenen, indem sie ihm in die Hose half.

Als Stella mit dem Mann im Arm das Zimmer verließ, schaute sie sich noch einmal um. Es sah manierlich aus. Jenny würde nichts auszusetzen haben.

Am Eingang beförderte Stella ihre Begleitung ins Freie. Draußen standen, wie immer, wartende Taxis. Sie schob ihn in das erste Fahrzeug hinein.

„Wohin soll's denn gehen?", wollte der Fahrer wissen.

„Adalbertstraße 93", sagte Stella, die auch auf den Ausweis des Gastes geschaut hatte. Eine generelle Sicherheitsmaßnahme, falls es zu tätlichen Auseinandersetzungen mit Kunden kommen sollte. Dann hatte sie immer Namen und Adresse im Gedächtnis. Für eine eventuelle Anzeige, wobei sie darauf noch nie zurückgegriffen hatte. Nicht einmal nach der Vergewaltigung oder bei dem Stalker. Aber die Möglichkeit als solche half ihr innerlich und verschaffte ihr eine Portion Gelassenheit.

„Kotz mir bloß nicht alles voll!", murmelte der Fahrer noch. Stella hörte das deutlich und verkniff sich ein Grinsen. Der Fahrgast lag schon halb auf der Rückbank. Sie hatte ihm zumindest beim Anschnallen geholfen.

Dann blickte Stella dem Auto hinterher und drehte sich ganz langsam um. Die Nacht war noch in ihren Anfängen. Es war offen, was weiterhin passieren würde.

„Geht es dir denn wieder richtig gut?", wollte sie von einem der Securitymänner wissen.

„Wenn ich dich nicht gehabt hätte … Ich weiß ja nicht?! Hast mich super verarztet. Bist du da eigentlich irgendwie beruflich vorbelastet? Wollte ich dich neulich schon fragen!"

Stella lächelte.

„Ich hab früher mal, in meinem vorherigen Leben, allerlei beim Roten Kreuz gemacht. Da muss wohl noch was hängen geblieben sein."

„Jedenfalls bin ich dir echt dankbar. Im Krankenhaus waren die auch voll des Lobes, wie gut die Stichwunde versorgt worden war."

Sein Partner mischte sich jetzt in das Gespräch ein.

„Wenn ich mal Bedarf habe, kümmerst du dich dann auch so fürsorglich um mich?"

„Immer, Jungs, wenn es sein muss, aber ich hoffe mal eher nicht. Sorry. Die Pflicht ruft wieder", sagte Stella, als ein nächstes Taxi neue Gäste auslud.

13. Kapitel
Deal

Norman hatte das Schlagen der Tür zur Wohnung unter ihm deutlich vernommen. Seit das Haus zum großen Teil leergezogen war, war es noch hellhöriger geworden. Unter ihm wohnte diese Nutte. Er wusste genau, wie die Frau ihr Geld verdiente. In dem Alter! Norman schüttelte sich. Darauf musste man erst einmal stehen. Auf Mumien. Wie eklig war das denn?! Außerdem hatte sie ihn ein Weilchen nach seinem Einzug abblitzen lassen, als er ihr ein besonderes Angebot unterbreitete. Warum denn so weite Wege auf sich nehmen, wenn das Gute schon so nahe lag, hatte er gedacht und auch ihr gegenüber ausgesprochen. Aber das war ein schwerwiegender Fehler.

Die alte Schlampe bedrohte ihn sogar, sie wolle ihn anzeigen. Ob sie das wohl ernst gemeint hatte oder ob sie ihm nur Angst einjagen wollte? Na, so weit sollte es wohl gar nicht erst kommen. Da würde er rechtzeitig einen Riegel vorschieben. Eben kurzen Prozess mit ihr machen beziehungsweise machen lassen. Er kannte schließlich genügend Leute aus der Szene. Da half man sich doch in derartigen Zweifelsfällen und musste sich nicht selbst die Hände schmutzig machen. Aber vorerst wollte er wohl noch abwarten. Seit jenem Tag waren sie sich jedenfalls grußlos aus dem Weg gegangen, wenn sie einander im Haus begegneten, was ohnehin selten der Fall war.

Schlimmer war da vielleicht noch die Tusse aus einem der unteren Geschosse, die mit dem extrem grünen Balkon, der sich mit seinen Rankenpflanzen in alle Richtungen ausdehnte, sogar bis zu ihm hinauf. Irgendwoher war sie ihm bekannt vorgekommen. Er hatte nur sehr lange grübeln müssen, ehe endlich beim Zähneputzen die Erklärung aus einer seiner Gedankenschubladen purzelte. Genau: In der Stadt, in der er vor seinem Umzug hierher zu Hause gewesen war, da war er ihr begegnet. In jenen Kreisen, in denen man das Zeug gut verticken konnte. Zwar sah sie etwas anders aus, aber gerade Frauen liebten es schließlich, ihre Optik zu variieren. Nur am Grundkonstrukt ließ sich nicht viel ändern. Der Blick, der Gang, die allgemeine Figur …

Norman grinste vor sich hin. Das mit der Figur war natürlich kein sicherer Anhaltspunkt. Als Dauerabonnentinnen von Diäten gingen die Mädels gelegentlich erst mal aus dem Leim, um dann wieder bei mehreren Konfektionsgrößen niedriger anzuhalten. Ping-Pong-Effekt hieß das, wenn er das richtig auf dem Schirm hatte, oder doch Jo-Jo-Effekt? War ja auch scheißegal. Er verstand die Frauen jedenfalls nicht.

Aber die Tante aus dieser begrünten Bude, das war eindeutig Pia Kaiser und nicht Britta Baumgarten, wie am Briefkasten stand. Er könnte ja mal dem richtigen Ansprechpartner aus ihrer gemeinsamen alten Heimat, die er umständehalber verlassen hatte, einen Tipp geben. Schließlich war über den Buschfunk zu ihm vorgedrungen, dass es da jemanden gegeben hatte, der eine ganze Truppe auffliegen ließ. Und genau nach dem konzentrierten Einsatz der Kripo war diese Pia von einem Tag auf den anderen verschwunden. Ein richtig scharfes Kaliber, deshalb hatte sie sich ihm auch so eingeprägt. Außerdem war sie eine dankbare Abnehmerin seiner Drogen gewesen. Na ja, kein Wunder, wie er im Nachhinein feststellte.

Dabei war er nur äußerst ungern weggezogen. Er hatte die Gegend nahe der Grenze zwischen den Niederlanden und Nordrhein-Westfalen richtig liebgewonnen. Völlig unauffällig konnte er sich in die Tausenden einreihen, die Tag für Tag die trennende Linie überschritten. Polizei und Zoll waren ziemlich überfordert bei ihren Kontrollen und der Suche nach den illegalen Frachten, nach Diebesgut, Waffen, Drogen und Bargeld.

Er saß quasi an der Quelle, seitdem die Niederlande Tschechien den Rang streitig gemacht hatten. Nicht lange zuvor galt das östliche Land als Hauptexporteur für synthetische Drogen. Nun lief die Produktion auf Hochtouren in der Region von Tulpen, Käse und Mühlen, die das Wasser aus den unterhalb des Meeresspiegels gelegenen Gebieten abschöpften. Alles, was seine Kunden begehrten, war erfüllbar: Amphetamin, Metamphetamin, Marihuana, Ecstasy, Crystal Meth. Selbst Heroin war neuerdings stark nachgefragt. Es gab eben auch in diesen Dingen einen Trend und einen unverkennbaren Zeitgeschmack. Kokain aus Südamerika kam praktischerweise über den Hafen von Rotterdam.

Wenn Norman per Pkw unterwegs war, dann nutzte er alle Möglichkeiten, die die Technik so bot. Man tauschte sich schließlich aus in der Branche. Nichts mehr mit klassischen Verstecken in den Türverkleidungen, in den Radkästen oder in Nischen vom Kofferraum, das fand der Zoll ja viel zu schnell. Gern wurden inzwischen Relais installiert, natürlich gut versteckt. Erst wenn man diese betätigte, öffnete sich der geheime Zugang zu den Aufputschmitteln oder auch den schon passgerecht gestückelten Bargeldbeträgen. Wer wollte sich in der Szene mit Wechselgeld rumschlagen?! Einfache Handhabungen waren angesagt. Ihn ärgerte allerdings der neuere Drogenversand per Post. Das nahm doch deutlich die persönliche Schiene. Er liebte schließlich den menschlichen Kontakt und die Kommunikation.

In sein aktuelles Wohnumfeld hatte sich Norman aber rasch eingelebt. Alte Netzwerke verhalfen ihm zu neuen Kontakten, und bald lief alles so einträglich wie gehabt. Oft arbeitete er an sieben Tagen in der Woche. Eben, gewissermaßen als Einzelunternehmer, selbst und ständig. Der Gedanke an sein unermüdliches Schaffen entlockte ihm einen allerdings nur leichten Seufzer. Das war schon alles gut so, und es bereitete ihm darüber hinaus große Freude, Leute auf seine Art richtig glücklich zu machen.

Norman saß gerade an seinem Wohnzimmertisch und portionierte das Pulver für die Tütchen. Eine kleine Waage tat ihre Dienste. Außerdem hatte er für zusätzliches Licht an seinem Arbeitsbereich gesorgt. Auf keinen Fall durfte er mehr eintüten. Hier zählte jedes Milligramm. Eher noch ein wenig strecken, damit es weitere Verkaufseinheiten ergab und für ihn kostenlos etwas übrig blieb. Backpulver ging ganz gut, aber übertreiben durfte er es auch wieder nicht, dann merkten es vielleicht die Kunden, die noch halbwegs klar denken konnten.

In einem Schuhkarton sammelten sich die Vorräte und Norman pfiff fröhlich vor sich hin. Am nächsten Vormittag konnte er sich wieder auf den Weg zu einer seiner Schulen machen, wo er auf gute Stammkunden bauen konnte. So um die Mittagspausenzeit lief das immer prächtig. Hauptsache, das Wetter spielte mit. Schneegestöber war nicht sein Fall. Norman grinste bei dem Gedanken mit dem Stichwort Schneegestöber. Das passte ja zum Thema wie die Faust aufs Auge.

Kurz hielt er inne und betrachtete sein Werk. Nur noch wenig Material, das es zu verarbeiten galt. Dann konnte er sich beruhigt zurücklehnen. Vielleicht schon mal ein wenig selbst testen? Norman nickte und streute etwas von dem weißen Pulver auf die Glasplatte des Tisches. Ein Minihaufen baute sich auf. Dann nahm er eine seiner Kreditkarten und sorgte für die entsprechende Anordnung, um sich das Kokain in die Nase zu ziehen. Durch seinen gedrehten 500-Euro-Schein, den er immer dafür nutzte, und der deshalb schon ein wenig abgegriffen war.

Kaum gedacht, schon getan. Wow, durchfuhr es Norman kurz darauf, das war ja ein echter Knaller. Super. Vielleicht hätte er sogar doch etwas mehr strecken können. Er lehnte sich zurück und genoss die Wirkung. Seine Augen hielt er geschlossen. Leise erklang seine CD mit der Volksmusik, die er so liebte. Eine heimliche Leidenschaft natürlich, denn sein gesamter Bekanntenkreis bevorzugte andere Richtungen, und jeder davon hätte ihn ausgelacht.

Und da es ihm fernlag, sich lächerlich zu machen, behielt er seinen Musikgeschmack für sich.

Das grelle Licht für die Arbeit hatte er ausgeknipst. Inzwischen erhellte nur noch seine Pyramide den Raum. Die Kerzen waren halb heruntergebrannt. Und die Figuren zogen eilig ihrer Wege. Die Heiligen Drei Könige, Maria und Josef mit der Krippe und dem Kind darin, ein paar Schafe und Tannenbäumchen. Alles liebevoll geschnitzt. Jedes Jahr baute Norman das Teil Ende November auf und ließ es bis Mitte Januar auf dem Beistelltisch stehen, auf einer mit weihnachtlichen Motiven bestickten Decke. Er liebte diese Atmosphäre und die dazugehörigen Traditionen.

Seine Wohnung war relativ karg eingerichtet, nur die nötigsten Möbel, auch damit er nicht so viel Arbeit beim Saubermachen hatte. Schließlich hätte er nie und nimmer eine Putzfrau in seine vier Wände gelassen. Von der gefahrvollen Ware mal ganz abgesehen, hätte er auch nie jemanden für sich reinigen lassen. Wo kam man denn da hin?! Selbst ist der Mann. Nur die Unterstützung dieses kleinen Saugroboters gestattete er sich. Henry hatte er ihn genannt. Sein kleiner Kumpel agierte recht gründlich, fuhr zwischendurch in seine Ladestation, und sobald er Strom aufgetankt hatte, machte er sich wieder, ohne zu murren und ohne Trinkgeld zu fordern, auf den Weg.

Alles wirkte aufgeräumt und ordentlich. In Normans Arbeitszimmer standen Sporttaschen, die er gern für seine Transporte nutzte. Schön unauffällig, fallweise mal mit einem Tennisschläger, dessen Stiel demonstrativ herausragte. Und in dem alten Schreibtisch aus der Erbmasse seines Urgroßvaters befand sich ein ziemlich großes Geheimfach. Momentan war es leer. Bald würde er wieder für Nachschub sorgen müssen. Aber erst einmal galt es, alles in Geld umzusetzen, damit er den auch bezahlen konnte. Sein absolut geheimes Fach nutzte er lediglich für sein Koks.

Marihuana hielt er nicht für so problematisch, das durfte auch in einer separaten Kiste im Kleiderschrank liegen. Außerdem verkaufte er es gar nicht so häufig. Wobei er in diesem Fall sogar das alternative Pärchen aus der Etage über ihm als Kunden hatte. Die begaben sich gern mal auf einen Trip, und er hatte ihnen irgendwas von gesundheitlichen Problemen seinerseits erzählt, weshalb er auf dieses Mittel zur Schmerzbekämpfung zurückgreifen durfte. Das schien die beiden zu überzeugen, sie bemitleideten ihn jedenfalls gebührend und fragten fortan immer wieder nach seinem Gesundheitszustand.

Zeitweilig hatte sich Norman mit der Idee getragen, im Haus eine Marihuana-Plantage anzulegen. Darauf war er gekommen, als der Auszug der anderen Mieter begann. An Platz sollte es also nicht mangeln. Für die Wohnung einer alten Dame auf seiner Etage hatte er einen Zweitschlüssel.

„Für den Notfall, mein Junge. Falls mal was passieren sollte. Dann kannst du dem Rettungsarzt einfach aufschließen. Und niemand muss das Schloss zerstören. Das wird so immens teuer. Ich habe gerade wieder bei WISO im ZDF gesehen, wie betrügerische Schlüsseldienste die gutgläubigen Leute übers Ohr hauen."

Genau so hatte sie sich geäußert, als sie ihm vertrauensvoll den Zugang zu ihrem Heim verschaffte. Er hatte es daraufhin aber nicht ausgenutzt. Erst als die Wohnung leer stand, schaute er sich dort tagsüber in aller Ruhe um. Schließlich musste er mit Tageslicht auskommen, sämtliche Lampen waren abmontiert. Und den Gebrauch einer Taschenlampe verwarf Norman gleich wieder. Viel zu auffällig, wenn da unten vielleicht eine Polizeistreife unterwegs war.

Er hatte sein Bandmaß dabei und machte sich Notizen. Später in seiner Wohnung skizzierte er die Möglichkeiten für so eine Anpflanzung. Außerdem rechnete er zusammen, was alles an Material nötig war. Das summierte sich schon. Hinzu kam der Arbeitsaufwand mit dem Grünzeug selbst. So ganz von allein wuchs das nun auch wieder nicht. Darüber war er sich schon im Klaren. Letztlich wurde das sein ausschlaggebendes Argument gegen eine solche Investition: Arbeit! Noch mehr Arbeit, für die er gar keine Zeit hatte. Da fuhr er doch bei dem, was er bislang tat, entschieden bequemer. Außerdem erschien ihm das Risiko, entdeckt zu werden, einfach zu groß.

Norman war inzwischen auf seiner Fantasieinsel angekommen, irgendwo in der Südsee. Funkelndes Licht, unfassbare Düfte, eine atemberaubend schöne Landschaft und noch atemberaubender die barbusigen Mädchen, die für ihn tanzten, sich auffordernd in den Hüften wiegten, ihn zu sich heranwinkten. Bronzefarben die Haut, tiefschwarz die Haare und glänzend die Augen dieser Schönheiten. Auf den Köpfen trugen sie geflochtene Kränze, und um den Hälsen hingen farbenprächtige Blütenketten. Seine Rechte glitt unter dem Gürtel hindurch in die Unterhose.

Am nächsten Vormittag machte er sich rechtzeitig auf den Weg, nachdem er seine Vorräte gut sortiert hatte. Die Sporttasche war prall gefüllt. Und für jeden Geschmack beziehungsweise Bedarf hatte er was dabei. Etwas Marihuana, Ecstasy, Kokain beziehungsweise dessen spezielle synthetische Ausführung namens Crack, was auch Kokain enthielt, und darüber hinaus viele bunte Pillen. Letztere gingen bei den Schülern besonders gut, vor allem wenn noch ein Smiley drauf prangte. Sie waren von der Preisklasse her erschwinglich und sorgten für jede Menge Spaß. Außerdem für die nötige Sehnsucht nach mehr von dem Zeug. Auch Crack ließ sich wunderbar verkaufen, weil es ebenfalls nicht so teuer war. Aber Norman ging damit etwas vorsichtiger vor. Wer einmal auf Crack war, kam meist nicht mehr runter und drehte gelegentlich ziemlich heftig durch. Solche Ausraster konnten ihm den gesamten Kundenstamm zerstören. Wenn er sich zwischendurch selbst etwas gönnte, dann nur vom Allerfeinsten. Und nicht allzu oft. Schließlich kannte er die Konsequenzen.

Norman hatte sich auch passend zur Tasche angezogen. Feste Turnschuhe aus speziellem Leder, die über die Knöchel reichten, damit sie insbesondere die winterliche Feuchtigkeit und Kälte abhielten. Die waren für Trekkingtouren geeignet, so hatte ihm das der Verkäufer jedenfalls erklärt. Aber so was würde er ja nie in seinem Leben unternehmen wollen. Unwegsame Gebiete erobern und das auch noch über mehrere Tage hinweg. „Boah!", stieß er hervor und schüttelte sich. Auch die Sporthose war feuchtigkeitsabweisend und die Jacke dick gefüttert. Alles Markenklamotten mit dem entsprechenden, deutlich sichtbaren Logo darauf. Er musste schließlich mit den Kids mithalten können, auch vom Aussehen her als einer von ihnen durchgehen.

Für die Öffentlichen hatte er eine Monatskarte angeschafft, für die er jährlich zahlte. Die kostengünstigste Variante und einfach in der Handhabung. Beim regelmäßigen Lösen von einzelnen Fahrscheinen hätte sich einem Fahrer vielleicht sein Gesicht eingeprägt. Und das wollte er unbedingt vermeiden. Norman stand inzwischen an der Haltestelle und rieb sich mit den Händen die Oberarme. Die empfindliche Kälte drang durch alles hindurch. Und der Bus, den er eigentlich nehmen wollte, war ausgefallen. Das bedeutete um diese Zeit 15 Minuten warten.

„So ein Mist", fluchte Norman und ärgerte sich darüber, dass er dem Unternehmen sein sauer verdientes Geld in den Rachen warf, dafür aber mit so miserabler Dienstleistung entlohnt wurde. Vielleicht wäre ein Auto doch besser, aber dann würde sein nobler Schlitten erst recht die Aufmerksamkeit der anderen auf sich ziehen. Denn ein nobler Schlitten musste es schon sein, falls er sich mal einen Wagen zulegen würde. Aber dazu müsste er erst einmal seine Fahrerlaubnis zurückbekommen. Seinen Lappen war er losgeworden, als ihn die Polizei wegen überhöhter Geschwindigkeit in einer 30er-Zone stoppte und einen Drogentest veranlasste. Dumm gelaufen. So ein Stress aber auch, dachte Norman. Ewig hat man irgendwelche Dinge in der Pipeline. Alles staut sich auf. Wie machen das nur die anderen?

Endlich sah er den Bus in der Ferne. Er blickte auf seine Armbanduhr. Verdammt, das wurde ziemlich knapp mit der Pause. Er musste sich sputen und die Geschäfte auf jeden Fall zügig abwickeln. Aber das lag im Einzelnen ja nicht nur an ihm. Zu seinem Auftreten gehörte auch ein gutes Gespräch, wie er fand. Das waren seine Käufer zumindest gewohnt. Damit wollte er schon dienen. Kundenbindung nannte man das. Er war durchaus bewandt in solchen Fragen. Schließlich hatte er seine Lehre als Verkäufer im Einzelhandel begonnen und ziemlich lange durchgehalten. Nicht bis zum Ende, denn das schien ihm ab einem gewissen Zeitpunkt nicht mehr sinnvoll und erstrebenswert. Wozu jeden Morgen den Wecker stellen und sich dann noch in der Berufsschule beziehungsweise auf der Arbeit dumm kommen lassen. Das war endgültig vorbei. Er hatte seinen Weg gefunden, beschloss Norman und stieg in den Bus, der eben seine vordere Tür geöffnet hatte. Seine Abokarte hielt er hoch, aber der Fahrer würdigte sie keines Blickes.

Nach mehreren Stationen war Norman an seinem Ziel angekommen. Der Schulhof war noch gut gefüllt. Trotz des Wetters oder vielleicht auch gerade deshalb. Frische, bisweilen eisige Luft tat doch gut! Wobei die meisten Schüler nur in irgendeiner Ecke heimlich eine rauchen wollten, was auf dem gesamten Gelände verboten war. Schon von Weitem erkannte er ein paar seiner Stammkunden, die sich in der Nähe des großen Tores aufhielten. Offensichtlich warteten sie auf ihn. Kein Wunder. Immerhin sorgte er absolut zuverlässig für kontinuierliche Abnahme.

„Was geht ab?", begrüßte Norman einen schlaksigen Jungen, der zuerst gezielt auf ihn zukam. Dessen Augen blinzelten nervös, und er hatte ein Zucken um den Mund.

„Das Übliche!", sagte Manuel und ließ damit offen, ob er die Frage nach seiner Befindlichkeit beantwortete oder ob er seine Bestellung aufgab.

„Klar doch", entgegnete Norman und plauderte ein wenig, erkundigte sich nach der Mathearbeit, die Manuel in der Woche zuvor geschrieben hatte. Mit mächtigem Bammel, woran er sich noch genau erinnerte.

„Ist 'ne Vier geworden", antwortete Manuel.

„Na, immerhin. Es gibt ja schlechtere Noten. Damit bist du durch. Und das hier wird dir ein wenig auf die Sprünge helfen. Ganz bestimmt."

Norman hielt ihm ein Tütchen mit mehreren Pillen hin.

„Deine Spezialitäten. Sind wirklich der absolute Knaller. Gute Entscheidung."

Manuel fingerte ein paar Geldscheine aus seiner Hosentasche, und Norman stellte auf den ersten Blick hin fest, dass es passend war. Bestens! Er gab ungern Kredit, wenngleich er sich gelegentlich schon darauf einließ. Vor allem bei den Mädchen. Die konnten ja im absoluten Notfall ihre Schulden auch auf andere Art und Weise bei ihm abarbeiten. Wobei er schon vorab die Spreu vom Weizen trennte. Nicht mit jeder hätte er sich auf so ein Arrangement eingelassen. Da kamen nur wirklich attraktive junge Damen infrage, die seinem Geschmack entsprachen.

Während er noch seine Einnahme wegsteckte, sprach ihn auch schon Desiree an. Sie sah verschwitzt aus, trotz der niedrigen Temperaturen.

„Bitte, bitte, hast du was für mich? Ich kann heute nicht bezahlen, aber beim nächsten Mal ganz bestimmt. Ist versprochen."

Ihre Jacke stand offen, und die Brüste markierten sich deutlich unter dem dicken Pullover.

„Wieso sollte ich mich denn darauf einlassen?", ließ Norman sein Gegenüber noch zappeln. Aber Desiree gehörte zu seinen Lieblingen. Bei ihr würde er die berühmte Ausnahme machen. Später würde man dann schauen …

Norman hatte für seine Klientel eine Story parat, die sie auftischen sollten, falls sie mal jemand danach fragte. Er gab sich als Trainer aus, der eben zwischendurch vorbeischaute, um Termine abzusprechen – fürs Training oder für einen Wettbewerb. Damit hielt er sich für recht gut getarnt. So schnell kam ihm keiner auf die Schliche. Außerdem hatte er ein untrügliches Gespür dafür, wann der Boden zu heiß wurde. Dann musste er sich von der jeweiligen Käuferschaft verabschieden und sich etwas Neues suchen. Gar kein Problem in dieser Stadt. Er hatte noch längst nicht alles ausgelotet.

Norman schaute jetzt Desiree zufrieden hinterher. Bei nächster Gelegenheit wollte er dieses Pfand wohl einlösen. Natürlich nicht bei sich daheim, sondern bei ihr. Sollte sie zusehen, wann die Eltern oder auch die Geschwister nicht anzutreffen waren, und dann schaute er auf ein Schäferstündchen vorbei. Super Begriff, den er da mal aufgeschnappt hatte. Was man sich doch darunter alles vorstellen konnte …

Als es wieder zum Unterricht klingelte, kam gerade ein Lehrer, der Aufsicht auf dem Pausenhof hatte, auf ihn zu. Keine fünfzig Meter lagen zwischen ihnen, die immer weniger wurden. Glücklicherweise stoppte ihn das Klingeln in seinem Gang. Er schaute nur noch einmal direkt zu Norman hin, machte dann aber auf dem Absatz kehrt.

Erleichtert atmete Norman auf. Das war ja noch einmal gut gegangen. Ob er vielleicht hier doch sicherheitshalber einen Rückzieher machen sollte? Viel Zeit blieb ihm ja auch nicht bis zu den Weihnachtsferien. Dann war ohnehin tote Hose mit dieser Art Kundschaft. Es sei denn, er verabredete sich an einem seiner anderen Treffpunkte mit ihnen. In der Nähe vom Busbahnhof war er gelegentlich anzutreffen. Aber dort musste er besonders auf der Hut sein. Da wurde viel kontrolliert, insbesondere von Leuten, die keine Uniform trugen. Er hasste solche verdeckten Ermittler. Vielleicht auch noch solche, die taten, als würden sie unbedingt eine Line benötigen. So eine hinterhältige Masche!

Ach was, dachte Norman und warf sich seine Sporttasche, die er zwischendurch auf einer Bank abgestellt hatte, wieder über die Schulter. Bis zum Jahreswechsel ist hier alles geklärt, dann muss ich mich ohnehin nach einem neuen Quartier umschauen. Auf das Angebot der Wohnungsverwaltung wollte er natürlich nicht eingehen. Er blieb so lange hier wohnen, wie das möglich war, und dann machte er sich vom Acker. Am besten in eine Stadt, die weit, weit weg entfernt lag. Er war nicht so sesshaft. „Auf zu neuen Ufern" war einer seiner Lieblingssprüche.

Er fröstelte. Das lange Stehen war jetzt gar keine gute Idee gewesen. Er hatte das Gefühl, als seien ihm sämtliche Knochen eingefroren. Zwischendurch musste er ja auch die Handschuhe ausziehen, um Ware aus der Tasche zu holen und um das Geld in Empfang zu nehmen. Hoffentlich musste er jetzt nicht allzu lange auf den nächsten Bus warten! Eine weitere Schule, am nächsten Ende der Stadt, stand noch auf seiner To-do-Liste. Die wollte er unbedingt abarbeiten. Schließlich war Zuverlässigkeit eine seiner Stärken. Nicht dass die Käufer auf die Idee kamen, sich einen anderen Händler zu suchen. Er lieferte, und er lieferte die mit Abstand beste Ware in der Gegend.

Norman klapperte plötzlich mit den Zähnen. Die Kälte hatte ihn offensichtlich fest im Griff. Doch dann kam der Bus um die Ecke und hielt direkt vor ihm. Wieder seinen Aboausweis der Form halber gezückt, wenngleich kein Echo kam. Aber er hatte es auch schon mal unterlassen und sich dann dämliche Sprüche vom Fahrer eingehandelt. Also lieber diese sinnlose Handbewegung und schön unauffällig bleiben. Mit weit ausholenden Schritten lief er durch den Gang, ohne sich festzuhalten, obwohl der Bus ziemlich schlingerte. Am Ende des Fahrzeugs war die Rückbank frei. Er schmiss seine Tasche seitlich darauf und setzte sich breitbeinig hin. Hier drinnen war es von den Temperaturen her etwas erträglicher. Ihm stand eine Fahrtzeit von einer halben Stunde bevor. Das sollte zum Aufwärmen ausreichen.

14. KAPITEL
ALTERNATIV

Der Duft von Räucherstäbchen hatte den Flur der gesamten Etage eingenommen. Früher hatte es deshalb gelegentliche Beschwerden gegeben. Aber inzwischen störte das niemanden mehr. Durch die Wohnungstür drang klangvolle indische Musik. Benita und Heiko saßen vor ihrem heißen Gewürztee, in den die Frau gerade einen weiteren Teelöffel voll Biohonig gleiten ließ. Auf dem Tisch stand ein zartes Porzellanschälchen mit veganen Keksen. Ganz behutsam rührte sie um, während der Mann verträumt im Schneidersitz auf einem Kissen und sie auf dem Sofa mit angezogenen Beinen Platz genommen hatte. Die dreifarbige Katze lag eingerollt direkt neben Benita. Ihr zufriedenes Schnurren war deutlich zu vernehmen.

Schließlich beugte er sich vor und drehte sich aus dem bereitliegenden Kraut und etwas Papier eine Zigarette. Dann zündete er sie an, nahm einen tiefen Zug und reichte sie Benita weiter.

„Wir sollten uns von Norman dringend Nachschub besorgen. Unsere Vorräte sind definitiv alle. Das hier war der Rest, den ich noch zusammengekratzt habe", fing die Frau an, sog mit geschlossenen Augen an der Zigarette und gab sie wieder zurück.

„Aber er braucht das Zeug doch gegen seine unerträglichen Schmerzen. Da kann er gar nicht so viel abzweigen. Wir sollten seine Freundlichkeit nicht über Gebühr strapazieren", entgegnete der Mann.

„Ich weiß nicht. Irgendwie werde ich das Gefühl nicht los, dass er nicht nur uns mit bestimmten Dingen versorgt. Da steckt sicher mehr dahinter."

„Du meinst jetzt Drogen mit bestimmten Dingen?!"

Heiko zog die Stirn kraus.

„Natürlich", antwortete Benita und erbat sich noch einmal die Zigarette. Und schon hatte sie vergessen, dass sie sich Gedanken um vielleicht härtere Drogen und eventuelle kriminelle Geschäfte ihres Nachbarn gemacht hatte. Sie erhob sich tänzerisch schwebend, wie in Zeitlupe. Die Katze sprang vom Sofa und lief in die Küche zu ihrem Futternapf.

„Ich schau mal kurz zu Norman runter."

„Mach das, Beni. Für mich reicht die Portion ja noch einen Augenblick."

Bei diesen Worten löste Heiko seine zusammengekreuzten Füße, schlüpfte in seine Sandalen, stand auf und ließ sich auf den Platz plumpsen, den seine Frau soeben freigemacht hatte.

Im Flur, in dessen Nische eine gedämpft leuchtende Lavalampe sanft dicke Blasen aufsteigen ließ, suchte Benita noch in ihrer Handtasche nach dem passenden Geld. Sie wollte nicht das gesamte Portemonnaie mitnehmen, nur den Wohnungsschlüssel. Das reichte völlig aus. Sie trug ein langes, geblümtes Kleid, das ihre schlanke Figur locker umspielte. Die langen, rotblonden Haare trug sie offen, nur mit einem Band gebändigt, das oberhalb des Kopfes in einen kleinen Knoten geschlungen war. Ihre Füße steckten in Seidenpantoffeln, die sie auch nicht beim Gang durchs Treppenhaus wechselte.

Sie musste ziemlich lange klingeln, ehe Norman die Tür öffnete. Sei Gesicht wirkte etwas verkniffen.

„Was ist denn los?", knurrte er.

„Guten Tag erst einmal. Entschuldige bitte die Störung. Ach, mein Lieber, kannst du dir das nicht denken?", flötete Benita und stellte sich nah an ihr Gegenüber heran, direkt auf den Abtreter.

„Klaro. Ihr benötigt mal wieder etwas zum Rauchen, was man nicht im Supermarkt kaufen kann."

Norman hatte seine Fassung wiedergefunden.

„Du bist lustig …", entgegnete Benita mit einem kleinen Auflachen. „Aber genau. Ich käme nicht zu dir, wenn ich nicht wüsste, dass ich bei dir an der richtigen Stelle bin!"

„Tja", Norman legte seinen Kopf etwas schräg, „da muss ich mal checken, ob ich etwas von meinen begrenzten Vorräten entbehren kann. Du weißt ja …"

„… um Gottes willen, du sollst natürlich keine Probleme haben. Nur falls eben etwas über sein sollte! Heiko hat es doch so heftig im Rücken, gerade heute wieder, und das hilft ihm enorm gegen seine fürchterlichen Beschwerden, wie wir erfreulicherweise festgestellt haben. Es ist ja so ein mühevoller Weg, bis man das möglicherweise selbst auf Rezept bekommt. Man sollte in die Niederlande ziehen, da hätte man es einfacher …"

Norman nickte und blickte verständnisvoll auf die Frau. Eben eine sichere Bank als Kundin. Und Kleinvieh machte schließlich auch Mist. Da wollte er jetzt nicht im Einzelfall die Umsätze hochrechnen und werten.

„Dann warte mal einen Moment. Bin gleich wieder da. Hab nur nicht aufgeräumt, sonst würde ich dich natürlich hereinbitten."

„Ist kein Ding. Ich gedulde mich gern. Geld habe ich schon passend." Benita hielt die Scheine hoch.

„Na, dann ist ja gut", brummte Norman vor sich hin, als er kurz in der Wohnung verschwand, ein Päckchen des Gewünschten hervorkramte und rasch wieder die Tür öffnete, die er zwischenzeitlich geschlossen hatte. Man wusste schließlich nie, ob eine Frau plötzlich von unstillbarer Neugierde befallen wurde. Und dann stöberte sie vielleicht ungeniert durch seine heiligen Hallen. Stand aus dem Nichts heraus plötzlich hinter ihm. Keine gute Vorstellung.

„So viel wie voriges Mal." Er hielt der Frau die gefüllte Plastiktüte hin, die sie nickend entgegennahm und gegen die Scheine tauschte.

„Und sonst so bei dir? Alles in Ordnung? Bist du schon ordentlich in Weihnachtsstimmung?", versuchte Benita ein Gespräch in Gang zu bringen.

Norman verdrehte bei diesen Fragen die Augen, was aber in dem dämmrigen Licht der Flurbeleuchtung nicht wirklich zu sehen war.

„Geht so. Ich muss dann auch wieder. Drängende Termine. Homeoffice."

Er sprach abgehackt und versuchte gestresst zu klingen, wozu er gar keine große Mühe aufwenden musste. Dazu blickte er nachdrücklich auf seine Armbanduhr.

„Ach ja, das machen inzwischen so viele. Finde ich eigentlich ganz praktisch. Man spart sich den Weg zur Arbeit, benötigt nicht so viel Garderobe. Das kommt unbedingt der Umwelt zugute: weniger Kohlendioxidausstoß, die globale Erderwärmung steigt nicht so rasant, das Eis an den Polen bleibt uns länger erhalten, den Eisbären geht es auf ihren Schollen besser …"

Benita erzählte und erzählte. Sie war inzwischen bereits beim brasilianischen Regenwald und dessen Abrodung mittels heimlich gelegter Feuer angelangt. Die Zigarette, die sie mit Heiko schon geraucht hatte, hatte sie über Gebühr gesprächig gemacht. Eine übliche Reaktion bei ihr. Selbst als Norman schon die Tür geschlossen hatte, war ihr Redefluss damit nicht gestoppt. Auf dem Rückweg ging es im lockeren Selbstgespräch weiter. Sie benötigte gar keinen Partner zum Austausch.

Norman hatte keinen anderen Ausweg gesehen, als sich einfach zurückzuziehen, mitten in einem der zahlreichen Sätze. Das war zwar etwas unhöflich, aber dieser Redeschwall war einfach nicht zu bremsen. Er fand Benita ja ganz cool, aber mehr auch nicht. Das war eine rein geschäftliche Beziehung, und solche Verhandlungen sollte man zeitlich limitieren. So lief der Deal. Er zog sich wieder zu seinen Vorräten zurück und prüfte noch einmal den Stand der Dinge. Die Lust auf etwas anderes war ihm durch die jähe Unterbrechung vergangen.

Heiko hatte nur kurz die Katzentoilette im Bad gereinigt und dann das Tier mit frischem Wasser und ein paar

Knabbereien versorgt. Sobald er mit der Packung klapperte, wich es ihm nicht mehr von der Seite.

„Hier, Trudchen. Aber schön einteilen, mein Mäuschen."

Dann setzte er sich wieder aufs Sofa und ließ das Kraut mit geschlossenen Augen wirken. Er trug eine weite Leinenhose und ein ebensolches Hemd mit lockerer Bindung am Hals, so wie Seeleute sie trugen, nur in einem Beigeton. Seine stets heißen Füße steckten barfuß in seinen Lieblingssandalen, der Riemen verzweigte sich am großen Zeh vorbei. Strümpfe zog er nur an, wenn er das Haus verließ, vor allem damit er sich keine Blasen lief. Er hätte sie nicht gebraucht, weder im Sommer noch im Winter.

Allerdings waren es wenig erfreuliche Bilder, die ihn einholten. Er und Benita in ihrem Käfer unterwegs, erst vor ein paar Tagen. Sie hatte den Wagen gesteuert, und beide waren angeregt in ein Gespräch vertieft, auch weil sie noch vor ihrem Weg zu dem großen Einkaufscenter mit dem speziellen Biomarkt in Ruhe etwas geraucht hatten. Das befreite den Kopf, machte die Gedanken klarer. Davon waren sie felsenfest überzeugt, wobei er inzwischen daran zweifelte. Der Schnee war in dichten Flocken auf den Boden gesunken, die Sicht nur wenige Meter möglich. Außerdem drängte die Zeit, denn Heiko hatte noch einen dienstlichen Termin wahrzunehmen. Nur den Einkauf wollten sie rasch zuvor gemeinsam erledigt haben.

„Pass doch auf", hatte er sich noch im Ohr, wie er seine Frau auf die alte Dame im langen Wintermantel, mit dicken Stiefeln und dem Rollator am Straßenrand aufmerksam machte. Die schob, ohne in irgendeine Richtung zu schauen, ihr Gefährt auf den nicht sichtbaren Zebrastreifen. Benita wollte bremsen, aber das Auto schlingerte auf der glatten Straße und streifte die Fußgängerin, die strauchelte und stürzte. Sie hatte auf dem Rücken gelegen und wie ein Käfer mit den Armen und Beinen gezappelt. Das war der letzte Blick, der Heiko aus dem Rückspiegel in Erinnerung blieb.

Sie hatten daraufhin nur für einen Moment angehalten, etwa fünfzig Meter weiter, waren aber nach kurzer Diskussion weitergefahren.

„Bist du irre?", hatte Benita ihn harsch zurechtgewiesen. „Wenn jetzt ein Test gemacht wird, bin ich den Führerschein los. Wird schon nichts weiter passiert sein. Mach dir keinen Kopf. Alte Leute sind doch zäh."

Er hatte sich gefügt, und im Nachhinein erinnerte ihn lediglich die Kratzspur an der Wagenseite an die Begegnung. In seinen Träumen und Visionen wuchs sich dieser Lackschaden in riesige Dimensionen aus, und er hörte schmerzvolle Schreie aus dem Mund eines überdimensionalen Käfers, der das Gesicht einer alten Frau hatte, eingemummelt in Schal und dicker Wollmütze. An den behaarten Beinen trug er gestrickte Fäustlinge.

Heiko stöhnte auf und öffnete die Augen.

Auf dem Wohnzimmertisch lag eine Zeitung, in der eine kurze Nachricht stand, dass Zeugen eines Unfalls gesucht wurden, bei dem jemand zu Tode gekommen war. In diesem Haushalt wurden allerdings solche lokalen Informationen nicht wahrgenommen. Benita las nur den Kulturteil, um für ihren Job in der Eventagentur auf dem

Laufenden zu sein, und Heiko beschränkte sich auf Außenpolitik sowie Sport.

Die Wohnungstür wurde aufgeschlossen, und Benita kehrte von ihrer kleinen Besorgungstour zurück. Sie steckte den Kopf mit einem breiten Grinsen ins Wohnzimmer und hielt stolz die Errungenschaft hoch.

„Wir sind versorgt. Uns geht der Spaß nicht aus. Norman konnte noch was entbehren. Ein Glück aber auch. Ich pack das mal weg."

Sie lief ins Schlafzimmer, um das Kraut am üblichen Platz im Kleiderschrank zu deponieren. Kurz darauf schaute sie wieder bei Heiko vorbei, der inzwischen am Balkonfenster stand.

„Ich weiß ja nicht, wie es dir geht, aber ich habe einen Bärenhunger. Schiebe jetzt mal den Tofuauflauf, den ich vorhin vorbereitet habe, in die Backröhre. Oder hast du auf was anderes Appetit?"

Heiko drehte sich zu seiner Frau um.

„Gute Idee. Ich freue mich auf den Auflauf. Mir knurrt übrigens auch der Magen."

Benita machte sich in der Küche zu schaffen, während Heiko erneut auf dem Sofa lümmelte und seinen Gedanken nachhing. Warum nur waren seine Traumfantasien nicht mehr so phänomenal wie früher? Wenn er sonst auf einem kleinen Trip war, dann war das mit einem heiteren Unterton. Doch seit einiger Zeit häuften sich Schreckensszenarien. Das mit der alten Frau und dem Unfall gern in Dauerschleife. Er konnte sich noch an seine Kindheit erinnern, da hatte er auch gelegentliche Albträume, die sich wie eine Schallplatte mit Sprung wiederholten.

Und dann kürzlich dieses stundenlange Eingesperrt-
sein, als er im Fahrstuhl auf dem Weg nach oben war.
Nicht allein, sondern mit zwei Bewohnern aus weiter
oben liegenden Etagen. Der Mann war wohl bei der Polizei und die Frau Krankenschwester. Jedenfalls ließ sich
das aus dem Gespräch schließen, das sie in der Wartezeit
notgedrungen miteinander führten.

„Man müsste sich beschweren bei dieser dämlichen
Hausverwaltung", hatte Heiko irgendwann eingeworfen.
„Das ist schließlich nicht das erste Mal, dass der Fahrstuhl
stecken bleibt. Allerdings ist es mir bislang zum Glück erspart geblieben. Ich hasse enge Räume."

„Klaustrophobie", hatte Salome nur dazu bemerkt und
ihn eingehend gemustert.

„Nicht dass ich wüsste …"

„Aber so etwas kann der Auslöser dafür sein", hatte die
Frau nüchtern bemerkt, ohne eine Miene zu verziehen. Sie
lehnte dabei an der mit unzähligen Sprüchen und Zeichnungen bemalten Wand.

„Na toll. Das hat mir gerade noch in meiner Raupen-
sammlung gefehlt", war Heiko dazu nur eingefallen.

Theo blieb währenddessen ziemlich schweigsam und
betätigte wiederholt den Notruf. Von ihm kam allerdings
zwischendurch die sehr konkrete Frage an Heiko, ob er
denn einen Unfall mit seinem schicken Käfer gehabt hätte.
Die deutliche Kratzspur an der Seite. Ein wirklich unschö-
ner Schaden. Wobei ja sicher die Versicherung dafür aufkommen würde. Immerhin stand der Wagen beständig in
der Tiefgarage, wobei die seit einiger Zeit auch nicht mehr
so sicher sei. Er erinnere sich gerade an den Brand dort,

wo jemand eines der Autos ganz offensichtlich abgefackelt hatte …

Heiko war schlagartig zusammengezuckt. Sie wurden also schon beobachtet. Die Hitze in der engen Kabine wurde immer unerträglicher. Und er geriet langsam in Panik. Schnappatmung setzte ein. Während er auf den Boden rutschte, hatte Salome schon eine Plastiktüte aus ihrer Tasche gezogen und ihm an den Mund gedrückt, damit seine ausgeatmete Luft darin verblieb und er sie wieder einatmen konnte. Nur langsam hatte Heiko sich beruhigt, im Grunde erst, als der Fahrstuhl wieder in Bewegung kam und sie auf seiner Etage landeten. Salome hatte noch ihre Hilfe angeboten, aber er hatte nur verneint:

„Danke, das geht schon wieder."

Dann war er in seine Wohnung geflüchtet.

Seit jenem Ereignis hatte Heiko auf die Nutzung des Fahrstuhls zumeist verzichtet. Nur mit schweren Einkäufen ließ es sich nicht vermeiden. Aber ein diesbezüglicher Albtraum verfolgte ihn fortan. In Variationen. Jedes Mal aber spielten die beiden Mieter eine unschöne Rolle. Der Polizist verfolgte ihn mit brüllendem „Halt, stehen bleiben oder ich schieße", und dann legte er auch schon seine Pistole an und drückte ab. Er sah die Kugeln, die an seinen Ohren vorbeisausten. Die Krankenschwester wiederum kam mit einer riesigen Spritze auf ihn zu. „Wir werden hier doch keine Sperenzchen machen, mein Bester! Sonst tut das alles noch viel mehr weh!" Und während sie redete, stach sie auch schon zu.

Heiko stöhnte im Halbschlaf auf und wälzte sich unruhig hin und her.

„Hallo, aufwachen. Das Essen ist fertig."

Benita schüttelte Heiko an der Schulter.

„Du kannst dich doch hinterher noch ein Stündchen aufs Ohr hauen, wenn du so müde bist. Heute ist ja Sonntag."

Der Mann rappelte sich auf und bemerkte nun den Duft des Essens.

„Hm. Das riecht ja schon mal gut. Dann werden wir es uns jetzt einfach schmecken lassen."

„Hast du denn was Schönes geträumt?", wollte Benita von ihrem Mann wissen, während sie die erste gefüllte Gabel zum Mund führte.

„Ich glaube, daran kann ich mich gerade nicht erinnern. Träume sind ja immer so außerordentlich flüchtig", log Heiko. Er wollte seiner Frau nicht erzählen, was ihn bedrückte. Auch spielte er mit dem Gedanken, künftig kürzerzutreten, was Marihuana anging. Vielleicht war das überhaupt die Ursache von allem.

Als Benita später in der Küche alles in die Spülmaschine räumte, schnappte sie sich auch den übervollen Mülleimer und brachte ihn kurz entschlossen zum Müllschlucker im Flur. Ein paar tief dunkelbraun glänzende Kakerlaken verzogen sich raschelnd ins Dunkle, als sie die Tür und kurz darauf den Schacht öffnete. Es schepperte dumpf, als der Abfall abwärts sauste. Benita lief langsam zurück in die Wohnung und spülte den Eimer im Badezimmer kurz aus, wischte ihn dann trocken und suchte nach einer neuen Einlage. Dann entdeckte sie die Zeitung auf dem Wohnzimmertisch, unter dem sich jetzt die Katze platziert hatte.

„Bist du durch oder willst du noch was lesen?", fragte sie Heiko.

„Kannst du ruhig entsorgen. Jetzt sind sämtliche Buchstaben unwiederbringlich raus", versuchte es ihr Mann mit einem kleinen Witz.

Sie griff sich die Seiten und legte einen Teil davon auf den Boden des Eimers. „Die Polizei bittet um Mithilfe", war als Überschrift genau in der Mitte zu lesen.

15. Kapitel
Profil

Sören stand am Fenster. Die Rollos waren hochgezogen, schließlich benötigte er um diese Zeit kein Ausblenden von irgendwelchen Sonnenstrahlen, deren Spiegelungen Irritationen verursacht hätten. Und Gedanken um eventuelle Späher musste er sich ebenso wenig machen. Niemand konnte in dieser Höhe in seine Wohnung schauen. Höchstens mit einer Drohne, aber das war ja Schwachsinn. Jedenfalls noch. Er lachte auf. Sein Blick schweifte in die Ferne. Unentwegt tänzelten ein paar Schneeflocken zur Erde hernieder, aber das dichte Treiben den gesamten Tag über hatte sich inzwischen gelegt. Das Zentrum der Stadt funkelte idyllisch in der Ferne. Vor dem Haus beseitigte jemand emsig den Schnee und schaufelte ihn auf die seitlichen Haufen, die immer höher wurden. Der Hausmeister oder auch sie, wer von den beiden das erledigte, war nicht auszumachen. Immerhin war der Weg bis zur Straße schon ordentlich beräumt. Und auch der Sicherheitsdienst war gerade mal wieder mit zwei Leuten im Anmarsch. Als ob das was bringen würde! Immer wieder wurde man hier von Krawall aus dem Schlaf gerissen. Dann waren diese Rowdys unterwegs und hinterließen Spuren der Verwüstung. Gelegentlich hatte er sich nicht mal aus der Wohnung getraut.

Nur kurz dachte der Mann daran, ein wenig zu lüften. Gleich schob er diese Idee wieder von sich. Viel zu kalt. Er hatte sich lediglich die Beine vertreten wollen und war auf dem Rückweg von der Toilette am Balkonfenster gelandet, wo er ein wenig verharrte und nachdachte.

Jetzt begab er sich wieder an seinen Computerarbeitsplatz. Das Licht vom Bildschirm war die einzige Quelle, die den Raum etwas erhellte. Ansonsten keinerlei Hinweise auf die festliche Zeit. Keine Kerzen, keine Dekoration, nichts. Sören hielt nichts von der Adventszeit und vom Winter schon gar nicht. Wenn es nach ihm ginge, könnte eigentlich immer Frühling sein. Das war eine schöne, erstrebenswerte Saison, die er stets herbeisehnte und die für seinen Geschmack viel zu rasch vorüber war.

Momentan war er krankgeschrieben, bereits die vierte Woche hintereinander. Aber er hatte sich noch weitere vierzehn Tage vorgenommen. Ohne das geringste schlechte Gewissen. So viel sollte drin sein, vor allem bei diesem Krankheitsbild. Die Psyche, was sonst. Seit Jahren war er in Behandlung, und noch spielte sein Arbeitgeber mit, was mit der Qualität dessen zusammenhing, was er lieferte, wenn er an seinem Platz in dem medizintechnischen Labor saß. Jede, aber auch jede Vorlage fertigte er mit äußerster Akribie an. Nie gab es bei ihm irgendwelche fachlichen Kritikpunkte. Eventuelle Nachbesserungen waren keinesfalls nötig. Was er in die Hand nahm, das passte hinterher bei den Patienten perfekt, und sie fühlten sich so wohl, als hätten sie noch die eigenen Zähne im Mund. Und alles sah sogar viel besser aus als zuvor: glatter, leuchtender, einheitlicher. Für ein strahlendes Lächeln in jedem Alter, wie es die Werbung seines Arbeitgebers versprach.

Natürlich hatte es schon verschiedentlich Gespräche mit dem Chef gegeben. Auch mit Abmahnungen hatte der es bereits versucht, aber keine Chance. Der Betriebsrat stand auf Sörens Seite, vor allem seitdem das angeschlagene Nervenkostüm diagnostiziert worden war. Unabhängig davon war er pünktlich im Labor, überzog nie eine Pause. Eigentlich ein vorbildlicher Arbeitnehmer. Und wenn er denn krank wurde, informierte er sofort seinen Vorgesetzten. Den störte eben die Dauer der Abwesenheit und deren plötzliches Auftreten, weshalb die Dienstpläne immer wieder kurzfristig umgestellt werden mussten.

Was die nebulösen Abmahnungen anging, so hatte Sören auf einen befreundeten Anwalt zurückgegriffen. Der klärte solche Fälle hieb- und stichfest für ihn, und bezahlt wurde über die Rechtsschutzversicherung. Außerdem hätte das alles vor Gericht auch gar keine Chance auf Bestand gehabt, von wegen, er hätte nicht gleich zu Beginn mitgeteilt, wie lange er definitiv krankgeschrieben sein und wann sein erster neuerlicher Arbeitstag sein würde. Das war ja mal ein ausgesprochen absurder Vorwurf in einer Abmahnung. Wer konnte denn so etwas vorhersehen?! Er hatte doch keine Glaskugel, in der er die Zukunft erblicken konnte.

Die Situation war etwas angespannt auf der Arbeitsstelle. Eine Stimmung, die spürbar knisterte. So empfand es jedenfalls Sören. Er hatte sich auch schon anderweitig umgehört. Überall wurde händeringend Fachpersonal gesucht. Da wollte er sich wohl keine übergroßen Sorgen machen. Entweder er nutzte nach einer eventuellen Kündigung ein Weilchen das ihm zustehende Arbeitslosengeld, setzte währenddessen eine zusätzliche, vom Staat finanzierte Qualifizierung drauf oder er stieg nahtlos woanders ein.

Auch gab es andere Geldquellen, für die man nur wenig Aufwand betreiben musste und die sich durchaus ausweiten ließen. Er besaß noch weitere Qualitäten, die mit der Computertechnik zusammenhingen. Alles im Laufe seines Lebens selbst angeeignet, mit außerordentlichem Vergnügen. Learning by Doing. Er konnte im Netz spontan auftauchen und ebenso schlagartig wieder verschwinden. Spurlos. Jedenfalls so gut wie.

Sören saß wieder an seinem Schreibtisch im Arbeitszimmer. Die Datingplattform war aktiviert. Noch auf der Startseite. Weiter war er vorhin nicht gekommen, als ihn ein dringendes Bedürfnis erst für eine längere Weile die Toilette aufsuchen ließ. Ein wenig hatte er mit Darmträgheit zu kämpfen und benötigte für die dortige Entspannung reichlich Lektüre, die auf der Waschmaschine lag. Fachmagazine, einige Bücher, die Tageszeitung.

Er loggte sich ein und war rasch bei seinem Profil. Schönes Bild, dachte Sören zufrieden, wirklich klasse. Dabei wollte er es auch weiterhin belassen. Er hatte sich für ein Motiv entschieden, bei dem er an einem sonnigen Tag Tennis spielte und mit seinem Schläger lächelnd am Netz stand. Kurze weiße Hose, Schuhe und Shirt in derselben Farbe. Ein Schweißband über der Stirn. Braun gebrannt, soweit man etwas sehen konnte – alles ehrlich verdient als Rettungsschwimmer. Sein Körper durchtrainiert, das

Haar noch voll – zumindest konnte er die kahler werden-
den Stellen damals geschickt kaschieren. Nur plötzlichen
Windböen musste er geschickt aus dem Weg gehen beziehungsweise die heftigen Luftwirbel von der richtigen Seite her ankommen lassen. Auch tatsächlich nötige Hilfs-
einsätze in seinem Ehrenamt und damit Begegnungen
mit dem nassen Element versuchte er zu vermeiden. Man
konnte ja jemandem von den jüngeren Leuten den Vor-
tritt lassen. Die bewiesen sich stets sehr gern, gierten nach
Erfolgen.

Die Aufnahme war etliche Jahre her. Inzwischen hatte
er sich für eine nur millimeterkurze Frisur entschieden,
sodass bedeckte und unbedeckte Flächen kaum sichtbar
ineinander übergingen. Aufgrund mangelnder Bewegung
lag Sören aktuell deutlich über seinem zulässigen Höchst-
gewicht. Etwa vierzig Kilo an Masse mehr beziehungsweise an Fett. Weder im Stehen noch im Sitzen konnte er an
sich herunterblicken. Bei den Schuhen war er zu bequemen Clogs übergegangen, in die er lediglich hineinschlüpfen musste. Allerdings waren neuere Exemplare aufgrund
seiner Schwere rasch heruntergetreten. Schnürsenkel hätte er nie erreicht. Sein Doppelkinn lag massig über dem
Hals, weshalb er auch schon lange keine Hemden mehr
trug. Einzig Pullover mit weitem Ausschnitt waren einigermaßen akzeptabel, weshalb er sie bevorzugte. Wobei er
auch die nur sehr mühselig über den Kopf gezogen bekam,
weil die Beweglichkeit seiner Arme stark eingeschränkt
war. Besser klappte es mit legeren Jerseyjacken über dem
Unterhemd, die vorn einen Reißverschluss hatten. Im Internet hatte er auch eine passable Firma für Übergrößen

214

gefunden, die seinen derzeitigen Vorstellungen von Mode entsprach.

Sören schenkte sich aus der Thermoskanne noch etwas von dem stark gesüßten und mit Sahne geweißten Kaffee ein und wickelte einen Schokoriegel aus, den er mit einem Mal im Mund verschwinden ließ. Die Folie schnipste er in den danebenstehenden Papierkorb. Dann widmete er sich seinem aktuellen Kontakt.

Wohldurchdacht hatte Sören sein Profil gewählt. Er hieß Ferdinand, gern Ferdi, wenn man sich näherkam, und trug einen Doktortitel vor seinem Nachnamen, natürlich als Zahnarzt, denn er wollte schon in seinem Metier bleiben und bei eventuellen Fachfragen auch kompetent auftreten können. Zum Beispiel damit, dass er regelmäßige Fortbildungen im Bereich der Implantologie absolvierte. Ein sehr lukratives Geschäft, wie er gern seinen Partnerinnen gegenüber eingestand. Da brauchten sie gar nicht zu sehr auf ihn eindrängen.

Das Tennisfoto stammte von einem einzigen Match mit einer Freundin, die ihn lediglich für ein Spiel als Notnagel benutzte, weil der andere Partner ihr einen Korb gegeben hatte und kurzfristig ausgefallen war. Und er, er hatte sich extra in größter Eile dieses schicke Outfit zugelegt, weil er sich mehr von dieser Beziehung versprach. Nicht nur spielerisch unterlag er Inka. Naserümpfend hatte sie seine Fehler kommentiert, auch später im Bett, wo die beiden eher zufällig gelandet waren.

Es wird langsam Zeit, dachte Sören, als er bei Felicitas angelangt war. Sie drängte schon ein Weilchen, dass auch er sich endlich zu erkennen geben sollte, wo sie doch schon mit so vielen Intimitäten ihrerseits aufgewartet hatte. Bislang war es ihm gelungen, technische Probleme vorzuschieben und seine äußerst große Schüchternheit, weshalb er sich ja lediglich traute, Kontakte im Netz anzubahnen. Letzteres fand Felicitas „ganz entzückend und richtig reizend, mein liebster Ferdi", wie sie ihm versicherte.

Aber irgendwann musste auch die defekte Kamera an seinem Bildschirm repariert sein, und er musste sich endlich für ein neues Smartphone entschieden haben, weil ihm das vorherige doch in der Praxis gestohlen worden war.

„Wie infam", hatte Felicitas das kommentiert. „Man ist ja überall von Kriminellen umgeben. Du musst das unbedingt zur Anzeige bringen."

Sören überlegte nur kurz, dann fing er an zu schreiben. Die Worte hatte er sich im Grunde schon lange zurechtgelegt, außerdem hätte er gut und gerne mit Wiederholungen in Form von fertigen Textblöcken arbeiten können. Felicitas war ja schon seine x-te Flamme. Aber aneinandergereihte Worthülsen schienen ihm zu unpersönlich. Außerdem war es seinen hohen Qualitätsansprüchen an sich geschuldet. Alles, was er tat, erledigte er mit Gründlichkeit und eben jeweils ganz individuell angepasst, mit sehr viel feinem Einfühlungsvermögen.

„Meine Angebetete", formte sich diesmal die Anrede unter seinen geschickten Fingern, die mühelos über die Tastatur glitten. Sie waren im Laufe der Jahre relativ schlank geblieben, so als würden sie nicht zu diesem dicken Körper gehören und ein Eigenleben führen. Nicht einen Blick musste er auf sie verschwenden, sie gehorchten ihm blind. Nun folgte der Fall mit der äußerst schwierigen Situation, in der er sich befand. Für die Bezahlung seiner Mitarbeiter benötigte er dringend einen Vorschuss. Und in diesen Engpass war er nur geraten, weil ihn seine Frau finanziell in die Enge trieb, schon bevor die Scheidung durch war, die sich ja leider Gottes schon viel zu lange hinzog, was beileibe nicht seine Schuld war. Sie hatte sich einen Anwalt genommen, der ihn offensichtlich wie eine Zitrone ausquetschen wollte. Und bei ihm kam ja auch immer noch das Mitleid mit seiner künftigen Ex hinzu, keiner Fliege hätte er etwas zuleide tun können. Eigentlich widerstrebte ihm diese ganze Trennungsgeschichte, weil er doch so ein harmoniebedürftiger Mensch war.

„Ich weiß überhaupt nicht mehr, wo mir der Kopf steht, meine Liebste", stapelte Sören weiter hoch. „Mit niemandem kann ich mich darüber austauschen, wie du dir sicherlich denken kannst. Aber vielleicht siehst du eine winzige Chance, mich etwas zu unterstützen. Du bist, wenn ich das recht bedenke, meine allerletzte Rettung. Mir kommen manchmal schon so merkwürdige Gedanken. Da würde ich am liebsten alles hinter mir lassen …"

Das Echo von Felicitas folgte umgehend.

„Ach, du Armer. Musst du so viel durchstehen? Tu jetzt bloß nichts Unbedachtes."

Dahinter folgten ein paar Smileys mit traurigem Ausdruck und Tränchen. Dann fuhr sie fort.

„Ich stehe natürlich zu dir. Lass uns doch einfach einmal treffen, vielleicht in einem schönen Café, und alles bereden. Dann kann ich dir auch endlich in die Augen schauen und nicht immer nur dein wunderschönes Foto anhimmeln, was ich ja jeden Tag tue. Wir haben doch jetzt lange genug abgewartet …"

Er hatte sie so weit. Jetzt folgte seine Antwort mit dem natürlich ganz baldigen Treffen. Er könne es vor lauter Sehnsucht nach der Begegnung und nach ihren Zärtlichkeiten kaum noch aushalten. Regelrecht weh sei ihm ums Herz. Mit solch eher etwas altertümlich anmutenden Äußerung hatte er schon etliche Damen erobert. Die meisten mochten das, beziehungsweise suchte er sich solche Mitspielerinnen aus, die darauf ansprachen. Dafür hatte er ein gutes Gespür.

„Mit dem Treffen muss ich dich, so leid es mir tut, noch ein wenig vertrösten", versicherte er mit großem Bedauern, das er ein klein wenig sogar tatsächlich verspürte. Irgendwie war sie ihm fast ans Herz gewachsen, so wie all ihre Vorgängerinnen. Aber ab einem gewissen Zeitpunkt musste er eben einen Strich unter die Angelegenheit machen. Und etwas Neues versprach durchaus spannende Reize.

„Ein dringender Medizinerkongress in Basel, der meine unbedingte Anwesenheit fordert. Ich halte dort einen der Hauptvorträge. Darauf basiert nämlich die gesamte Veranstaltung. Aber leider sind in der Zwischenzeit schon die Gehaltszahlungen für mein Team nötig. Ich kann da doch niemanden enttäuschen. Sie haben Familie, kleine Kinder und alle die unterschiedlichsten Verpflichtungen! Vor allem natürlich jetzt in der Vorweihnachtszeit. Bislang konnten sie sich auf mich als Chef doch immer verlassen. Allein die Vorstellung, ihre Kinder müssten nun auf Geschenke verzichten. Das wäre doch mehr als grausam und würde mir das Herz brechen …"

Felicitas äußerte absolutes Verständnis und erkundigte sich zunächst nach der Summe.

„Mit wie viel kann ich dir denn aushelfen?"

Sören zögerte ein wenig mit der Antwort. Mit einer zu großen Forderung könnte er sie verschrecken, mit einer zu kleinen wäre der Reibach nicht ordentlich. Außerdem hatte er keine zweite Chance. Er musste alles auf eine Karte setzen.

„Es ist mir so peinlich", tippte Sören weiter ein. „Aber wenn du für eine kurze Zeit 80.000 Euro entbehren könntest, dann wäre mir schon sehr geholfen. Damit käme ich sogar ein kleines Weilchen hin. Außerdem bekommst du alles ganz bald zurück, mit Zinsen selbstverständlich. Ich habe da etwas richtig Lukratives in Aussicht. Das dauert auch gar nicht lange …"

Jetzt lehnte sich Sören ganz entspannt nach hinten. Der Schreibtischsessel wippte ein wenig. Er starrte mit großen Augen auf den Bildschirm. Sein Spiel lief, die Kugel rollte. Es dauerte einen kleinen Augenblick, der ihm allerdings ewig vorkam. Sein Herz schlug so heftig, dass er es zu hören vermeinte. Er griff zu einem nächsten Schokoriegel. Fast hätte er ihn in seiner Aufregung mitsamt der Silberfolie verzehrt.

„Ja doch, Ferdi. Das bekomme ich hin. Gib mir einfach deine Kontonummer, dann überweise ich alles noch heute", schrieb Felicitas schließlich.

Das war jetzt der letzte Schwierigkeitsgrad. Sören atmete tief durch und setzte dann zu seiner überzeugend klingenden Erklärung an, dass er so eine Summe natürlich nicht offiziell über sein Konto laufen lassen dürfte. Das wäre sehr, sehr unvorsichtig. Dann hätte ihn seine künftige Ex doch sofort in der Hand und eine weitere Summe, von der sie der Meinung wäre, sie würde ganz allein ihr zustehen. Oder das Finanzamt käme gar auf dumme Gedanken, von wegen Steuernachforderungen und so. Aber sofort bot er auch die passende Lösung an. Ein Bitcoin-Konto, das er sich jetzt gerade für Notsituationen angelegt hätte und worauf derzeit nur jämmerliche achthundert Euro als eiserne Reserve liegen würden. Aber mit denen könne er ja keinerlei Sprünge machen.

„Keine Sorge, mein Geliebter, du bist nicht allein. Und wenn dir mein Gespartes etwas über die Runden hilft, dann soll das so sein. Schick mir einfach die Nummer beziehungsweise die nötigen Kontaktdaten. In inniger Liebe, deine Feli"

Den Zeilen war noch ein Nachsatz hinzugefügt, dass sie gleich das Geld überweisen werde, aber dann auch rasch zu ihrer Boutique müsse. Als Chefin solle sie da unbedingt als Vorbild für ihre Mitarbeiterinnen wirken und aus der Mittagspause nicht zu spät kommen. Außerdem erwarteten vor allem ihre lieben Stammkundinnen aus der Hautevolee ständige Präsenz von ihr. Die durfte sie niemals enttäuschen. Immerhin sorgten sie beständig und großzügig für ihre Haupteinnahmen. Von Laufkundschaft war nicht so viel zu erhoffen. Ihre feste Klientel setzte sich indes aus den Gattinnen des Oberbürgermeisters, des Bankenvorstands, der ortsansässigen mittelständischen Unternehmen und deren Freundinnen zusammen.

Jetzt strahlte Sören breit und goss erneut seinen Kaffeebecher auf. Geschafft. Alles andere war nur noch pure Routine. Abwarten, bis das Konto gefüllt war, dann das Geld transferieren. Und schließlich sorgfältig sämtliche Spuren löschen.

„Adieu, Felicitas. Schade eigentlich, ich hätte mich schon ganz gern mit dir in den Kissen gewälzt", sprach Sören und prostete ihrem Foto auf dem Bildschirm zu. Der Kaffee in seiner Tasse wäre fast übergeschwappt, und sein Doppelkinn bebte.

Mit an Sicherheit grenzender Wahrscheinlichkeit würde sie nichts gegen ihn unternehmen. Zu intim waren die Fotos und die zahlreichen kleinen Filme, die sie ihm hatte zukommen lassen. Und selbst wenn, er hatte wie stets in diesen Fällen für einen sauberen Ausstieg gesorgt.

16. KAPITEL
GROSSREINEMACHEN

ABC-WG stand am Klingelschild, nicht mehr und nicht weniger. Wobei es mit dem Klingeln derzeit sowieso selten klappte, immer wieder war die Anlage defekt. Wenn mal repariert wurde, hielt das nur kurz. Wer aber zu den jungen Männern wollte, kannte die exakte Etage und die passende Wohnungstür. Außerdem hielten sie sich aktuell mit häuslichen Feiern zurück. Vorrangig aus Geldmangel, wenngleich auch die gemeinsam zur Verfügung stehende Zeit knapp bemessen war.

Die gesamte Wohnung duftete an diesem Sonnabend nach dem Glühwein, den Ansgar gerade auf dem Herd in der Küche erhitzt hatte. Zimt, Anis, Ingwer lagen in der Luft. Erst einmal hatte er zwei Anderthalb-Liter-Flaschen geöffnet und in den größten Kochtopf gegossen, den sie besaßen. Möglicherweise reichte das für die freundschaftliche Dreierrunde aus. Zur Not, falls sie sich festquatschten und wie so häufig beim Philosophieren kein Ende fanden, stand auch noch eine dritte Flasche parat und sogar eine vierte, für den Fall der Fälle. Es sollte ja niemand mehr aus dem Haus müssen. Bei dem ungemütlichen Wetter!

Die Temperaturen waren wieder etwas angestiegen, und aus dem Schnee hatte sich im Freien ein nasses, schmierig-graues Etwas entwickelt, das man eigentlich nur mit undurchlässigen Gummischuhen bewältigen konnte. Doch die besaß keiner von den dreien. Nur zum Briefkasten war Bogdan heute hinabgestiegen und hatte die Post für alle geholt. Das war laut Planung in dieser Woche sein Job. Wenn der Fahrstuhl streikte, doch eine ziemlich aufwendige Aufgabe. Die drei hatten es nicht so mit Sport.

Am rustikalen Küchentisch saßen schon die beiden anderen, während Ansgar mit der Schöpfkelle für jeden einen Becher füllte und dabei die danebenstehende Spüle volltröpfelte. Eine rötliche Spur zog dahin.

„Aua", fluchte er, als er sich an einem der Gefäße die Finger verbrannte, und warnte zugleich: „Das ist verdammt heiß. Passt bloß auf, wenn ihr den ersten Schluck nehmt."

Damit stellte Ansgar erst vor Chris, dann vor Bogdan und schließlich an seinen Platz einen dampfenden Becher, ehe auch er sich setzte. Seine verwaschenen Jeans, die seinen Hintern nur halb bedeckten, hatten ein paar Spritzer von dem Rotwein abbekommen, die sich in die schon vorhandenen Flecken einordneten.

„Die Minipizzen brauchen noch einen Moment. Da klingelt dann der Wecker", fuhr Ansgar mehr zu sich selbst fort. Er hatte Küchendienst in dieser Woche, während Chris für den Badezimmerbereich zuständig war.

In der Mitte des Tisches flackerte eine dicke rote Kerze, lose von etwas Tannengrün umlegt. Letzteres hatte Chris mit einem scharfen Messer organisiert, aus den Grünanlagen vor der Tür. Fast hätte ihn die Hausmeisterin dabei erwischt. Aber eben nur fast. Er konnte die Zweige gerade noch unbemerkt unter seiner Jacke verschwinden lassen und sie in ein unverfängliches Gespräch verwickeln, auf das sie sich mit argwöhnischen Blicken einließ.

Alle drei hatten dicke Pullover an, die Jacken noch darüber, Schals um den Hals und Wollmützen auf dem Kopf. Bogdan umfasste seinen Becher vorsichtig mit beiden Händen, um sie aufzuwärmen.

„Die spinnen wirklich, jetzt ist die Heizung schon den dritten Tag in Folge ausgefallen", empörte sich Ansgar, der fröstelte. „Dabei sollte da nur in ganz kurzer Zeit irgendwelche Luft aus den Heizkörpern von unserem Strang rausgelassen werden, die sich angesammelt haben soll, habe ich unten am Aushang gelesen. Alles faule Ausreden. Die wollen uns hier nur schikanieren!"

„Da hilft eben nur innere Wärme, zu der wir uns jetzt mit deinem Glühwein verhelfen! Super Idee übrigens. Hätte glatt von mir sein können", lobte Chris.

„Tja, wenn wir Heizlüfter anstellen, die wir uns ohnehin erst besorgen müssten, dann schlägt sich das heftig auf der Stromrechnung nieder …", fiel Bogdan dazu ein.

„… und was können wir uns nicht leisten? Geldausgeben!", grinste Chris.

Die drei studierten an der Technischen Universität der Stadt, gemeinsam in einem Studienjahr. Schon am ersten Tag ihrer Ausbildung hatten sie sich gefunden und klebten seitdem wie Pech und Schwefel aneinander. Sie belegten alle dieselben Kurse.

„Bogdan?", hatte Chris damals bei der Vorstellung gestutzt. „Kommt das nicht aus dem Russischen und heißt übersetzt Gottesgeschenk?"

Der hatte ihn nur grinsend angeschaut und flapsig erwidert: „Na, du hast es nötig!"

Woraufhin Ansgar stolz gegenhielt: „Und ich bin ein Speer der Götter!"

Eine WG war also ganz folgerichtig. Und weil sie das kurzweilige Beisammensein so genossen, dehnten sie ihre Qualifizierung auch immer weiter aus, hatten die Regelstudienzeit längst überschritten. Das Problem war nur die häusliche Unterstützung, die langsam versiegte. Niemand von den Eltern war bereit, dieses lässige Studentenleben weiter zu finanzieren. Bogdan und Chris hatten schon vor einiger Zeit einen absoluten Endtermin gesetzt bekommen, wann sie fertig zu sein hätten. Der monatliche Obolus war umgehend auf ein Minimum gekürzt worden, sodass sich beide nach einem kleinen Verdienst umschauen mussten, um über die Runden zu kommen.

Jetzt zog Ansgar seinen etwas zerknitterten Brief aus der Jackentasche und wedelte mit ihm, während der Kurzzeitwecker schroff klingelte.

„Also, Jungs, das muss ich euch nachher vorlesen. Meine Alten wollen jetzt auch nicht mehr, dass ich ihnen auf der Tasche liege ... Aber ..."

Er erhob sich.

„... jetzt schieben wir uns erst einmal die leckeren Piccolinis hinter. Ich hab so einen Knast."

Ansgar stand schon am Backofen und öffnete die Klappe, dann zog er, mit einem Ärmelstückchen seines Strickpullovers über den Fingern, den Gitterrost etwas heraus und fing an, alles in Portionen auf die einzelnen Teller aufzuteilen. Für jeden dieselbe Anzahl. Hier herrschte absolute Gerechtigkeit.

„Ich schiebe nachher noch ein oder zwei Fuhren rein. Das hier wird ja bestimmt nicht reichen", meinte Ansgar, nachdem er jeden versorgt hatte und selbst vor seinem Teller saß.

Der Glühwein hatte sich inzwischen etwas abgekühlt, dafür waren die kleinen Gebäckteilchen kochend heiß. Beim genauen Hinsehen konnte man sogar aufsteigende Bläschen am Rand der Käsehaube entdecken. Bogdan hatte, ohne abzuwarten, in ein Exemplar hineingebissen, daraufhin aber sofort versucht, die Ecke im Mund hin- und herzuschieben, um sie abzukühlen und damit genießbar zu machen. Nach wenigen Augenblicken spuckte er alles wieder auf seinen Teller und hielt sich die Hand vor den Mund. Er hatte sogar Tränen in den Augen und knallrote Wangen.

„Sorry, Leute, jetzt hab ich mir aber dermaßen die Fresse verbrüht. Das gibt Blasen!", stieß er hervor und zog eine Grimasse.

Die beiden anderen lachten einfach nur.

„Kommt davon, wenn man so gierig ist. Hat meine Oma immer gesagt, wenn mir so was Ähnliches passiert ist", grinste Ansgar.

Es folgte nach einer Weile auch die zweite Runde Minipizzen, und der Glühwein tat seine Wirkung. Ansgar hatte schließlich die dritte Flasche in den Topf getan. Auf dem Tisch befand sich inzwischen eine große Schüssel mit Chips, die immer wieder aufgefüllt wurde. Ihre Krümel verteilten sich weiträumig.

„Wie findet ihr das denn?", erkundigte er sich, nachdem er den Brief seiner Mutter vorgelesen hatte. Sie schrieb immer „Dein Vater und ich sind der Meinung" und dann folgten die Drohungen. Er könne sein Leben so langsam allein bestreiten, sie seien lange genug für ihn aufgekommen und müssten auch einmal an sich denken, viel zu lange hätten sie auf Reisen und anderes mehr verzichtet. Irgendwann müsse er schließlich selbst Verantwortung für sich übernehmen. Nun sei endlich mal Schluss mit lustig …

„Tja, was hast du erwartet?" Chris zuckte emotionslos mit den Schultern. „Sollte es dir anders ergehen als uns? Such dir doch einfach was, so wie wir, ich habe gerade irgendwo gelesen, dass die Zeitungsausträger fürs hiesige Tageblatt benötigen. Soll gar nicht so schlecht bezahlt sein … Wie hieß das da …, ach ja, morgens um halb sieben hätte man schon 450 Euro verdient … Von wegen früher Vogel fängt den Wurm …"

„Bist du irre?", entrüstete sich Ansgar. „Wann muss ich denn da aufstehen? Wegen mir werden die Leute wohl kaum erst gegen Mittag ihre Zeitung im Briefkasten haben wollen. Schließlich bin ich eher die Nachteule, schon allein von meinem Biorhythmus her. Dagegen sollte man auch überhaupt nicht vorgehen. Tut man sich nichts Gutes."

Währenddessen hatte sich Bogdan gemütlich zurückgelehnt und die Arme vor der Brust verschränkt. Jacken, Schals und Mützen von allen dreien hingen inzwischen über den Stuhllehnen.

„Ich hätte da eine Idee", fing Bogdan an, und die beiden anderen schauten neugierig zu ihm hin.

„Ja, man kann auch tatsächlich alles Mögliche machen, aber das dauert mit dem Geldverdienen oder ist sehr, sehr anstrengend. Wir sollten uns für etwas gänzlich anderes entscheiden …"

„Nimm mal nur den Einsatz als studentische Hilfskraft bei einem Prof!", fiel Chris dazu ein, während er die Mundwinkel herunterzog.

„Eben. Dem kannst du es nie recht machen, und immer will er weitere Extras. Auch das mit dem Kellnern hat seine bösen Tücken. Da sind die Mädels eindeutig am längeren Hebel. Kleid bisschen kürzer, dafür der Ausschnitt mit dem netten Inhalt größer, und schon regnet es Trinkgeld. Und Nachhilfeunterricht bei so drögen Schülern ist echt das Letzte. Denke mit Schrecken an meine Versuche in dieser Richtung zurück. Die wollten ja einfach nichts kapieren. Und was die beziehungsweise deren Erzeuger geblecht haben, war nur etwas Schmerzensgeld …"

„Ja, was dann aber?", fragte Ansgar.

„Supermarkt!"

Bogdan blickte irgendwie stolz in die Runde. Allerdings wirkten die anderen Gesichter ziemlich ratlos.

„Dann will ich euch mal aufklären, zumal ich ja gerade im Schweiße meines Angesichts in den Abendstunden zwangsweise Regale befülle. Wovon wir schließlich alle was haben. Nicht wahr!"

Bogdan wies auf den Glühwein, den er spottbillig bekommen hatte, weil die Etiketten extrem windschief draufgeklebt und zum Teil kaputt waren, ebenso auf die Chips, die gerade das Verfallsdatum überschritten hatten.

„Da hört man doch so allerlei und kommt auf tolle Gedanken …"

Das klang verheißungsvoll, beschlossen sowohl Ansgar als auch Chris, während alle noch einen weiteren Schluck aus ihren Bechern nahmen.

Dann tischte Bogdan seine Idee auf, wie man zu Geld kommen könnte. Der Einsatz benötigte allerdings etwas Manpower, wie sich Bogdan ausdrückte.

„Mit dem Filialleiter habe ich schon mal im Spaß drüber geredet, den könnten wir auf unsere Seite kriegen, damit er auch an den Videokameras was verstellt. Der ist gerade selbst ziemlich knapp bei Kasse. Irgend so ein Familiending, Trennung oder so was Ähnliches. Ist mir aber auch schnurz. Wir fingieren einen Überfall, schnappen uns die Tageseinnahmen und sind auf und davon. Ganz einfach!"

Chris schüttelte ungläubig den Kopf.

„Aber wenn ich das richtig weiß, dann landet das Geld doch beim Bezahlen an der Kasse aus Sicherheitsgründen gleich in so einem Schacht! Da kommt man niemals ran. Tja, früher wäre das vielleicht noch gegangen."

„Das ist ja des Pudels Kern", strahlte jetzt Bogdan. „Wir nehmen einen Sauger mit einem großen Rüssel und einer starken Saugleistung. Habe mir dazu schon mal eine technische Zeichnung gemacht … Wir bräuchten nur so ein kräftiges Teil. Aber das muss sich doch irgendwie organisieren lassen."

„Oma", warf Ansgar einen Brocken in die Runde, woraufhin die anderen sich vor Lachen kaum halten konnten.

„Hihi, deine Oma hat einen großen Saugrüssel und eine starke Saugleistung … Ich fasse es nicht. Darauf werde ich sie direkt ansprechen, wenn wir sie mal wieder hier zu sehen bekommen. Doch bestimmt an einem der nächsten Adventssonntage, wenn sie was Selbstgebackenes vorbeibringt. Freue mich schon unermesslich darauf. Das wird lustig."

Chris schlug sich auf die Schenkel.

„Oh, ihr seid so was von blöd. Und wehe, du nimmst meine Oma auf den Arm", entgegnete Ansgar voller Entrüstung. „Sie hat sich doch gerade so ein sauteures Exemplar von einer Markenfirma zugelegt, genauer gesagt, von einem Vertreter aufschwatzen lassen, mit eben so einem langen Rüssel, mit dem man perfekt in jede noch so kleine Ecke gelangt. Um auch die letzten Spinnweben an der Decke spurenlos abzusaugen. Oma war ganz fertig, als ihr dieser Vertreter die volle Tüte vorführte, nachdem er noch einmal überall aktiv war, wo sie doch erst eine Stunde zuvor gründlich gesaugt hatte!"

„Und du denkst also …", fing Bogdan an, um auf den Kerngedanken zu kommen.

„Hm", nickte Ansgar. „Ich erzähle Oma was von Großreinemachen. Dann ist sie schon einmal glücklich und pumpt mir das Ding für ein paar Tage."

Dann beratschlagten die drei die Details. Eventuelle Bedenken zerstreute Chris, der sich mit einer kleinen Beichte offenbarte und die Herkunft der drei funkelnagelneuen Computer lüftete, die sie vor Kurzem bekommen hatten.

„Und ich dachte, das wäre ein Geschenk von deinen Eltern gewesen", wunderte sich Ansgar. „Hattest du das nicht gesagt???"

Chris schüttelte nur den Kopf und erzählte von seinem Nebenverdienst bei der Post, als Springer für die Auslieferung. Und da wäre doch mal die hintere Tür von seinem Transporter defekt gewesen. Ging zwar zu, war aber nicht richtig verschließbar. Das erst hatte ihn ja auf die Idee gebracht, als er die drei Pakete von dem namhaften Computerhersteller entdeckte. Sogar mit Bildern zum Inhalt drauf sowie ein paar Details zur Leistungsfähigkeit. Ganz schön blöd, hatte er damals zunächst gedacht. Und sich dann spontan für seine Tat entschieden. Unterwegs einfach einen Zwischenhalt eingelegt und die Pakete in einem markanten Gebüsch versteckt. Zum Glück spielte zu jenem Zeitpunkt das Wetter mit, und es blieb trocken. Später auf dem Heimweg holte er dann alles ab und erfreute damit die gesamte WG.

„Na, da müssen wir uns keine Gedanken mehr machen, wir sind ja schon kriminell", kicherte Bogdan, und die drei beratschlagten weiter. Man musste alle Eventualitäten einplanen. Einer musste das Fluchtauto fahren, das man zuvor vielleicht nur zu diesem Zweck entwenden würde. Die Arbeit galt es exakt einzuteilen, für jeden ganz konkrete Aufgaben.

„Eine Pistole wäre nicht schlecht", schlug Chris irgendwann mit schon etwas unkontrollierter Stimme vor. Da hatten sie bereits die vierte Glühweinflasche in den Topf getan und zur Hälfte geleert.

„Klingt nicht verkehrt, aber woher nehmen, wenn nicht stehlen?", antwortete Ansgar. „Wobei weiter unten so ein junger Mann wohnt. Ich glaube, der heißt Norman. Und für meinen Geschmack handelt der mit allerlei Zeug."

„Du meinst, wir sollten ihn direkt darauf ansprechen?", wollte Bogdan wissen.

„Warum eigentlich nicht? Wir könnten es doch als Witz abtun, wenn er sich dumm stellt!"

Ansgar wirkte zuversichtlich.

„Kabelbinder sollten wir unbedingt dabeihaben", fiel es Chris gerade noch ein.

„Wieso das denn, wir wollen doch nicht auf den Bau und irgendwo was basteln." Bogdan schüttelte den Kopf.

„Aber wenn uns jemand in die Quere kommen sollte, den wir nicht eingeplant haben, dann könnten wir ihn fesseln. Das wird in Filmen immer so gemacht."

„Aha, na dann. Kabelbinder sollten auf unsere Einkaufsliste. Die lassen sich ja völlig problemlos beschaffen", sagte Ansgar und machte sich eine Notiz auf einem der Zettel, die sonst für die Einkäufe im Supermarkt genutzt wurden.

„Wäre aber natürlich besser, wenn wir so was nicht einsetzen müssen. Weder eine Pistole noch solche Kabelbinder. Das würde nämlich gleich den Straftatbestand hochschrauben. Wäre gleich schwerer Raub und gegebenenfalls noch vorsätzliche Körperverletzung. Auf eine Bewährungsstrafe hätten wir da garantiert keinen Anspruch, eher auf mehrere Jahre Haft", dachte Ansgar weiter laut vor sich hin, aber keiner ging darauf ein.

Sie nahmen sich direkt die Woche vor dem Fest vor, damit auch die Einnahmen hoch genug sein würden. Chris hatte von mindestens 60.000 Euro gesprochen. Eine solche Summe hatte er schon vor Ort recherchiert. Damit würden sie, selbst bei gerechter Teilung auch mit den

Komplizen, schon ein Weilchen aushalten. Sie waren ja sparsam, und ihre Sorge vor den nächsten Mietzahlungen wäre also unbegründet.

17. KAPITEL
ANLAGE

Nele schaute nervös auf die Zeiger der Wanduhr. Immer noch war Matteo nicht fertig, dabei hatte er heute in seinem Terminkalender eine Verabredung um zehn Uhr stehen. So wie immer an diesem Wochentag. Sie hatte ja extra überprüft, ob es da keine Änderung gab. Und nun hielt er sich nach wie vor im Badezimmer auf.

„Ach, ist das ärgerlich." Er riss jetzt die Tür auf und wies auf sein Oberhemd. „Alles voller Zahnpasta!"

Auf seiner breiten Brust tummelten sich reichlich frische Spuckspuren.

„Ja, warum putzt du dir denn auch die Zähne, wenn du schon angezogen bist. Das macht doch kein normaler Mensch", erwiderte Nele und ärgerte sich im gleichen Augenblick für ihre unbedachte Äußerung.

„Was willst du denn damit sagen? Dass ich kein normaler Mensch bin?"

Matteos Gesicht bekam eine rote Farbe, und die Adern an seinen Schläfen schwollen an. Kein gutes Zeichen.

„Tut mir leid. Das habe ich nicht so gemeint", sagte Nele jetzt versöhnlich und verschwand schon im Schlafzimmer, um kurz darauf mit zwei neuen Oberhemden aufzutauchen.

„Ist das recht oder dieses? Frisch gebügelt selbstverständlich!"

Sie hielt ihm beide Oberteile auf den Bügeln entgegen. Matteo schaute nur kurz, nickte dann gnädig, griff zu dem zartblauen Modell und tauschte die Hemden.

„Kannst wohl nicht schnell genug an deinen Computer kommen?", erkundigte sich Matteo nebenher, während er die Knöpfe schloss und dann seine Krawatte band. „Bist so nervös, richtig von der Rolle. Da drängt wohl ein besonders wichtiger Abgabetermin …?"

Sein anschließendes Lachen klang höhnisch. Er gab sowieso nichts auf ihre Arbeit. Lektorin im Homeoffice, was war das schon. Überhaupt hielt er alles, was mit Schreiben zu tun hatte, für gänzlich überflüssig, jedenfalls in der Neuzeit. Wozu gab es denn künstliche Intelligenz und wozu Korrekturprogramme? Für seinen Geschmack war da menschlicher Einsatz inzwischen nur reduziert nötig, vielleicht um da oder dort zu kontrollieren, ob alles wunschgemäß klappte.

Nele verkniff sich eine Bemerkung dazu. Sie wusste, wohin das immer führte. Und sie hatte eigentlich gar keine Kraft mehr zu solchen zehrenden Auseinandersetzungen. Sie dachte an die Scheidungspapiere, die ganz zuunterst in einem unauffälligen Umschlag in ihrem Schreibtisch lagen. Die ersten Seiten hatte sie schon vollständig ausgefüllt und auch Rat bei einer Anwältin eingeholt, die sie vertreten wollte. Um eventuellen Ärgernissen daheim aus dem Weg zu gehen, hatte sie das erste Beratungshonorar vor Ort bar bezahlt, damit Matteo nicht beim Prüfen ihrer Kontoauszüge auf diese Ungereimtheit stieß.

„Aber", hatte die Anwältin gesagt, „geheim halten können Sie die Angelegenheit doch nicht auf Dauer! Irgendwann müssen Sie sich dieser Situation stellen. Und dann brauchen Sie einfach starke Nerven und Durchhaltevermögen. Ich stehe Ihnen doch zur Seite."

„Ich mach mich dann auf den Weg", riss Matteo Nele aus ihren Gedanken.

„Ja. Gut. Dann wünsche ich dir jedenfalls viel Erfolg auf der Arbeit."

Sie schluckte, weil sie das nicht wirklich tat. Ein Job, bei dem man anderen Leuten Dinge aufschwatzte, die sie nicht unbedingt benötigten. Das war doch einfach nur schrecklich. Aber sie hatten sich einst auch solchermaßen kennengelernt, als Matteo ihre finanzielle Lage checkte. Alle ihre Unterlagen mit sämtlichen Ordnern hatte sie vor ihm ausgebreitet. Er hatte so eine vertrauenswürdige Art an sich. Ein durchaus sympathischer Anlageberater, von kräftiger Statur, an die man sich anlehnen konnte. So hatte sie befunden, und beide waren irgendwann ein Paar geworden.

„Und ich würde mich freuen, wenn es nachher hier nicht wieder wie auf einer Baustelle oder in diesem gesamten schrecklichen Haus aussieht. Das dreckige Frühstücksgeschirr steht noch auf der Küchenspüle. Staub müsste mal dringend gesaugt werden und gewischt natürlich auch. Man kann ja schon Sau auf die Möbel schreiben. Sieh mal."

Und Matteo hinterließ mit seinem rechten Zeigefinger eine solche Schriftspur auf dem Schuhschrank im Flur.

„Wozu bist du denn den gesamten Tag zu Hause. Kannst ihn ja unmöglich nur mit Lesen und Fehlersuche in Texten verbringen. Beweg dich mal. Hast ohnehin angesetzt. Das gefällt mir übrigens gar nicht."

Nele spürte ein Würgen im Hals, aber zugleich eine Wut, die ihr Kraft gab. Heute, genau heute würde sie die Papiere fertig machen und auf den Weg bringen. Nachher konnte sie ja hoffentlich mit Edgar drüber reden. Der hatte für alles Verständnis.

Matteo hatte die Tür hinter sich ins Schloss gezogen, und Nele lehnte sich nun mit dem Rücken daran. Die Augen hielt sie geschlossen, und ein tiefer Seufzer entrang sich ihr. Sie strich sich eine Strähne hinter das linke Ohr.

Edgar! Edgar? Er war schon zu den beiden vorherigen Treffen nicht erschienen, und sie war nicht in der Lage, einen Kontakt zu ihm herzustellen. Sie trafen sich seit Längerem jeden zweiten Donnerstag im Monat. Das waren die Tage, an denen Matteo definitiv länger im Büro blieb und auch mit seinem vorherigen Eintreffen daheim nicht zu rechnen war. Zu diesem Termin waren immer Teambesprechungen in der Finanzagentur angesagt. Die waren noch nie verlegt worden, darauf konnte man sich verlassen.

Angefangen hatte alles mit der Reparatur der tropfenden Armatur im Badezimmer. Matteo hatte zuvor seine Frau wieder drangsaliert, mit Worten, die mehr schmerzen konnten als jede Ohrfeige. Sie war einfach nur verzweifelt. Edgar hingegen hatte lustige Sprüche drauf, erledigte seinen Job im Handumdrehen und beobachtete aus einem Augenwinkel heraus Nele, die in der Tür stand und ihm bei seiner Tätigkeit zusah.

„Wie wäre es noch mit einem Kaffee?", erkundigte sich im Anschluss die Frau.

„Super Idee. Zu Hause werde ich jedenfalls um diese Zeit noch nicht erwartet."

Edgar packte alle Utensilien ordentlich in seine Werkzeugkiste und stellte sie in den Flur neben die Ausgangstür.

Nele machte sich zeitgleich an die Arbeit und befüllte die Kaffeemaschine. Währenddessen traten Tränen in ihre Augen, und als sie Geschirr, etwas Gebäck und den Kaffee auf einem Tablett ins Wohnzimmer trug, schluchzte sie schon.

Edgar stand neben einem Sessel und schaute besorgt auf Nele.

„Ich wollte mich noch nicht setzen. Nicht dass ich mit meiner Arbeitshose etwas verschmutze ...", versuchte er neutral zu wirken.

„Ach was", winkte Nele ab, nachdem sie das Tablett auf dem Tisch abgestellt hatte, „setzen Sie sich ruhig. Hier ist alles so dreckig, da würde das auch nichts mehr ausmachen."

Edgar schaute sich um und verstand die Frau nicht. Es sah doch recht ordentlich aus, auf den ersten Blick zumindest.

Nele saß inzwischen auf dem Sofa, hatte die Hände vors Gesicht geschlagen und ließ ihren Tränen freien Lauf. Edgar überlegte nur kurz, dann setzte er sich neben sie und legte einen Arm um ihre Schultern.

„Das wird schon wieder", fiel ihm ein tröstender Standardspruch ein, auch noch ein Nachsatz dazu: „Bis du heiratest, ist alles wieder gut. Hat früher meine Großmutter immer gesagt. Witzig, nicht wahr? Hat man damals tatsächlich dran geglaubt, dass mit einer Heirat alles gut

werden würde. So naiv war man als Kind. Ganz schön be-
scheuert, nicht wahr?!"

Neles Schluchzen verstärkte sich. Und Edgar streichelte
ihr sanft über den Oberarm. Das beruhigte sie etwas, und
irgendwann fing sie an zu erzählen. Von ihrer Beziehung,
von der Qual, die sie nicht mehr aushielt, von ihrer Hoff-
nungslosigkeit, von ihrer Schwangerschaft und dem Ver-
lust des Babys drei Tage nach der Geburt. Ein kleiner Junge.
Edgar hörte geduldig zu, warf nur mal ein „Hm" oder ein
„Aha" ein, damit sie wusste, er war noch konzentriert. Erleichtert hatte sie am Ende ihrer Ausführungen ihren Kopf
an seine Schulter gelehnt. Es war ja keine Spur gebessert,
aber sie hatte sich endlich einmal jemandem anvertrauen
können. Mit allem. Das war bislang unmöglich gewesen, jedenfalls scheiterten sämtliche Versuche in dieser Richtung.

Matteo war so ein Blender, da brauchte sie bei ihren
Freunden oder ihrer Familie gar nicht erst mit Klagen an-
zufangen. Die nahmen ihn allesamt vollmundig in Schutz.
Vielleicht solle sie sich mal überlegen, was da bei ihr die
eigentliche Ursache für eventuelle familiäre Diskrepanzen
sei, war die einhellige Meinung. Nicht einmal die Sache
mit dem Stammhalter hätte sie ordentlich auf die Reihe
bekommen, hatte sich mal ihre Schwiegermutter bei einem Familientreffen geäußert, als sie glaubte, sie könnte
sie von der Küche aus nicht hören. Das hatte gebrannt wie
Feuer und brannte immer noch.

In der Folgezeit trafen sich Nele und der Hausmeister
häufiger, immer an den Donnerstagen, an denen nicht mit
Matteo zu rechnen war. Außerdem hatte Edgar stets seine Latzhose an und die Werkzeugkiste dabei. Das wirk-

te neutral. Und nachdem sämtliche Wohnungen auf der Etage leergezogen waren, sah ihn niemand, wenn er die Wohnung betrat. Auch er erzählte von seiner Ehe mit Elizabeth, von den Problemen, die ihm auf dem Herzen lagen.

Bei einem ihrer Treffen lagen sie sich plötzlich in den Armen und konnten nicht mehr voneinander lassen. Ihre Sachen flogen in die Gegend, und sie versanken ineinander. Sie schöpften beide Kraft aus dem Trost, den sie einander gaben, und sehnten die zweiwöchentlichen Treffen herbei. Sex spielte eine eher untergeordnete Rolle, obwohl das erste Mal die beiden berauscht hatte. Es war mehr die Geborgenheit, die sie einander vermittelten.

Doch nun war schon einige Zeit vergangen, und Edgar war nicht aufzufinden. Sollte ihre Beziehung zu Ende sein? Er hatte ja mal davon erzählt, dass er sich auf und davon machen wollte. Aber eigentlich mit ihr. Was sie stets lächelnd abtat: „Wir können doch nicht so einfach aus unseren Gewohnheiten aussteigen und alles hinter uns lassen. So ist das Leben doch nicht gemacht. Jeder von uns hat schließlich Verpflichtungen …"

„Natürlich können wir das, Nelchen", waren seine Worte gewesen, und er hatte sie hochgehoben, um sich mit ihr im Kreis zu drehen.

„Warte nur ab!"

Und dann hatte er ein Weilchen später von seiner Idee erzählt, Elizabeth auf eine falsche Fährte zu locken. Dafür wollte er einfach mit einer exotischen Asiatin chatten, um seine Frau abzulenken, die gelegentlich den Verlauf seiner Aktivitäten im Internet kontrollierte, und schon mal

Flugtickets für sie beide besorgen. Ihres noch beim Reise-
büro für eine spätere Abholung hinterlegen und nur das
seinige relativ offen daheim liegen lassen. Nie und nimmer würde Elizabeth da auf die naheliegende Lösung mit
Nele tippen. Sie konnten sich also bis zu dem geplanten
Termin direkt vor dem Fest in ziemlicher Sicherheit wiegen. Und Nele könne doch ihre Arbeit von jedem Ort der
Welt aus erledigen.

„Ich habe da auch etwas Erspartes von einer lieben alten
Tante. Das hat sie mir noch zu Lebzeiten zugesteckt, weil
sie mir eine Freude machen und das eben erleben wollte", hatte Edgar eines Tages verraten. Auch das Versteck.
Nämlich die ungenutzte Tiefkühltruhe im Keller. Darauf
würde Elizabeth nie kommen …

Und dann herrschte ganz plötzlich Funkstille. Nele
hatte ein komisches Bauchgefühl, so ein Grummeln, das
nichts Gutes verhieß. Schon viel zu oft war sie vor der
Wohnungstür des Hausmeisterehepaars verharrt. Hätte jemand durch den Spion in den Flur geschaut, hätte derjenige sie einfach nur stehen sehen. Sie zog dann
ihr Smartphone heraus und tat so, als wären wichtige Informationen eingetroffen, wischte mit dem Daumen nach
rechts und nach oben. Dabei hatte sie noch gar nicht ihren Code eingegeben. Fünf Minuten und länger stand
sie mitunter vor der Tür und hörte jedes Geräusch in
der Wohnung, allerdings keine Gespräche. Nur Musikfet-
zen, Staubsaugertöne oder das Klappen von Schranktüren.

Ein einziges Mal hatte sie es gewagt zu klingeln. Daraufhin hatte Elizabeth breit im Türrahmen gestanden
und sie mit gerunzelter Stirn angeschaut.

„Ihnen ist schon klar, dass jetzt Mittagspause ist?! Sie stören uns beim Essen", war nur von ihr zu vernehmen, mit einem ziemlich gereizten Unterton.

„Wir haben Probleme mit den Lichtschaltern im Wohnzimmer", hatte Nele daraufhin vorgegeben.

„Und deshalb klingeln Sie? Gibt doch den Briefkasten, in den Sie Ihre Aufträge reinstecken können. Wir schauen dann schon, ob und wann eine Reparatur machbar ist. Das geht alles der Reihe und der Dringlichkeit nach."

Die Betonung lag deutlich auf dem „Uns" beim mittäglichen Essen und dem „Wir" bei der Erfüllung von Aufträgen.

Nele fühlte sich danach ein wenig beruhigt, aber nur ein klein wenig. Edgar bekam sie auch fortan nicht mehr zu Gesicht.

Die Zeiger der Uhr rückten voran. Nele hatte nicht einen Handschlag an ihrem Computer erledigen können. Sie konnte sich beim besten Willen nicht auf die Texte konzentrieren. Die Buchstaben verschwammen vor ihren Augen. Wieder und wieder war sie auf den Balkon getreten, in der Hoffnung, Edgar wenigstens beim Schneeschieben zu entdecken. Ein gegenseitiges Winken hätte ihr schon ausgereicht. Das hätte ihr Kraft und Hoffnung für die nächsten zwei Wochen gegeben. Mindestens bis zum Antritt ihrer Reise.

Als die Wohnungstür aufgeschlossen wurde, zuckte Nele zusammen. Was, so spät schon? Nichts, aber auch gar nichts hatte sie erledigt. Weder ihre beruflichen Aufträge noch etwas von der Hausarbeit.

„Das kann ja wohl nicht wahr sein", fluchte es im Flur. „Was hast du blödes Weibsbild denn den ganzen Tag über getan, während ich mich abgeschuftet habe?! Wahrscheinlich wieder mal Däumchen gedreht."

Matteo zog sich erst die Halbstiefel und dann seine Jacke aus, die er an die Garderobe hängte.

„Ich möchte wetten, nicht mal das Abendbrot ist vorbereitet", beschwerte sich der Mann lautstark, während er in die Küche lief, um sich von seiner Vermutung zu überzeugen. „Das ist ja wohl die Höhe!"

„Tut mir leid", entgegnete jetzt Nele. „Ich musste ganz dringende Korrekturen erledigen. Der Termin für den Druck stand heute an. Eine Kollegin ist krankheitsbedingt ausgefallen, und ich musste für sie einspringen."

„Jaja, und darüber haben die Gnädige mal wieder alles andere verdrängt. Ich gebe dir eine halbe Stunde, dann steht gefälligst das Essen auf dem Tisch oder ich vergesse mich. Das kannst du mir glauben."

Matteo zog sich in seinen Arbeitsbereich zurück, eine dafür angepasste Nische im Flur. Sein einziges Zugeständnis an das Homeoffice seiner Frau. In der Küche ertönten jetzt Geräusche, und er klappte seinen Laptop auf. Nur noch schnell ein paar Daten eingeben. Das war heute wieder ein richtig guter Tag gewesen. Sein Chef war des Lobes voll. Matteo lag mit seinen Abschlüssen ganz vorn.

„Sie sind mir einer", hatte der Agenturleiter unter vier Augen in der Kaffeeküche zu ihm gemeint und breit gegrinst. „Einer Achtzigjährigen eine solche Lebensversicherung überhelfen. Super Idee. Darauf muss man erst einmal kommen. Wahrscheinlich ist die Alte wieder mal

Ihrem gnadenlosen Charme erlegen, mein Bester. Jedenfalls eine wunderbare Anlage für uns."

Dabei boxte der Chef Matteo freundschaftlich in die Seite.

„Wichtig ist doch, dass unser Unternehmen dabei einen guten Schnitt macht", hatte Matteo erwidert und dabei seine innere Zufriedenheit über die wohlwollenden Worte ausgestrahlt.

„Genau! Sie haben unsere Firmenphilosophie verinnerlicht. Wunderbar. Das würde ich mir von den anderen mal wünschen. Alles Flitzpiepen und Nichtskönner!"

Dann waren sie in den Besprechungsraum gegangen, wo die anderen schon auf den Beginn der Teamsitzung warteten, einige von ihnen deutlich nervös. Das Donnerwetter für die Mehrheit der Mannschaft nahm seinen Lauf, und die Lobeshymnen auf Matteo wollten kein Ende nehmen. Neid blitzte aus den Augen der anderen, aber das ließ Matteo völlig kalt. Im Gegenteil, es stachelte ihn noch mehr an. Er hatte da ein paar weitere Kandidaten in Arbeit, die waren schon ziemlich weichgekocht. Musste nur noch alles zum endgültigen Abschluss und zur bindenden Unterschrift kommen.

Matteo tippte jetzt ein paar Zeilen in eine Excel-Tabelle und ging dann seine Termine für den folgenden Freitag durch. Um zehn Uhr das gemeinsame Frühstück bei dieser unbefriedigten Hausfrau. Die aber glücklicherweise in der Familie die finanziellen Fäden in der Hand hielt und von der Optik her schon ein scharfes Geschoss war. 13 Uhr der nächste Termin bei einem älteren Ehepaar, wo er unbedingt die Sache mit der Berufsunfähigkeitsversicherung durchziehen wollte. Da drängte die Zeit heftig, weil der Mann schon kurz vor dem Renteneintritt stand. Und 16 Uhr der Absacker mit David von der Wohnungsverwaltung, der ihm ein paar weitere Daten von potenziellen Kandidaten versprochen hatte. Es ging doch nichts über sinnvolle, fruchtbringende Netzwerke.

„Abendbrot ist fertig, Matteo", rief jetzt Nele aus der Küche. Es war kurz vor 19 Uhr, und er konnte beim Essen die Nachrichten im ZDF sehen. Das beruhigte ihn etwas.

„Komme gleich", sagte Matteo, speicherte alles ab und schloss seine Dateien, ehe er den Laptop runterfuhr.

Der Fernseher lief schon, als er ins Wohnzimmer kam. Die letzten Reklamen auf den besten Sendeplätzen, direkt vor den Neuheiten des Tages. Erst ein Mittelchen gegen Blähbäuche und deren unangenehme Begleiterscheinungen, dann eine Werbung für den Baumarkt mit einem Glückseligkeit ausstrahlenden Heimwerker, der alles spielend schaffte. Beides nahm Matteo nicht richtig wahr. Er konzentrierte sich auf den Start der Nachrichten. Immerhin hatte es Nele geschafft, den Termin exakt einzuhalten. So, wie er es gewohnt war. Wenigstens etwas. Aber er ließ kein Lob laut werden. Jetzt benötigten die Informationen aus aller Welt seine volle Aufmerksamkeit.

Bei den Aufnahmen von zerstörten Häusern und weinenden Kindern schob er sich einen Bissen nach dem anderen hinter. Dieser merkwürdige Virus, der die Welt erobert hatte, interessierte ihn nicht weiter. Er fühlte sich fit. Insofern ließen ihn auch die Aufnahmen von der Intensivstation in dem argentinischen Krankenhaus kalt. Beim Sport war er wieder die Aufmerksamkeit pur und beim

Wetter ebenso. Danach richtete sich ja seine Anzugsordnung für den folgenden Tag.

18. KAPITEL
VERTICKEN

Die Marke des Fahrzeugs, in dem Felix und David saßen, war nicht mehr auszumachen, ein größeres Gefährt, eher gehobene Mittelklasse. Natürlich in klassischem Schwarz. Der Schnee hatte seinen Job getan und eine Decke darüber gelegt. Nur der Scheibenwischer sorgte zwischendurch quietschend für freie Sicht aufs Haus. Die Heizung funktionierte, die Sitze wärmten wohlig von unten. Sie standen zwar im Halteverbot, aber bei dem Wetter war mit keiner Politesse zu rechnen, außerdem kannten sie deren Einsatzpläne.

Eben hatten sich die beiden über die Wohnung in einer der obersten Etagen ausgetauscht.

„Das wirkt wie zugemauert. Findest du nicht auch?", wollte Felix von David wissen. Der aber zuckte nur mit den Schultern.

„So ein Blödsinn. Wer mauert denn eine Fensterfront zu! Das wird nur so eine trendige Gardine sein. Die Leute kommen ja manchmal auf die schwachsinnigsten Ideen. Gib mal das Fernglas her!"

Felix reichte das Gewünschte seinem Partner, der das Hochhaus ausgiebig musterte.

„Ich kann da beim besten Willen nichts Ungewöhnliches erkennen. Ist nur irgend so ein dämlicher Vorhang.

Außerdem, was soll's, die können sich doch einmauern. Haha …"

Felix lachte herzhaft und David stimmte ein. Dann widmeten sich beide wieder ihrem mitgebrachten Essen.

„Jetzt", sagte Felix beim gleichzeitigen Biss in seinen Burger und einem Blick auf die Zeitanzeige im Armaturenbrett vor ihm. Die Stunde nullte, und schlagartig erloschen die Lichter im Objekt.

„Na prima", meinte David und pulte sich mit einem Fingernagel etwas Fleisch aus den Zähnen.

Eine halbe Stunde zuvor hatten sie noch am nahegelegenen Imbiss angehalten und sich versorgt, damit die Wartezeit nicht zu lang wurde. Es konnte ja auch sein, dass sich die zugesagte Trennung vom Energienetz verspätete. Im Fußraum des Dienstwagens lagen inzwischen ein paar Stücke von den Pommes und zusammengeknülltes, fettiges Papier. Von Davids Cola war etwas über die Gangschaltung gespritzt, als er die Dose geöffnet hatte.

„Eigentlich könnten wir uns dann ja wieder auf den Heimweg machen", schlug David vor. „Unser Auftrag ist doch wohl erledigt."

„Ja, klar", entgegnete Felix und rülpste. „Aber wollen wir nicht einen Moment abwarten? Vielleicht gibt es noch ein sichtbares Echo von den bescheuerten Mietern. Irgendwann müssen die doch mal die Nase voll haben."

„So langsam weiß ich auch nicht, was man noch anstellen könnte, um sie rauszugraulen, damit wir endlich freie Hand haben. Die Gang funktioniert auch nicht so richtig, obwohl wir schon allerlei Geld in die Truppe investiert haben. Sind alles nur müde Aktionen, die nicht viel bringen, wenn ich da mal an die zeitweilig besetzte Wohnung im ersten Geschoss denke. Wen sollte das denn erschrecken?", sagte David und zog jetzt den Nachtisch aus seiner Verpackung, ein kleines Kuchenstück mit bunten Schokolinsen als Garnitur.

„Ach, da fällt mir allerhand ein", antwortete Felix, während er seine Stirn gedankenvoll in Falten legte. „Wir haben das Thema noch lange nicht ausgereizt. Das kannst du mir glauben. Und steter Tropfen höhlt den Stein. Glaub mir, so langsam liegen bei den Leuten die Nerven schon blank."

Dann erzählte er von seinem vorherigen Job bei einer Wohnungsverwaltung im Norddeutschen. Dort hatte es letztlich wunderbar mit großen, kräftigen Kerlen geklappt, die den entsprechenden nachhaltigen Eindruck machten. Einer allein hätte nichts gebracht, aber zwei oder vielleicht auch drei solcher wirkungsvollen Erscheinungen, die sorgten für die gewünschten Aktivitäten.

„War in den seltensten Fällen nötig, dass sie wirklich Hand anlegten", kicherte Felix. „Meist reichte deren effektvolles Auftreten ein einziges Mal aus …"

„Wenn es nach mir ginge, würde ich kurzen Prozess machen und die gesamte Bagage einfach rauswerfen. Dann hätte man Handlungsfreiheit, ohne großes Brimborium. Aber nein, da werden Umzugskonzepte für die Bewohner entwickelt, die in Wohnungen leben, die in vielen Fällen von der Stadt angemietet sind. Auf unsere Kosten, alles deine und meine Steuergelder", entrüstete sich David.

„Genau meine Meinung", ging Felix darauf ein. „Der Staat ist viel zu sozial. Immer wird von angespannter Lage auf dem Wohnungsmarkt gefaselt. Aber wenn man solchen Typen auch noch maßgeschneiderte Lösungen liefern will – wo kommen wir denn da hin."

„Ich sage nur städtebauliches Entwicklungskonzept mit dem dafür passenden Gutachten, das verschiedene Handlungsempfehlungen liefert. Bremst so ein Unternehmen wie das unsrige nur aus! Und so ein dämlicher Haupt- und Finanzausschuss bei der Stadt hat plötzlich das Sagen. Gibt doch Eigentumsrechte. Aber kein Wunder, wenn die falsche Partei an der Macht ist."

„Lass mal", beruhigte Felix seinen Kollegen, „wir sitzen am längeren Hebel. Sobald wir mit Investitionsstopp und einem Verkauf dieser unsäglichen Immobilie an einen externen Interessenten drohen, kneifen sie alle den Schwanz ein. Da kannst du sicher sein."

David lachte aus vollem Herzen und schlug sich dabei auf die Oberschenkel.

„Wenn etwas überzeugend klingt, dann ist es doch die offizielle Verlautbarung, die heute an die Presse rausging, von wegen, wir wollen das Objekt weiterhin langfristig revitalisieren und unser Scherflein dazu beitragen, dass sich das Quartier positiv verändert", sagte David, nachdem er sich etwas beruhigt hatte.

„Eben. Kein anderer Investor in dieser Stadt legt so transparent seine Strategie dar. Alles ist nachvollziehbar, wie der vorgelegte Sanierungsplan umgesetzt werden soll. Steigleitungen, Aufzug, Außenanlagen … Was wir an Maßnahmen versprechen, das setzen wir auch um", führte Felix aus.

Sein Kollege sah ihn mit gerunzelten Augenbrauen an.

„Also, wenn man dich so reden hört, gewinnt man den Eindruck, du glaubst an all diese Dinge!"

„So soll das auch sein, mein Lieber. Glaubwürdigkeit ist unser Zauberwort. Schließlich holen wir die Bewohner hier aus ihren menschenunwürdigen Verhältnissen und schaffen eine rosige Zukunft. Die müssten sich allesamt freuen, was wir so uneigennützig für sie tun …"

„Ich krieg mich nicht mehr ein", lachte David schon wieder. „Das sind die besten Witze, die ich je gehört habe."

Inzwischen war Elizabeth aus dem Haus getreten und schaute verzweifelt in die dunkle Höhe. Nicht das schon wieder, dachte sie genervt. Erst vor ein paar Tagen der brennende Container, der das gesamte Haus über den Müllschluckerschacht hinweg verräuchert hatte. Sie hatte ja einen ganz heftigen Verdacht, dass nämlich der Jüngste von dieser Alleinerziehenden da gekokelt hatte. Generell eine überaus freche Göre. Deren Kinder waren sowieso viel zu lange sich selbst überlassen. Da musste ja mal was passieren. Aber anzeigen würde sie so was natürlich nicht, bei der Fürsorge oder der Polizei. Wo kam man denn da hin? Eventuell Nachbarn denunzieren! Solche Zeiten waren ja wohl endgültig vorüber.

Stunden hatte sie damit zugebracht, um das Problem zu beheben beziehungsweise durch die Feuerwehr beheben zu lassen. Sie jedenfalls ganz allein, ohne männliche Unterstützung, bis endlich jemand auftauchte. Manchmal fehlte ihr Mann eben doch … Und nun schon wieder ein Stromausfall. Das gab Ärger. Bestimmt würden die Mieter bei ihr vor der Wohnung Schlange stehen, um sich zu beklagen.

Das musst du einfach aussitzen, sagte sich Elizabeth im Stillen. Gehst nicht an die Tür. Tust so, als wärest du nicht zu Hause. Sollen sie doch dranwummern, so laut sie können. Einfach die Kopfhörer aufgestülpt und schöne Musik genossen, jedenfalls solange der Akku reichte …

Ewig konnte das mit dem Strom ja auch nicht dauern. Vielleicht sollte ich wenigstens bei der Verwaltung mal anrufen und Bescheid geben, entschloss sie sich dann doch, griff sich ihr Handy und suchte den entsprechenden Kontakt heraus, den sie gleich antippte.

Währenddessen stritten sich Sina und Hannah. Nicht zum ersten Mal. Auseinandersetzungen waren bei den beiden an der Tagesordnung. Und wieder einmal ging es um die Ware, die sie heute angenommen hatten und die es zeitnah zu verticken galt.

„Hab dich doch nicht so", brauste Sina auf. „Wenn Madam hier alle Annehmlichkeiten geliefert bekommt, dann gibt es auch gefälligst keine Widerworte …"

„Ich meine ja nur", entgegnete Hannah, „dass wir damit aufhören sollten. Ich habe so ein ungutes Gefühl."

„Scheiß doch auf dein Gefühl. Wichtig ist, dass wir über die Runden kommen. Hast du eine Alternative?"

Hannah zuckte ratlos mit den Schultern.

„Genau, wie immer. Dann fehlen dir die Worte. Willst du dich vielleicht bei der Arbeitsagentur anstellen und dir von denen schwachsinnige Jobs aufnötigen lassen?"

In dem Moment gingen die Lichter in der Wohnung aus. Schlagartig war es dunkel.

„Hast du blöde Kuh wieder zu viel Technik gleichzeitig aktiviert, dass die Sicherung rausgeflogen ist?", erzürnte sich Sina. „Wie oft muss ich dir noch sagen, dass Waschmaschine, Trockner und Wasserkocher nicht gleichzeitig laufen dürfen …"

„Aber …"

„Nichts aber!"

Sina erhob sich und tastete sich durch die Wohnung in den Flur zum Sicherungskasten. Darin stand auch eine kleine Taschenlampe.

„Merkwürdig", sagte Sina, als sie den Lichtkegel über die Sicherungen gleiten ließ. „Sieht doch alles normal aus."

Sie legte den Schalter, der die größten Stromfresser in der Wohnung gleichzeitig bediente, in die andere Richtung und wieder zurück. Nichts geschah.

„Ist es die Sicherung?", rief Hannah aus dem Wohnzimmer.

„Halt deine Schnauze, du dumme Sau", murmelte Sina vor sich hin. Am liebsten hätte sie sich stehenden Fußes von Hannah getrennt, aber die beiden verband eben viel zu viel. Außerdem hatte man niemanden zum Streiten, wenn man allein lebte. Grässliche Vorstellung.

Als Sina vor einem halben Jahr ihren Job verlor und bei Hannah das Projekt nicht mehr gefördert, sondern nur noch auf ehrenamtlicher Basis weitergeführt wurde, hatte die Ältere bei einem Treff in ihrem Szenerestaurant für ihre weitere Zukunft entschieden. Bei einem Bier hatten sie Maren und Ella kennengelernt und geplaudert, bis die Inhaberin sie freundlich an die späte Nachtzeit erinnerte. Dann hatten sie Telefonnummern getauscht und sich schon für ein paar Tage später erneut verabredet.

Maren und Ella waren begnadete „Organisatorinnen". Sie konnten alles ranholen, was das Herz begehrte. Ihr großes Netzwerk reichte bis zum Hafen, wo sie an die Inhalte des einen oder anderen Containers kamen. Für ihre aktuelle Betrugsmasche bei Juwelieren nahmen sie weite Reisen auf sich. Maren fungierte als hübscher Lockvogel, und Ella griff dann bei passender Gelegenheit zu. Sauste mit dem extra aus dem Hinterland geholten, besonders hochpreisigen Schmuck davon, während Maren völlig entgeistert tat und sich noch vom Inhaber trösten ließ, weil sie doch nun diese begehrten Teile nicht mehr erwerben konnte. Dann versagte, ehe die Polizei eintraf, ihr Kreislauf und sie musste dringend mal kurz an die frische Luft, verschwand daraufhin aber ebenfalls im Nichts.

Die Auswertungen der Überwachungskameras brachten keine verwertbaren Hinweise. Beide Frauen trugen Perücken, Sonnenbrillen und den jeweiligen Mantel nur dieses eine Mal, ebenso Maren ihre Designerhandtasche und Ella ihren praktischen Rucksack. Sie hatten auch schon eine Idee für eine nächste Nummer, denn die derzeitige schien ihnen langsam ausgereizt. Nur mit dem Absatz der schönen Dinge war es nicht so einfach.

„Supi, dass wir auf euch gestoßen sind", sagte Maren beim nächsten Treffen im „Feminin". Dass Sina und Hannah Geld brauchten, war sofort klar. Und wie die beiden anderen Frauen dazu kamen, ebenso. Es ging nur um den zeitnahen Absatz der Ware.

„Und den Gewinn teilen wir uns ganz gerecht", erklärte Ella und prostete den neuen Freundinnen zu. „Wir sind ja auch mit dem Besorgen beschäftigt. Da können wir uns voll und ganz drauf konzentrieren, während ihr euch um den Rest kümmert. Super Arbeitsteilung."

Reichlich Erfahrungen bei eBay hatten Sina und Hannah in der Zwischenzeit gesammelt, als sie allerlei von ihren Schätzen verkauften, um ihre Ausgaben zu bestreiten. Davon berichteten sie.

„Schon gut", hatte Maren bei diesem Hinweis gelächelt. „Das Forum ist ja nicht schlecht. Aber für unseren Zweck sollten wir darüber hinaus auch andere Kanäle nutzen …"

Bei den folgenden Erläuterungen hatten alle vier die Köpfe zusammengesteckt.

Wenig später hatte sich ein reger Handel entwickelt. Sina behielt die Fäden in der Hand und teilte alles ein, was die Logistik anging. Die Laufereien überließ sie Hannah. Vor allem den gesamten Paketversand, der immer mehr ausuferte.

„Die Hausmeisterin hat mich schon gefragt, ob wir eine Firma aufgemacht haben", erzählte eines Tages Hannah, als sie die Wohnung betrat.

„Wieso das denn?", wollte Sina wissen, obwohl es ihr schon klar war.

„Na ja, die vielen Päckchen und Pakete gehen schließlich nicht an ihr vorbei, ohne dass sie das bemerkt. Die hat doch immer ein Auge auf alles."

„Einfach die pure Neugierde. Und was hast du ihr erzählt, du dummes Huhn? Hoffentlich was Überzeugendes!"

„Na ja, so wie wir das ausgemacht hatten. Dass wir uns nach und nach von allerlei liebgewonnenen Dingen trennen, um unsere Finanzen etwas aufzubessern."

„Und das hat sie dir geglaubt?"

„Es schien auf jeden Fall so. Klingt doch auch ganz normal. Außerdem haben wir ja unseren Versand mal so begonnen. Ich habe gar nicht gelogen."

Sina stützte ihren Kopf auf die Hände. Sie saß auf dem Sofa, vor sich eine Tasse Tee. Und auch Hannah hatte sich inzwischen einen großen Pott aufgebrüht. Sie rührte den Zucker darin länger um als nötig.

„Du machst mich irre mit deinem Gekratze auf dem Tassenboden. Kannst du damit nicht mal aufhören? Muss doch schon längst aufgelöst sein. Ich versuche gerade, mich zu konzentrieren."

„Tut mir leid", entgegnete Hannah.

Sina machte eine abwertende Handbewegung, sparte sich aber eine weitere Bemerkung. Sie dachte nach. Aber es fiel ihr auch beim heftigsten Grübeln keine vernünftige Lösung ein, wie sie die Waren von Maren und Ella effektiver umschlagen konnten. Ohne dass jemand seine Nase in ihre ureigensten Angelegenheiten stecken konnte.

„Vielleicht finden wir eine bessere Möglichkeit, wenn wir umgezogen sind?", meinte jetzt Hannah.

Sina brach in böses Gelächter aus.

„Na, du hast ja tolle Vorstellungen. Wie soll das denn besser werden? Hier können wir uns in einer gewissen

Anonymität zurückziehen. Auf unserer Etage gibt es schon mal niemanden, der was mitbekommen kann."

„Vielleicht sollten die Sachen, die Maren und Ella besorgen, einfach kleiner sein, dann wäre es unauffälliger. Ich könnte zum Beispiel Päckchen zu den leeren Flaschen tun, dann sieht das niemand, wenn ich das Haus verlasse", schlug Hannah vor.

Sina schüttelte den Kopf.

„Du willst also den beiden vorschreiben, was sie zu tun und zu lassen haben?"

„Da hast du mich völlig falsch verstanden", sagte Hannah, was etwas verzweifelt klang.

„Schon gut. Geht ja sowieso nicht. Wir können nur die Ware verhökern, die man uns zur Verfügung stellt. Und unsere Zulieferer haben ja auch nicht die große Auswahl. Die müssen nehmen, was sie kriegen können. So einfach ist das", stellte Sina fest und knallte ihre leere Teetasse auf den Tisch. Hannah schrak zusammen.

Zur gleichen Zeit saß Elizabeth in ihrer Wohnung und machte sich Gedanken um die zahlreichen Pakete, die das Haus verließen. Gerade hatte sie sich einen Cappuccino mit heißem, aber nicht mehr kochendem Wasser aufgegossen. Neben der hohen Tasse stand ein Schälchen mit einem aufgeschnittenen Baumstamm. Sie liebte dieses Marzipan mit der Nugatfüllung. Genüsslich ließ sie Stück um Stück auf ihrer Zunge zergehen. Konnte denn nicht immer Advent sein? Da gab es diese leckere Kombination schon in den Monaten zuvor im Supermarkt.

Eigentlich könnte ich das Zeug auch gleich palettenweise abnehmen, dachte Elizabeth und grinste. Dann fiel ihr ein, dass es diese Süßigkeit auch zu Ostern gab, aber da passte es einfach nicht mehr richtig. Marzipan und Nugat waren ihre absoluten Weihnachtsklassiker. Sie würde sich doch nicht selbst untreu werden. Ihre Gedanken schweiften ab, landeten aber wieder bei den Paketen.

„Gar zu gern hätte ich doch mal gewusst, was sich darin befindet?", flüsterte Elizabeth und lehnte sich bequem zurück. Ihre Augenlider senkten sich, während sich ein weiteres süßes Stück in ihrem Mund auflöste. Weihnachtsgeschenke würden die beiden Mädels ja sicherlich nicht an Gott und die Welt versenden …

Anzeige. Das Wort tauchte in ihrem Kopf auf, aber sie schob es weit von sich. Du wirst einen Teufel tun und diesen offensichtlich gewerbsmäßigen Handel zur Anzeige bringen, sagte sie sich. Anonym, schälte sich ein nächster Wortbrocken heraus. Ja klar und niemand kommt auf dich als Urheber, du Dusselchen. Fehlt bloß noch, dass die Ermittler dann doch ihre Parallelen ziehen, sich hier in der Wohnung umschauen und dumme Fragen stellen …

Elizabeth riss die Augen auf und entdeckte das letzte Stückchen Süßigkeit auf der Kristallschale. Sie griff zu und ließ ihre Überlegungen dort, wo sie hingehörten: in einer Schublade zu klärender Angelegenheiten, die sowieso schon überquoll.

19. KAPITEL
MAHLZEIT

„Pling", machte der Computer und zeigte den Eingang einer neuen Information an. Theo war äußerst aufgeregt, ihm zitterten die Hände, die sogar etwas schweißnass geworden waren. Er wischte sie am Jeansstoff auf seinen Oberschenkeln trocken und hinterließ damit ein paar dunkle Flecken. Bald musste es doch so weit sein. So lange schon und mit so viel Einsatz hatte er diesen speziellen Kontakt angebahnt. Sie waren sich im Chatroom nah und näher gekommen. Schließlich hatten sie so viele gemeinsame Interessen, sendeten auf einer Wellenlänge, auch was Literatur und Musik anging, das verband auf Anhieb. Und ihre Worte wechselten sie wie ein eingespieltes Team.

Theo ließ sich noch ein wenig Zeit, ehe er das Nachrichtenfenster öffnete. Geduld, sagte seine innere Stimme, in der Ruhe liegt die Kraft. Wenn du willst, dann schaffst du alles. Seine Lieblingssprüche, die er wie ein Mantra auch häufig laut vor sich her sprach, wieder und wieder.

„Das wurde auch Zeit", seufzte Theo erleichtert auf, als er endlich die ersehnten Zeilen las, und strich mit seiner Rechten sanft über seinen akkurat geschnittenen, nur ganz wenig grau melierten Bart. Allzu lange lag schon seine jüngste Begegnung dieser Art zurück, an die er sich stets lustvoll erinnerte.

Auch hatte er ja Videoaufnahmen von den jeweiligen Events gemacht, die er sich in guter Regelmäßigkeit bei einer Flasche Wein anschaute. Allerdings waren sie kein Vergleich mit einem echten Akt dieser Art. Nur ein müder Abklatsch. Vor allem auch, weil er während des Filmens den Stand der Kamera nicht korrigieren konnte. Dafür hätte er vier Hände haben müssen. Und einen Schnitt des Materials brachte er nicht übers Herz. Jedes Detail sollte erhalten bleiben. Doch in Notzeiten waren solch etwas stümperhafte Dokumente immerhin besser als nichts. Und kein Vergleich mit irgendwelchen abstrusen Filmen, die er sich früher mal unter der Hand besorgt hatte. So jedenfalls lief das alles definitiv nicht ab, die Produzenten brauchten unbedingt einen fachlichen Berater. Er hätte damit durchaus dienen können. Da fehlte ja völlig die echte menschliche Tiefe.

Justus, sein aktueller Kontakt, hatte sich nun zu einem endgültigen persönlichen Treffen entschieden und sogar schon einen konkreten Zeitpunkt angegeben, auf den er sich riesig freue. Richtig aufgeregt sei er. Bis zu diesem Moment hatten sie noch keine Adressen ausgetauscht, aber nun wurde das nötig, wenn Theo seinen Justus bei sich daheim begrüßen wollte. Ein anderer Ort schloss sich von vornherein aus.

„Alles kann, nichts muss", schrieb Theo diplomatisch in seiner Antwort, als er die Anschrift seiner Wohnung angab und den Termin bestätigte. „Ich nehme mir alle Zeit der Welt für dich! Glaube mir, es wird wundervoll werden. Sei umarmt. In inniger Verbundenheit, dein Theo."

Als Theo auf Senden drückte, schlug ihm das Herz bis zum Hals, und er glaubte sich fast einer Ohnmacht nahe. Warum nur dauerte das immer so lange bis zu einer Entscheidung? Andererseits gehörten auch die gründliche Vorbereitung dazu, das Sichnäherkommen, das Vertrautwerden. Und in ganz vielen Fällen hatte sich ein solches Arrangement urplötzlich zerschlagen, weil den Partnern offensichtlich der Mut ausgegangen war. Also fing alles wieder von vorn an: die Auswahl, das Werben, der Vollzug. Das zog sich enorm hin und erforderte reichlich Geduld, die nicht gerade seine Stärke war.

Er würde nun nur noch eine erklärende Mail hinterhersenden müssen, die ein wenig auf das häusliche Umfeld einging. Nicht dass sein Besucher etwa davon abgeschreckt wurde. Es sah schon ziemlich abenteuerlich aus und wurde es mit jedem Tag mehr.

Justus hatte den 31. Dezember des Jahres vorgeschlagen, weil er in seinem Leben damit etwas abschließen wollte, ein wunderbares Datum für so eine Begegnung, wie Theo befand. Außerdem wusste er nicht, was das neue Jahr bringen würde und ob er dann nicht schon im Januar oder Februar in einem völlig anderen Wohnumfeld daheim war, wo er keinesfalls solche Anonymität genießen konnte. Die bisherigen Angebote des Immobilienmaklers, bei dem er sich in die Kundendatei hatte eintragen lassen, erwiesen sich allesamt als Flop. Zu klein, zu ungünstig gelegen, viel zu teuer. Und auch die Offerten der Wohnungsverwaltung waren einfach nur unakzeptabel. Warum konnte nicht alles so bleiben, wie es war? Warum nur diese zusätzlichen Strapazen und diese Ungewissheit?

Zudem würde er ab Jahresbeginn den kompletten Umzugsstress am Hals haben und nicht die geringsten Nerven für das Stillen seiner speziellen Neigung. Garantiert müsste er dann alles in dieser Richtung völlig neu aufbauen, sich ein überzeugendes Konzept einfallen lassen. Wenn es denn überhaupt weiterhin machbar wäre. Vielleicht würde er künftig nur noch auf seine Filmdokumente zurückgreifen können. Alles war mit unendlich großen und vielen Fragezeichen versehen. Er sollte seinen Fokus definitiv auf das Hier und Jetzt legen, nicht auf das Später. Lebe im Heute, schon morgen kann dich ein Auto auf dem Weg zur Arbeit überfahren und du musst sterben, orakelte sein Inneres.

Theo fing an zu träumen. Bald, schon sehr bald würden sie sich tief in die Augen schauen, und der erste Blick bereits an der Wohnungstür wäre der alles entscheidende. Wie sich dann das Folgende entwickelte, hing von ihnen beiden ab. Auf jeden Fall würde er Justus zu nichts zwingen. Das war einzig und allein sein freier Wille. Für die nächsten Tage galt es nun, die perfekten Vorbereitungen zu treffen, damit auch nichts schieflief. Er hatte eine Liste im Vorfeld abzuarbeitender Dinge.

Als sich Theo an diesem Abend ins Bett begab, verfolgten ihn im Schlaf sehr konkrete Fantasien. Ein Stück weit hätte er sie im Nachhinein gern festhalten wollen. Er hörte es klingeln an seiner Tür, brauchte ewig, um dorthin zu gelangen, weil seine Füße am Boden zu kleben schienen. Doch endlich bekam er die Tür geöffnet. Justus stand davor, einmalig schön, wie ein junger Gott. In einem schneeweißen, goldbesetzten Gewand. Mit einem gewis-

sen Strahlen um sich herum und einem Duft nach jugend-
licher Frische. Aber mit einem todtraurigen Zug um den
Mund. In sich zerspalten, sodass er mit dem, was er lebte,
nicht klarkam. Die beiden Männer nahmen sich mit der
größten Selbstverständlichkeit in die Arme, als ob sie das
regelmäßig tun würden. Aber sie kannten sich doch auch
durch ihre monatelangen Kontakte im Netz, in- und auswendig.

Alles war akribisch vorbereitet und getaktet. Theo stand
sehr gern in der Küche und probierte mit Leidenschaft
ausgefallene Rezepte aus. Diesmal auf jeden Fall ein Menü
der feinsten Art, nur ganz leichte Speisen, damit er selbst
noch nicht zu satt davon wurde. Sie ließen es sich schmecken. Später ein ausgiebiges Bad von Justus, bei dem er
ihn mit einem weichen Schwamm vom Kopf bis zu den
Füßen abseifte. Keine Spur von Schmutz sollte mehr an
seinem Körper haften, wenn Theo zur Tat schritt. Auch
das Reinigungsmittel musste mit Bedacht gewählt sein,
damit es ebenso wie der geringste Dreck beim Abbrausen
verschwand. Das Küchenmesser war geschärft. Er hatte
ein Blatt Papier darauf fallen lassen, das es fast behutsam
in zwei glatte Teile zerschnitt. Doch als er die Schneide
ansetzte, schoss sofort Blut in einem dicken Strahl aus
dem jugendlichen Körper, und Justus fing tatsächlich an
zu schreien …

Von seinen eigenen Schreien wurde Theo geweckt, der
mit einem Mal senkrecht im Bett saß. Schweißgebadet. Er
schüttelte sich, brauchte einige Augenblicke, um sich zu-
rechtzufinden, tastete nach dem Schalter und machte die
Nachttischlampe an. Sein Blick streifte den Wandkalender

mit seinem stimmungsvollen Weihnachtsmotiv, eine verschneite, glitzernde Winterlandschaft. Alles war gut, jetzt mitten im Advent. Bis zum Aufstehen blieben noch reichlich drei Stunden, und seine nötigen Besorgungen für jenen besonderen Silvesterabend konnte er in aller Ruhe erledigen. Theo löschte das Licht wieder und drehte sich auf die andere Seite, um wenig später erneut einzunicken und dann vollkommen traumlos, ohne weitere Regungen, bis zum Weckerklingeln durchzuschlafen.

Als ihn das durchdringende Geräusch aus dem Schlaf riss, betätigte er den kleinen Schieber, und wieder herrschte Stille. Bis auf das kaum hörbare, monotone Ticken. Dann rekelte sich Theo ausgiebig im Bett, streckte Arme und Beine weit aus, gähnte heftig zum Entspannen seiner Kaumuskulatur. Er musste wieder des Nachts extrem mit den Zähnen geknirscht haben. Die Schiene, die er regelmäßig trug, lag neben dem Kopfkissen.

Schließlich erhob er sich und schlüpfte dabei in seine Nappalederpantoffeln. Sein erster Weg führte ihn in die Küche. Dort öffnete er die untere Tür seines Kühlschranks, wo die Tiefkühlware gelagert war. Er zog bei seiner Suche ein Schubfach nach dem anderen heraus. Tatsächlich. Er hielt seinen Fund in den Händen. Da war noch eine Portion Filetgulasch eingefroren, mit frischen Champignons in Sahnesoße. Der Inhalt und das Datum waren fein säuberlich mit seiner schönen Handschrift auf einem Klebeschildchen auf der Plastikdose notiert. Das rührte noch von einer vorherigen Begegnung her.

Er erinnerte sich exakt an das Davor, das Dabei und das Danach, als er die Speise zubereitete. Jeden Augenblick hatte er andächtig zelebriert, um ihn in seiner Erinnerung zu bewahren. Sollte er den Gulasch mit Justus teilen oder doch vorher schon genüsslich verspeisen? Oder ihn für später aufheben, um Vergleiche anstellen zu können? Die Entscheidung fiel ihm schwer. Sein vorheriges Opfer war ein gänzlich anderer Typ gewesen. Knapp mittelgroß, bronzefarbene Haut, schwarzes Haar und recht athletisch. Justus hingegen besaß blondes Haar, hatte eine feine, helle Haut und war dabei sehr hochgewachsen und schlank.

Theo schob die Schublade des Gefrierfachs mitsamt der Gulaschpackung in ihre Ausgangsposition und schloss die Tür wieder sorgsam. Seine Augen glänzten, und er hatte ein Leuchten im Gesicht, als er sich wieder aufrichtete.

Dann ging er ins Bad, rasierte sich die Ecken auf den Wangen sowie den Hals bis zu seinem Bartansatz, stutzte diesen geringfügig bei ein paar Haaren, die fürwitzig hervorlugten, und nahm anschließend eine ausgiebige Dusche. Nachdem er sich gründlich abgetrocknet hatte, griff er zu der großen Tube mit der lindernden Pflegeemulsion. Seine Haut litt unter der Kälte und der trockenen Luft in den Räumlichkeiten. Sowohl zu Hause als auch im Dienst. Es gab immer wieder kleine, spröde Stellen, vor allem an den Schienbeinen und Waden sowie in den Armbeugen, die zu jucken anfingen und die er speziell eincremen musste. Wenn er das nicht rechtzeitig in den Griff bekam, konnten sie sich leicht entzünden.

Einmal hatte er jemanden zu Gast, bei dem sich dann herausstellte, dass er ganz fürchterlich an Neurodermitis litt. Er hatte es beim gemeinsamen Essen bemerkt, an der Art und Weise, wie sich sein Gegenüber gedankenverloren kratzte. Ein absoluter Hinderungsgrund für Theos Vorhaben, der daraufhin zutiefst erschrak. Bedauerlich eigentlich, denn alles andere hatte vortrefflich gepasst. Es war einzig und allein sein unverzeihlicher Fehler, den einzigen Makel hätte er vorab bemerken müssen. Sie hatten sich nach dem letzten Glas Wein freundschaftlich getrennt, waren einander aber nie wieder begegnet, auch nicht im Internet. Da herrschte beiderseitig totale Funkstille.

Im Schlafzimmer stand Theo ein wenig später vor seinem geöffneten Kleiderschrank und hielt die Uniform in den Händen. Behutsam strich er über den Stoff eines Ärmels. Zu schade aber auch, dass er sie auf der Arbeit momentan nicht benötigte. Sie machte doch etwas her, gab ihm deutlich mehr Ansehen und sogar eine gewisse Portion an Sicherheit. Vielleicht kam ihre Zeit bald wieder, so hoffte Theo. Er würde es genießen. Währenddessen hieß es abwarten und zuverlässig den Job erledigen.

Jeans und ein helles Oberhemd waren seit dem internen Wechsel seine Standardkleidung. Er war derzeit im Innendienst eingeteilt und saß stundenlang vor dem Computer, um im Darknet Kriminellen auf die Schliche zu kommen. Seine Augen taten ihm deshalb schon weh und erledigten nicht mehr wie gewohnt ihren Dienst, beim Optiker war deshalb eine neue Brille mit höherer Sehstärke in Arbeit, und der Rücken schmerzte. Die Bandscheiben hatte sein Arzt festgestellt und mehrere Vorfälle diagnostiziert. Er sollte dringend etwas für seine Gesundheit tun, vielleicht etwas Sport treiben, sich in einem Fitnessstudio anmelden. Auch hatte Theo das Gefühl, dass seine Seele aufgrund der jetzigen Tätigkeit schon gelitten hatte.

Er sichtete acht Stunden täglich als Cybercop Material, das sexuelle Gewalt gegen Kinder dokumentierte. Von Montag bis Freitag. Zumindest am letzten Tag der Woche nicht ganz so lang, und immerhin blieben der Sonnabend und der Sonntag in der Regel frei. Er konnte über die Einteilung seiner Wochenstunden im Gleitzeitmodell selbstständig verfügen.

Es waren menschliche Abgründe, in die er tagtäglich blickte. Einzelne Fotos oder komplette Videodateien. Und davon ungeheure Datenmengen. Seine Aufgabe, wie die des zunehmenden Kollegenkreises, war es, herauszufinden, wo etwa solche Taten geschahen und ob sie aktuell immer noch passierten. Dafür gab es entsprechende, schlüssige Hinweise. Mitunter glaubte Theo, die Täter würden es darauf anlegen, gefasst zu werden, so eindeutig waren manche Merkmale zu erkennen.

Für seinen Geschmack wurden die Aufnahmen beziehungsweise die dargestellten Geschehnisse immer brutaler. Er konnte das beurteilen, immerhin war er schon ein paar Jahre in diesem Bereich dabei. Das Schlimme war ja, dass den Mädchen und Jungen gegen ihren Willen Gewalt angetan wurde. Und dass sie in so jungem Alter gar nicht recht begriffen, was da mit ihnen geschah, vor allem nicht, wenn es sich um Vertrauenspersonen handelte, wie Väter oder neue Ehemänner ihrer Mütter, Trainer oder Seelsorger aus ihrem Kirchenkreis, nette Nachbarn auf dem Campingplatz oder in der Kleingartenanlage. Aber selbst das weibliche Geschlecht scheute sich nicht vor solcherart Grausamkeiten. Nur waren die Frauen in der Minderheit und eher die Dulderinnen oder Förderinnen solcher Taten.

Bei all seiner Arbeit blieb Theo die Ruhe in Person und ließ sich durch nichts, aber auch gar nichts aus dem Konzept bringen. Selbst wenn sich Kollegen in dumme Sprüche flüchteten, hielt er sich zurück. Emotionen hatten an dieser Stelle nichts zu suchen. Bei einem gelegentlichen Feierabendbier trug er so gut wie nichts zur Unterhaltung bei, galt deshalb als begehrter Zuhörer, und sprach auch dem Alkohol nur zögerlich zu. Er hatte in früheren Phasen schon Aussetzer seinerseits erlebt, die konnte er sich keinesfalls leisten. Das konnte böse ausgehen. Auch das im Dienst empfohlene Gespräch mit einem Therapeuten hielt er für unangebracht. So einer entdeckte vielleicht Parallelen zu ganz anderen Verbindungen, machte sich einen Reim auf etwas, das besser unentdeckt im Verborgenen blieb.

Bevor sich Theo auf den Weg zur Arbeit begab, zog er sich noch seinen Einkaufszettel hervor und setzte das Stichwort Plastikfolie darauf. Jetzt war es an der Zeit, ein solches, möglichst großflächiges Teil zu besorgen, um am Ort des Geschehens alles abzudecken. Beim Mal zuvor war die Folie zu klein gewesen und schützte längst nicht alles. Sogar ihre Stabilität ließ zu wünschen übrig. Er hatte noch Wochen danach kleine, feine Spritzer an den unmöglichsten Stellen gefunden und mühevoll beseitigt. Wobei auch das immer noch eine erregende Erinnerung war, fiel ihm gerade ein, während er die Geflügelschere aus einem Schubfach nahm und die Schärfe der Schneide an seinem Daumen prüfte. Er spürte es kaum. Da war noch Handlungsbedarf. Er würde alle nötigen Geräte vorbereiten müssen.

Er hatte den Stift schon beiseitegelegt, ergriff ihn aber noch einmal. Warum nicht? „Videokameras" stand umgehend unter dem Wort Plastikfolie. Es wäre doch eine gute Idee, diesmal beim Filmmaterial aus dem Vollen schöpfen zu können. Er sah die passenden Standplätze schon vor sich, alle auf den Tatort ausgerichtet, aber immer mit anderem Blickwinkel. Bei dem Gedankengang setzte Theo ein zufriedenes Lächeln auf. Genau so würde er es machen. Die Installation war keine große technische Herausforderung für ihn.

Dann stellte Theo auch den CD-Player aus. Bis eben hatten wohltönende elektronische Klänge seine Räume erfüllt. Ein Stück reihte sich nahtlos an das andere, nur Eingeweihte bemerkten die Übergänge von einem Lied zum nächsten. Der Wechsler sorgte für stundenlange Beschallung. Sphärisch, irgendwie unendlich und stets passend zu seiner jeweiligen Stimmung, egal wie gut oder schlecht er drauf war.

Er lief in den Flur, zog sich an der Garderobe noch sein wärmendes Jackett an und eine gefütterte Jacke darüber. Zuletzt schlüpfte er in seine halbhohen Stiefel. Dann verließ er die Wohnung, verschloss die Tür und wandte sich dem Fahrstuhl zu. „Außer Betrieb!" Das Schild mit der Warnung hing über dem schmalen, länglichen Fenster, das normalerweise das Eintreffen oder Abfahren dieses Transportmittels anzeigte. Aber alles war dunkel. Beim Hinunterlaufen hörte man nur noch seine Schritte im Treppenhaus hallen.

20. KAPITEL
MAMA

„Hast du dir auch die Schuhe ausgezogen?", war die erste Frage, die Noah vernahm, als er die Wohnung betrat.

„Aber ja, Mama! Was denkst du denn?"

Noah seufzte leise. So viel Aufwand hier drinnen, obwohl es doch ringsherum der Dreck pur war.

„Man wird ja wohl mal fragen dürfen", entrüstete sich Charlotte, die aus der Küche gekommen war, um prüfend in den Flur zu schauen. Etwas Schweiß stand auf ihrer Stirn. Vertrauen war gut, Kontrolle war noch besser. Sie hatte sich überzeugt, dass ihr Sohn seine Straßenschuhe auf der dafür vorgesehenen Unterlage abgestellt hatte und in seine Pantoffeln geschlüpft war. Daraufhin machte sie beruhigt wieder kehrt. Die kleine, schwarz-weiße Mischlingshündin wich ihr nicht von den Beinen, legte nur den Kopf schräg und wedelte mit dem Schwanz, während sie kurz auf den Ankömmling schaute.

Noah stellte seine Aktentasche auf die Garderobe und hängte seinen Anorak an einen der Haken.

„Das duftet hier ja so nach Kaffee", sagte er freundlich in Richtung Küche, als er das Wohnzimmer betrat.

„Hände schon gewaschen?"

Da war die nächste Kontrollfrage aus dem Hintergrund.

„Oh, das hätte ich fast vergessen. Sorry, Mama. Bin gleich wieder da."

Charlotte schüttelte in der Küche den Kopf, während sie die Stolle aufschnitt und noch ein paar Dominosteine mit heller Schokolade auf den Kristallteller tat. Für die Hündin hatte sie ein paar Leckerlis parat, die sie ihr vorsichtig aus der Hand zupfte. Die Frau achtete gar nicht weiter darauf. Wie oft musste man diese alte Leier eigentlich wiederholen? Wenn man von draußen nach Hause kam, hatte man sich gefälligst die Hände zu reinigen und zwar richtig gründlich. Weiß der Himmel, wo überall man angefasst hatte und was für Bakterien sich da tummelten. Von irgendwelchen Schmutzfinken, die keine Hygiene betrieben und fürchterliche, vielleicht gar unheilbare Krankheiten übertrugen …

„Da bin ich, Mama. Hier."

Noah hob seine Hände hoch und hielt sie der Mutter vor die Nase.

„Ja, ja, sieht ordentlich aus und duftet nach der guten alten Kernseife. Warum rede ich mir eigentlich immer den Mund fusselig?"

„Ach Mama, mach doch kein Drama draus."

„Ich und ein Drama draus machen? Na, das sähe ja wohl anders aus …"

Charlotte griff resolut zu dem Kristallteller. Etwas von dem Puderzucker der Stolle war auf den Tisch gestaubt, auf dem sie alles angerichtet hatte. Noah sah es, verkniff sich aber jede Bemerkung. Jetzt wollte er keine weiteren Diskussionen, sondern nur etwas Süßes zu sich nehmen und einen heißen Kaffee trinken.

„Ist doch gut, dass wir auf den Koffeinfreien umgestiegen sind. Das ist viel bekömmlicher, Junge. Außerdem habe ich ja Probleme mit meinem Herzen, wie du weißt. Da muss ich höllisch aufpassen. Keine Aufregungen, sagt unser Hausarzt immer, und keine blutdrucksteigernden Lebensmittel. Bei meiner zusätzlichen Diabetes muss ich ja besonders vorsichtig sein. Ein Glück, dass wir unsere kleine Peggy haben, nicht wahr, meine Süße, du hältst mich auf Trab … Junge, du trinkst doch auf der Arbeit auch ausschließlich den Malzkaffee, den ich dir immer mitgebe?"

Noah ließ sich gerade aufs Sofa fallen, auf dem sich Peggy schon an ihr Kissen gekuschelt hatte, und errötete. Seine Mutter hatte ihn wieder einmal erwischt. Natürlich nahm er die Dosen mit, stellte sie aber in der Kaffeeküche ab und ließ seine Kollegen zum Zuge kommen. Er bediente sich beim echten Schwarzen. Das dämmrige Licht der roten Kerzen ließ aber die innere Erregung nicht sichtbar werden.

„Selbstverständlich, Mama, du glaubst gar nicht, wie schnell der immer alle wird …"

Das war nicht gelogen. Wie zur Bestätigung strich er der Hündin zärtlich über den Kopf, die dabei zu ihm hinüberrobbte und sich an ihn schmiegte.

„Ist ja gut, Schatzi. Heute habe ich auch wieder zwei neue Dosen aus dem Supermarkt mitgebracht. Es gab da gerade eine sehr schöne Rabattaktion – nimm zwei, bezahl eins –, da musste ich zugreifen. Kannst du gleich eine davon morgen mit zur Arbeit nehmen."

„Morgen ist Sonnabend", antwortete Noah mit vollem Mund.

„Wie bitte?", bohrte sich eine Frage zu ihm hinüber.

Rasch kaute Noah den Bissen herunter und sagte: „Es tut mir leid. Ich bin wohl etwas überarbeitet. Natürlich soll man nicht reden, wenn man noch nicht alles runtergeschluckt hat."

„Ja, das ist nicht nur eine Frage der Höflichkeit", schloss Charlotte an, „sondern auch der Gesundheit. Wie schnell kannst du was in die falsche Kehle bekommen. Und dann hustest du dir wieder die Seele aus dem Leib. Und ich, ich muss dir auf den Rücken klopfen. Dabei bin ich den ganzen Tag auf den Beinen, um es dir schön zu machen. Schufte mich unermüdlich ab."

Die Situation spitzte sich zu. Peggy sprang vom Sofa und verließ das Wohnzimmer. Noah spürte die knisternde Spannung. Jetzt nur kein falsches Wort, sonst brach seine Mutter wieder in Tränen aus, rannte ins Schlafzimmer und warf sich dort auf ihr Bett. Im stets Folgenden untröstlich für Stunden.

„Dafür bin ich dir ja auch so dankbar", entgegnete er ehrlichen Herzens, lenkte aber zugleich auf ein anderes Thema.

„Dass du an meine Lieblingsdominosteine gedacht hast! Wie köstlich."

Jetzt ließ er ein Teilchen in seinem Mund verschwinden und kaute es genüsslich hinunter. Charlotte schien besänftigt.

„Dass dir deine Chefin aber auch immer so viel zumutet. Das verstehe ich nicht. Sie ist doch so eine Nette, sie muss einfach sehen, dass du abgespannt bist und nicht so viel Stress verträgst …"

Noah nickte nur, ohne einen weiteren Kommentar anzubringen. Er wollte jetzt überhaupt nicht an das Thema Arbeit erinnert werden, sondern nur bis Montagfrüh abschalten.

Edith, Noahs Chefin, hatte ihm tagsüber wieder eine Aufgabe nach der anderen übertragen. Bei einem ihrer speziellen Wünsche stand sie im Türrahmen zu dem Vorzimmer, in dem er als ihr Assistent saß. Sie füllte mit ihrer großen, sehr kräftigen Gestalt fast den gesamten Rahmen aus. Die Knöpfe ihrer beigefarbenen Kostümjacke spannten, und sie hatte mit der Linken die Untertasse auf ihrem üppigen Busen abgestellt, während sie mit der Rechten die volle Tasse zum Mund führte und einen Schluck nahm.

Sie trug eine weiße Bluse, deren Kragen in einer Schleife gebunden war. Eine paar schwere Ohrringe zogen ihre Ohrläppchen hinunter, und um den Hals hing eine Kette aus dicken Gliedern. Alles aus echtem Gold, wie die breiten Ringe mit den Edelsteinen an ihren Händen.

Das gibt Kaffeeflecken, unbedingt, hatte Noah gedacht und sie angestarrt.

„Ist noch was?", hatte Edith ihn angefahren und den Mund schmal zusammengekniffen.

„Ich weiß nicht, ob ich das alles heute schaffe", war Noahs Einschränkung gewesen.

„Tja, mein Lieber, da müssen Sie mal eine Überstunde machen", hatte Edith gesagt, sich schroff umgedreht und dabei Kaffee auf der Bluse landen lassen. Was sie nicht bemerkte.

Noah hatte das Malheur registriert, aber bei ihm brannte sich nur dieser Halbsatz ein: „mal eine Überstunde machen". Aktuell befanden sich 327 solcher zusätzlichen Stunden auf seinem Arbeitszeitkonto. Aber er wusste auch, dass weiterer Protest nichts bringen würde. Höchstens die Antwort, er müsse eben schneller sein, andere könnten das schließlich auch. Und wenn nicht, dann wäre er in diesem Unternehmen fehl am Platze. Genau das hatte sie vor einer Weile bei passender Gelegenheit von sich gegeben.

„Bist du mit deinen Gedanken mal wieder nicht bei der Sache?", riss Charlotte ihren Sohn aus seinen Grübeleien. „Willst du noch ein Stück von der Stolle?"

„Sehr gern doch, Mama. Ich freue mich schon auf unser gemeinsames Wochenende."

„Na ja, die Freude ist da vielleicht eher übersichtlich. Allerdings kannst du mir bei dem Mistwetter mal ausnahmsweise das Gassigehen mit dem Hund abnehmen. Gerade wenn der Fahrstuhl nicht funktioniert, ist das unzumutbar. Und nachher ist dein Freitagsbad angesagt, und ich darf dir wieder den Rücken schrubben. Nach meinem Rücken fragt ja keiner …"

Charlotte wirkte eingeschnappt. Peggy lag jetzt zu ihren Füßen. Beim Stichwort Gassigehen war sie angesaust gekommen.

„Doch, Mama. Du packst dich morgen Vormittag wieder aufs Sofa, und ich massiere dich gründlich durch. Dann bist du ganz rasch fit."

„Schon gut, Schatzi. Darauf freue ich mich natürlich. Es gibt nachher auch einen schönen Film im Ersten. Eine

Komödie mit Uschi Glas. Die magst du doch auch sehr. Lachen ist ja so gesund, besser als jede Medizin mit irgendwelchen Nebenwirkungen."

Noah zog die Augenbrauen hoch, was in der Kerzenbeleuchtung unterging. Er hatte keine Wahl. Sie lebten ihr Leben nach Ritualen, und er wohnte mit seinen 35 Jahren immer noch daheim bei seiner aus gesundheitlichen Gründen früh verrenteten Mutter. Die ihn bereits mit 17 Jahren bekommen hatte, was sie ihm, solange er sich zurückerinnern konnte, vorhielt. Das ganze Leben habe er ihr verdorben, mit seiner Anwesenheit. Schon mal mit der äußerst schmerzhaften Geburt selbst und seinem extrem dicken Kopf, der kaum herauskommen wollte. Monatelang tat das im Nachhinein noch weh im Schritt, wie sie immer wieder betonte. Außerdem konnte sie damals schlagartig nicht mehr ausgehen, nichts mehr erleben. Alles beschränkte sich auf die kleine Familie, nach der ihr doch in dem Alter überhaupt noch nicht der Sinn gestanden hatte.

Lange hielt die Ehe der Eltern auch nicht. Sein Vater war kein Kostverächter, schaute sich nicht nur nach anderen Frauen um, sondern betätigte sich auch intensiv in fremden Betten und ließ seine Frau und den Sohn schon wenige Jahre nach dessen Geburt im Stich. So richtig konnte Noah sich gar nicht mehr an ihn erinnern. Es gab auch keinerlei Fotos in diesem Haushalt aus jenen Zeiten. Jedenfalls hatte er keine aufstöbern können.

Seine Mutter redete ihm von Beginn an ein schlechtes Gewissen ein. Schuld war der Junge an allem, Mama floh in hysterische Anfälle und nur durch seine äußerste Nachgiebigkeit in sämtlichen Angelegenheiten war wieder gute Stimmung zu erzeugen. Dass er mit seiner zartgliedrigen Gestalt und dem darauf thronenden dicken Schädel seinem Erzeuger bis aufs Haar glich, war ein weiterer Umstand, den ihm die Mutter gelegentlich vorwarf.

„Immer wieder werde ich bei deinem Anblick an ihn erinnert. An die schlimmste Zeit meines Lebens."

Meist flossen dann ein paar theatralische Tränen.

„Na, Junge, was schaust du so verträumt in die Welt. Du könntest mir ein Mal helfen und den Tisch abräumen."

Die Mutter brachte den Sohn wieder auf den Boden der Tatsachen.

„Mach ich. Bin schon unterwegs", sagte Noah und erhob sich, um alles in die Küche zu transportieren. Dort wischte er zuerst die Puderzuckerspuren weg. Sie hätten sonst später ein weiteres Ärgernis ergeben können.

Das Wochenende sauste dahin. Noah hatte alle mütterlichen Aufträge erledigt, inklusive Gassigehen. Und schon befand sich der Mann wieder im Vorzimmer seiner Chefin, die genauso alt war wie seine Mutter. Manchmal dachte er, er sei verflucht, was solche Überschneidungen anging. Auch dass sich seine Mutter und seine Vorgesetzte so wunderbar verstanden, empfand er als unangenehm. Bei einem Betriebsvergnügen hatten sich die beiden Frauen kennengelernt und waren sofort ein Herz und eine Seele. Danach hatte Noah das Gefühl, er würde noch mehr als zuvor überwacht werden.

Auf seinem Schreibtisch stand an einer Ecke ein kleines weihnachtliches Gesteck mit einer LED-Kerze in der Mitte. Das einzige Zugeständnis an die adventliche Zeit. Noah starrte auf die Zahlen, die die Excel-Tabelle auf seinem Bildschirm füllten. Egal, wie er die Statistik ansetzte, die aktuelle Lage des Unternehmens war nicht sonderlich rosig. Man konnte ja mit statistischen Übersichten alles beweisen, sowohl die eine als auch die andere Seite: Es kam nur auf die Betrachtungsweise an. Aber es wollte Noah partout nicht gelingen, alles in die schwarzen Zahlen zu manövrieren.

„Wir wollen dann mal in der nächsten Stunde nicht gestört werden", ließ Edith fallen, als sie eiligen Schrittes das Zimmer durchquerte und in ihr Büro lief. Nach und nach trafen die anderen Herren der Geschäftsleitung ein. Jeder schloss sorgsam die Tür hinter sich, nur der Marketingchef unterließ diese Vorsichtsmaßnahme.

Noah bemerkte das erst nach einer kleinen Weile, traute sich dann aber doch nicht, die Tür richtig zu verschließen. Möglicherweise hätte man ihn nur verdächtigt, er wolle lauschen … Lauschen, dieser Begriff blieb in seiner Gedankenwelt hängen. Er erhob sich, wie von fremder Hand gesteuert, und näherte sich der Tür. Was vorher nur allgemeines Stimmgemurmel gewesen war, entwirrte sich in einzelne Sätze. Vielleicht konnte er etwas erhaschen, das wichtig für ihn und seine Arbeit war …

Noah stand angespannt direkt neben dem Türrahmen, an einen hohen, metallenen Schrank gelehnt, wie festgewurzelt.

„… was, diesen Schlappschwanz …"

Er hörte das Gelächter seiner Chefin bei diesen Worten. Die anderen stimmten in ihre Heiterkeit ein.

„… für manche Dinge ist er vielleicht brauchbar. Da will ich Noah gar nicht missen. Aber erfunden hat er die Arbeit definitiv nicht. Behauptet, er hätte Hunderte von Überstunden, dabei kommt er gar nicht aus dem Knick … Außerdem hat der doch nicht alle Tassen im Schrank. Der pure Ödipuskomplex, wenn ihr mich fragt … Wer lebt denn noch in dem Alter bei seiner Mutter?!"

Noah erbleichte auf seinem Horchposten. Hielt seine Vorgesetzte so wenig von ihm? Das mit dem Ödipuskomplex war ein böser Vorwurf. Die Feinheiten der griechischen Mythologie waren ihm durchaus vertraut. Er war doch kein ausgesetztes Kind, von dem man annahm, es würde seinen Vater töten und dann die Mutter heiraten. Das wäre ja absurd und alles nur einem Orakelspruch geschuldet, der vorhersagte, dass jener Ödipus gerettet wurde, unwissentlich den eigenen Vater tötete, um dann tatsächlich die eigene Mutter zu heiraten. Vier Kinder hatten die beiden bekommen, wenn er sich recht entsann. Aber als die Wahrheit ans Tageslicht kam, war alles vorüber, die Mutter erhängte sich und Ödipus blendete sich selbst. Was für eine brutale, tragische Geschichte. Noah zitterte am ganzen Körper und ein leichter Schweißfilm trat ihm auf die Stirn.

Er wandte sich wieder seinem Schreibtisch zu und ließ sich kraftlos auf den gepolsterten Drehstuhl sinken. Sein Blick fand nirgendwo Halt, nur die Gedanken kreisten. Dabei erfüllte er seiner Chefin jeden Wunsch. Erledigte neben seinen sonstigen dienstlichen Aufträgen diverse Einkäufe für sie, auch die Besorgung diskreter Artikel. Seit Kurzem benötigte sie diese Slipeinlagen gegen Inkontinenz. Kein Wort dazu wäre den Kollegen gegenüber über seine Lippen gekommen. Mama griff inzwischen auch auf solche Hilfsmittel zurück, und er hatte nach und nach verschiedenste Anbieter ausprobiert, bis sie gemeinsam die optimale Sorte herausgefunden hatten, die nicht auftrug und dennoch höchst saugfähig war. Ediths Medikamente hatte er im Griff, damit der Diabetes nicht überhandnahm. Dass die nachmittäglichen Stücke der Cremetorte, die er vom Bäcker nebenan besorgte, kontraproduktiv waren, hatte er zwar erwähnt, aber seine Chefin hatte das abgetan.

„So ein kleines Laster werden Sie mir wohl gestatten, mein Lieber. Was hat man denn sonst vom Leben?"

Sagte es und schaufelte das fettige und süße Teil in sich hinein. Heute war es Frankfurter Kranz gewesen, und sie hatte wohlig gestöhnt, während sie die Gabel mit großen Häufchen in ihren Mund schob. Das war direkt nach dem üppigen Mittagessen in der Betriebskantine gewesen.

Die Sitzung der Geschäftsleitung zog sich hin, und Noah erledigte unterdessen äußerst unkonzentriert seine Arbeit. Wieder und wieder rechnete er die Zahlen hoch und kam zu unterschiedlichen Ergebnissen. Schlappschwanz, bohrte ein Wort in seinem Gehirn.

Als sich die Tür zum Nebenzimmer weit öffnete und zuerst der Marketingchef herauskam, schrak Noah zusammen. Nur seine Schreibtischlampe erleuchtete den Arbeitsbereich.

„So im Dunkeln?", erkundigte sich der Marketingchef freundlich und klang dabei fast besorgt. „Sie verderben sich noch die Augen."

Er drückte auf den Schalter, und das Deckenlicht flutete den Raum.

„Danke schön", flüsterte Noah, während der Rest der Chefetage nach und nach Ediths Büro verließ.

Zuletzt streckte sie sich, an den Türrahmen gelehnt.

„Ich bin ja so was von geschafft. Haben Sie denn die Unterlagen endlich zusammen?", wollte sie noch wissen.

Noah nickte. Seine letzte Hochrechnung hatte ein offensichtlich richtiges und vor allem positives Ergebnis ergeben. Er legte die Papiere sorgfältig zusammen und erhob sich.

„Ich wollte Sie sowieso noch ganz im Vertrauen sprechen", erklärte Edith und klopfte Noah auf die Schulter, der zu ihr herangetreten war. Der Mann zuckte zusammen. Er war nur halb so breit wie seine Vorgesetzte, wirkte wie ein Hänfling neben ihr. Sein feines, aschblondes Haar klebte ein wenig auf dem voluminösen Schädel, der die Sicht auf die Kopfhaut freigab. Lange würde es bis zu größeren kahlen Stellen nicht mehr dauern.

Edith schloss die Tür hinter sich, nachdem Noah bis zu ihrem Schreibtisch gelaufen war.

„Sie haben doch Erfahrung mit Diabetes im häuslichen Bereich?", kam sie direkt auf den Punkt.

„Ja, meine Mama …"

„Eben. Sie erzählten ja mal, dass Sie ihr bei den Spritzen behilflich sind."

Noahs Augen weiteten sich. Er wusste jetzt ganz genau, was da für ein Ansinnen kommen würde.

„… und weil mir mein Arzt nun den Umstieg von Tabletten auf regelmäßige Spritzen angeraten hat, dachte ich mir, Sie könnten eine große Hilfe für mich sein. Bei aller Liebe, allein kriege ich das nicht fertig."

Edith beugte sich an ihrem Schreibtisch hinunter, zog eine untere Schublade auf und legte ein pinkfarbenes Etui mit den entsprechenden Zutaten auf das tiefdunkle Mahagoniholz.

„Also, ich wäre Ihnen sehr verbunden, mein Lieber, wenn Sie sich darum kümmern könnten. Sie sind ja durch Ihre Mutter mit der Verfahrensweise bestens vertraut. Die anderen sind schon alle auf dem Heimweg. Hier stört keiner mehr, falls Sie da Bedenken haben sollten."

Die Chefin zog ihre Bluse aus dem Rock und gab ein größeres Stück rosiges, fettes Fleisch frei.

Noah zuckte. Sein Mund war trocken. Er war unfähig, auch nur einen Satz zu sagen. Doch dann funktionierte er wie daheim und entließ das Insulin in den Körper.

„Für solche Dinge haben Sie ein Händchen, mein Lieber. Im Gesundheitswesen wären Sie auch bestens aufgehoben", bedankte sich Edith und kniff Noah in die Wange. Dann schob sie die Bluse wieder unter den Rockbund.

„Jetzt wollen wir aber mal Feierabend machen. Den haben wir uns redlich verdient. Und die Sache mit den Spritzen bleibt selbstverständlich unter uns. Das wäre mir ansonsten höchst peinlich", verdonnerte sie ihn noch zu Stillschweigen.

Noah nickte nur.

Auf dem Heimweg im Bus entwickelte sich eine Fantasie in seiner Gedankenwelt. Er sah die Lösung all seiner Probleme vor sich. Jetzt hatte er beide Frauen in der Hand und konnte nach Belieben die Insulindosis erhöhen, bis zum tödlichen Ausgang. Oder für eine ebenfalls sehr gefährliche Unterzuckerung sorgen. Eine wunderbare Vorstellung. Er musste das alles nur äußerst geschickt anstellen, sodass niemand bei zu erwartenden Ermittlungen Verdacht hegte. Den Rettungsdienst erst benachrichtigen, wenn alles einen lebensbedrohlichen Zustand angenommen hatte. Niemand sollte ihm in diesem Zusammenhang unterlassene Hilfeleistung vorwerfen können. Ein hieb- und stichfestes Alibi war wichtig, also musste der perfekte Plan her. Am besten die beiden Taten ein größeres Stück zeitversetzt. Wen also zuerst? Mama? Die Chefin?

Fast beschwingt stieg er aus dem Bus, rutschte an der vereisten Bordsteinkante ab, konnte sich aber noch rechtzeitig fangen. Jetzt musste Noah lauthals lachen. Die Passanten um ihn herum schauten ihn argwöhnisch an.

21. Kapitel
Controlling

Maximilian wirkte gehetzt, als er zur Balkontür trat und die Gardine ein Stück beiseiteschob. Das war wieder ein Heidenlärm. Irgendwelche Alarmsirenen, vielleicht von aufgebrochenen Autos, von der Feuerwehr oder der Polizei. Mitten in der Nacht riss einen so etwas aus dem Schlaf. Und die Typen, die einem hier über den Weg liefen, machten auch allesamt keinen vertrauenerweckenden Eindruck. Sogar einen Penner hatte er neulich aufgescheucht, der es sich offensichtlich im Kellerbereich bequem gemacht hatte.

Er war noch in Mütze, Mantel und Straßenschuhen. Immerhin hatte er die Knöpfe geöffnet. Vor seinen Füßen hatte sich eine kleine Pfütze vom getauten Schnee gebildet. Eine schmutzige Spur zog sich von ihm bis zur Wohnungstür. Nichts nahm er davon wahr. Er schaute in die Dunkelheit. Da und dort strahlte weihnachtliche Beleuchtung. Er war nicht in der passenden Stimmung, da konnten sie noch so viele Weihnachtslieder im Rundfunk dudeln, wenn er unterwegs war.

Heute hatten im Besprechungsraum des Unternehmens, für das er gerade tätig war, wieder die üblichen Zusammenkünfte stattgefunden. Entlassungsgespräche, eng terminiert. Zwar sehr unterschiedlich, aber doch auch wieder gleichgeartet. Fassungslosigkeit, Empörung, Tränen, Hysterie, die Mitleidsmasche – alle Register wurden gezogen.

Seit Jahren fungierte Maximilian als Controller in Firmen und wurde zur Gewinnoptimierung engagiert. Auf seiner Visitenkarte stand sowohl diese Berufsbezeichnung als auch Unternehmensberater. Letzteres klang für seine Begriffe emotionaler und nicht so stark nach Zahlen, obwohl die ja stets das alles Entscheidende waren.

Seine Aufgabe war es, das entsprechende Entlassungspotenzial aufzuspüren, denn Personalkosten wogen am schwersten. Ein Leichtes für ihn. Er hatte den Blick für Überflüssiges, schon immer gehabt. Und Kündigungswellen waren ein nötiges Übel in diesen Zeiten. Das wollte doch wohl niemand bestreiten. Es musste nur im jeweiligen Unternehmen alles so arrangiert werden, dass die Zahlen für betriebsbedingte Kündigungen sprachen. Notfalls wurden sie frisiert. Auch dafür war er der geeignete Fachmann.

Mit personenbedingten Kündigungen war es so eine Sache, da nahmen sich die Mitarbeiter natürlich sofort einen Anwalt, auch weil inzwischen schon fast jeder entweder eine Rechtsschutzversicherung besaß oder Gewerkschaftsmitglied war. Und wenn so ein Anwalt richtig einsatzfreudig war, hatte man als Arbeitgeber keine guten Karten, zumal auch die Richter häufig aufseiten der Angestellten standen. Also waren klare Linien zwingend angesagt. Ein griffiger Sozialplan für alle, in Absprache mit dem Betriebsrat, den man zuvor geschmeidig und fügsam gemacht hatte. Auch dafür gab es unterschiedlichste Verfahrensweisen. Mal ein nettes Goodie in Form von besonderen Vorteilen im Job oder ein schickerer Dienstwagen. Mal eine kleine, wie zufällig wirkende Gehaltserhöhung. Andere konnte man mit schickeren Büros überzeugen. Außerdem verloren die aktiven Gewerkschafter zuletzt im Unternehmen ihren Job, was man ihnen sehr, sehr schmackhaft machen konnte …

All die Jahre hatte Maximilian nichts davon an sich persönlich herangelassen. Ein dicker Panzer schien ihn zu schützen und immer mächtiger zu werden. Bislang prallte alles von ihm ab. Aber diesmal hatte er ganz plötzlich die Angst der Leute riechen können. Mitten in einer Zusammenkunft. Da schwappte ein regelrechter Gestank von so einem Kandidaten über den Tisch. Genau so roch es mitunter im Fahrstuhl seiner zeitweiligen Bleibe, wenn der denn überhaupt mal intakt war. Der eklige Geruch hatte sich ihm auf die Schleimhäute gelegt und blieb dort haften. Furcht konnte man überdies auch schmecken, musste er feststellen. Da verging einem der Appetit. Maximilian hatte schon etliche Pfunde verloren, obwohl er das gar nicht vorhatte.

Jetzt kam ihm sogar der Fall von seinem vorherigen Auftraggeber hoch. Nach dem Entlassungsgespräch blieb ihm ein gekündigter Angestellter auf den Fersen, verfolgte ihn auf seinem Heimweg und fing ihn an seinem Auto ab. Heulend kniete er vor ihm nieder und hielt seine Beine mit beiden Armen fest umklammert:

„Bitte, bitte entlassen Sie mich nicht. Sie können das doch beeinflussen. Machen Sie es wieder rückgängig. Sie stürzen meine Familie und mich sonst ins Unglück. Das können Sie doch vor Gott nicht vertreten."

Auf den Knien rutschte er hinter ihm her, als er auszuweichen versuchte. Maximilian glaubte bei dieser Erinnerung sogar den Griff an seinen Beinen zu spüren. Was hatte denn Gott damit zu tun? Betroffene versuchten wirklich mit allen Mitteln, auf die Tränendrüsen zu drücken. Der Auftritt war einfach nur erbärmlich gewesen.

„Unterlassen Sie das gefälligst!", hatte er gefordert. „Sonst rufe ich sofort den Sicherheitsdienst."

Im Eingangsbereich war man auf die beiden schon aufmerksam geworden, und ein junger Mann in dunkelblauer Uniform machte sich bereits auf den Weg zu ihnen. Bevor er eintraf, löste sich aber der Mitarbeiter von Maximilian und schlich wortlos, mit gebeugten Schultern, wieder zum Haus zurück.

Später erfuhr Maximilian, dass sich dieser gekündigte Angestellte das Leben nahm, um über seine Lebensversicherung der Familie das Hab und Gut zu sichern. An seinem letzten Tag in der Firma, als er nur noch seine Papiere und ein paar persönliche Dinge abholen sollte, war er bis ins oberste Geschoss gefahren, dort aufs Dach geklettert und gesprungen. Er musste sich darauf vorbereitet haben, denn man fand noch Werkzeug von ihm vor der aufgebrochenen Tür, die ins Freie führte. „Springer-Hochhaus" blieb in der Folge am Objekt haften, weil ihm noch Weitere folgten, die keinen anderen Weg für sich sahen.

Die betreffende Familie jedenfalls war mitsamt den schulpflichtigen Kindern extra für die Firma in diese Stadt gezogen und hatte ein Haus gekauft, zu einem sehr hohen Preis, der angesichts der gut dotierten Stelle angemessen erschien. Auch diese Informationen lieferte ihm die Chefsekretärin, zu der er gleich zu Beginn seines Einsatzes ein besonders intensives Verhältnis aufgebaut hatte, das er meist noch der guten Ordnung halber ein Weilchen am Laufen hielt. Solche Netzwerke waren wichtig und Informationen schadeten nur dem, für den sie nicht verfügbar waren. In der Regel handelte es sich um hochintelligente und sehr attraktive Frauen. Dann kam ihm so ein Techtelmechtel nicht ungelegen. Bei weniger hübschen Damen verlegte er sich auch auf Pralinen und Rosensträuße oder eine Einladung zu einem Konzert. Das reichte meist aus, um ihre Zungen zu lockern.

Maximilian atmete tief durch. Er spürte einen tiefen Groll in sich, aber nicht gegen seine Auftraggeber, sondern gegen sich selbst. Er verstand es nicht. Woher nur diese Zimperlichkeit? Denn wenn er es nicht tat, dann übernahmen andere solche Aufgaben. Für das hervorragende Salär bekam man die Besten der Branche. Schon einmal eine gediegene Basis als festes Einkommen und dazu Anteile vom Eingesparten. Der Ansporn war mehr als groß.

Er verspürte mit einem Mal so etwas wie quälende Gewissensbisse, dabei gehörte dieses Wort gar nicht zu seinem aktiven Vokabular. An allem war bestimmt dieses öde Haus schuld. Es zog ihn stimmungsmäßig runter. Außerdem war es total unter seinem Niveau, und er hatte sich erst nach langem Zureden breitschlagen lassen, hier Quartier zu machen. In einer möblierten Wohnung des Unternehmens für eventuelle Sonderfälle.

Maximilian schüttelte sich. Was sollten das wohl für Sonderfälle sein? Ein Sammelsurium von Asozialen wohnte in seinem aktuellen Zuhause, wie er es einschätzte. Aber in dem Hotel, in dem er zuvor genächtigt hatte, war eine Bombe hochgegangen. Zum Glück war niemand zu Schaden gekommen, nur die Einrichtung hatte etwas gelitten. Rechtsextreme, wie die Polizei zeitnah der Presse gegenüber erklärte. Aber er, er hatte den Verdacht, dass das durchaus auch die entgegengesetzte Richtung sein konnte. Aktivisten, die etwas gegen die Aufräumarbeiten von ihm und seinesgleichen hatten. Denn er hatte in der Hotelbar Branchenkollegen getroffen, die ebenfalls in der Stadt im reduzierenden Einsatz waren. Ihm war in dem Zusammenhang eine Anhäufung von jungen Leute vor der Hotelauffahrt aufgefallen, maskiert und mit Transparenten. Deren Botschaft war tatsächlich ziemlich eindeutig gewesen: „Keine Macht dem Kapital".

Vielleicht sollte ich auch einfach aus dem Fenster springen, dann wäre alles vorbei, dachte Maximilian jetzt schlagartig sehr klar, öffnete die Tür und trat ins Freie. Von seinem Balkon aus blickte er in die Tiefe und schüttelte dabei den Kopf, verwundert über seine merkwürdige Idee. Er wollte nicht eventuell querschnittsgelähmt im Rollstuhl landen. Aber aus dieser Höhe dürfte das schon absolut tödlich sein. Nur war weder die eine noch die andere Folge vollkommen sicher. Reiß dich mal am Riemen, forderte er sich auf und begab sich wieder in die Wohnung. Sie war steril eingerichtet, wenig Mobiliar, klare Glasfronten, graue Sitzgarnitur. Keinerlei persönliche Anzeichen. Keine Blume, kein Nippes, kein einziger Hinweis auf das liebevolle Eingreifen eines Bewohners.

Der Lärm war verebbt. Maximilian ging wieder zurück in die Wohnung, entledigte sich endlich an der Garderobe im Flur der Sachen, die er immer noch trug: Mütze, Mantel und Straßenschuhe. Danach lief er in die Küche und öffnete den Kühlschrank. Selbst darin sah es weitestgehend unpersönlich aus. Maximilian bereitete sich hier keinerlei Nahrungsmittel zu. Er frühstückte unterwegs beim Bäcker oder ließ es sein, wenn er wusste, er würde ein paar süße und auch herzhafte Snacks sowie Obst auf seinem zeitweiligen Arbeitstisch stehen haben. Hingestellt von der aufmerksamen Chefsekretärin. Mittags wurde gern mit einem Vertreter der Firmenleitung gespeist und dabei Wichtiges besprochen. Abends nahm er beim Imbiss eine Kleinigkeit. Es standen nur ein paar Joghurts mit allerlei Biokulturen darin, außerdem ein paar Süßigkeiten für Kinder, die gekühlt besser schmeckten. Nervennahrung für besondere Momente. Ein paar Flaschen Mineralwasser von der edelsten Sorte lagen im unteren Fach.

Im Tiefkühlbereich hatte er seine Whiskeyflasche deponiert. Als er sie herausnahm, beschlug in der Wärme des Raumes das Äußere, und seine Finger hinterließen Abdrücke auf der Oberfläche. Dazu griff er sich noch ein passendes Glas und lief mit beidem ins Wohnzimmer. Dort ließ er sich auf dem Sofa nieder und schenkte das Glas halb voll. Er musterte es gedankenverloren und setzte es dann an seine Lippen. Nur einen Moment verharrte er dort, ehe er einen großen Schluck nahm und dann sein Glas und die Flasche, die er immer noch in der Rechten gehalten hatte, auf der gläsernen Tischplatte abstellte.

Du wirst doch wohl nicht in eine Sinnkrise geraten, schwirrte ihm ein Gedanke durch den Kopf. Midlife-Crisis vom Allerfeinsten, passt ja vom Alter her als Mittfünfziger. Na super. Fängst du jetzt an, daran zu zweifeln, ob es gut ist, was du tust. Hat sich eben alles im Leben so gefügt. Bist doch kein Wohltäter. Die werden bestimmt entschieden schlechter entlohnt als du, bekommen höchstens einen warmen Händedruck …

Das Glas war nach einem zweiten Schluck bereits geleert, und Maximilian schenkte es erneut bis zur Hälfte voll. Dann lehnte er sich auf dem Sofa zurück und legte seine Füße auf den Tisch. Er hörte jetzt die Musik, die offensichtlich aus der Wohnung unter ihm hochklang. Irgendwas Volkstümliches und überhaupt nicht sein Ding. Ein Glück, dass im Gegensatz dazu die Wohnung über ihm offensichtlich richtig gut gedämmt war. Von dort war jedenfalls gar nichts zu vernehmen. Und eventuell Krawall verursachende Nachbarn gab es ja glücklicherweise nicht.

Nachher würde er sich eine seiner Lieblingsserien streamen. Wenigstens das funktionierte mit WLAN einigermaßen. Er wollte schon wissen, wie es weiterging mit dieser besonderen zeitweiligen Freiheit, Leute töten zu dürfen. Der Spielfilm war schon klasse gewesen und natürlich eine super Idee, daraus mehr zu machen. Was würde man denn selbst unternehmen, wenn es einem freigestellt wäre, zu tun oder zu lassen, was man wollte? Man durfte marodierend und mordend durch die Straßen ziehen. Und keine Straftat binnen einer gewissen Zeit wurde in jener Fiktion geahndet. Eine grandiose Vorstellung. Maximilian rieb sich die Hände. Nur schon mal vorab fertig machen für die Nacht. Gelegentlich sah er doch mehr Folgen hintereinander, als er eigentlich vorhatte. Und das ging zulasten seines Nachtschlafs. Aber um sieben Uhr klingelte der Wecker, um acht Uhr machte er sich auf den Weg, und ab neun Uhr rationalisierte er Angestellte weg. Das würde am nächsten Morgen nicht anders laufen. Er war doch kein Selbstmörder, er doch nicht.

Aber ehe er sich auf seine Serie einließ, wollte er sich doch noch ein paar Stichpunkte für seinen Bericht machen. Auch alles nur Phrasen, leeres Gewäsch, eine Blase dicht an dicht an der anderen, stichelte sein Inneres. Hättest auch einen guten Redenschreiber für einen Politiker abgegeben, na, vielleicht im nächsten Leben … Er zog die Stirn kraus und rieb sich mit beiden Händen über das Gesicht, bis es unangenehm für ihn wurde. Dann ließ er es sein und zog sich sein Notizbuch heran. Ein Exemplar in edlem Leder mit einer schönen Prägung auf dem Einband und einem Bändchen, das er auf der passenden Seite positionieren konnte. Maximilian blätterte darin. Brocken setzten sich über die Augen in seinem Gehirn fest: neu aufstellen, agil agieren, Führungskompetenzen, begeisterte Mitarbeiter, mit denen man auf Augenhöhe kommunizierte, und glückliche Kunden. Und waren die Kunden doch einmal verärgert, so kam das Callcenter zum Zug. Wobei ihm diese ganze Wohlfühlnummer inzwischen einfach nur übertrieben vorkam. Früher ging man doch auch nur zur Arbeit, um seinen Lebensunterhalt zu verdienen und die Familie zu ernähren. Dann kamen die Frauen auf die Schnapsidee, sich verwirklichen zu müssen, und wollten nicht mehr nur am Herd stehen. Das brachte den gesamten Arbeitsmarkt durcheinander. Und heute sollte man dort auch noch den Spaßfaktor erfüllt bekommen. Wellnessoasen pur. Er hatte sogar Firmen erlebt, da kamen Physiotherapeuten mitten am Tag vorbei und massierten verspannte Nacken. Alles nur Schwachsinn.

Jetzt blieb er auf den Seiten bei der namentlichen Auflistung der Chefetage hängen – Chief Executive Officer, Chief Financial Officer … Er hatte sich längst daran gewöhnt, dass es überall nur so vor Offizieren wimmelte. Der Status war entscheidend, die Befehlsgewalt. Wahrscheinlich machte sich niemand Gedanken um so eine martialische Sprache. Es war ja auch fast wie Kriegsführung, was da in den Unternehmen abging und woran er Anteil hatte. Hab dich doch nicht so, tönte es in ihm. Ist lediglich modernes Managerdeutsch, und du willst doch mit der Zeit mithalten. Oder etwa nicht? Disruption klang doch auch viel besser als einschneidende Veränderungen.

Maximilian setzte ans Ende seiner bisherigen Notizen ein paar nächste Stichpunkte, schließlich lag das gerade im Trend: hierarchiefreie Agilität, also statt der festgezurrten Abteilungsstrukturen variable Teams. Dadurch entstanden auch nicht mehr die engen Bindungen untereinander, die mitunter zu heftigem Widerstand und sogar Verbrüderungen führten, wenn etwas Neues etabliert werden sollte. Wichtig war unterm Strich die Corporate Identity, eine harmonische Gesamtausstrahlung insbesondere nach außen hin. Ganz gleich, was im Inneren im Argen lag. Das ging schließlich niemanden etwas an. „Big Data" fügte er noch an, man erwartete ja Vorschläge von ihm, von immensem Nutzen für Internetversender, aber für seine Begriffe auch für jede Firma. Böswillige stuften so etwas mitunter als Überwachung ein, vor allem wenn das mit sogenannten unlauteren Mitteln geschah. Aber was war im Geschäftsbetrieb schon unlauter und was war lauter? Maximilian musste lachen. Ja, laut konnte es bei Auseinandersetzungen schon zugehen …

Er hatte das Büchlein bereits zugeklappt, dann nahm er es sich doch noch einmal zur Hand. Künstliche Intelligenz, viel gepriesen und ebenso viel geschmäht. Aber er wollte es nicht versäumen, auch darauf in seinem Bericht hinzuweisen. Er musste schließlich eine gewisse Anzahl von Seiten füllen, um seine Wichtigkeit festzuhalten. Nur zwei oder gar drei Seiten wären dafür kein Beleg gewesen. Sparpotenziale ließen sich mit dieser KI allemal erschließen. Seine vorrangige Aufgabe war es schlussendlich, die Personalkosten zu senken. Und so ein künstlicher Intelligenzler benötigte keinen Urlaub, funktionierte 24/7, also rund um die Uhr und das die gesamte Woche lang, vom 1. Januar bis zum 31. Dezember eines Jahres. Auch winkte er mit keinem Gelben Schein, konnte nicht schwanger werden, hatte keine schlechte Laune, weil der Haussegen schief hing. Aber einen Virus konnte er sich dennoch einfangen, machte sich ein weiterer bohrender Gedanke breit.

Du bist wieder mal dabei, dich total zu vergaloppieren, ermahnte sich Maximilian innerlich. Verschleiere einfach wie gehabt die tatsächlichen Zustände mit Worthülsen, mache es der Führungsetage recht und besänftige die Unterprivilegierten. Hauptsache, das Honorar landet im Anschluss auf deinem Konto.

Er schloss sein Notizbuch und steckte es in seine Aktentasche, die er neben den Tisch gestellt hatte.

22. Kapitel
Kerker

Salome zog die Spritze auf. Das Beruhigungsmittel hatte sie heute von der Station mitgebracht, auf der sie als Nachtschwester arbeitete. Offiziell war es einem Patienten verabreicht worden, so stand es in den Unterlagen. Dafür hatte sie akribisch gesorgt. Keiner von ihren jetzigen Kollegen beneidete sie um ihre Schichten oder hätte gar mit ihr tauschen wollen.

Salome indes wählte ausschließlich die Arbeitszeiten in der Nacht, wenn alle und alles zur Ruhe kamen. Und sie konnte zumeist ungestört die Schlafenden beobachten, die sich wälzten, vor Schmerzen aufschrien.

Jetzt legte Salome die Spritze hin und ging zum Fenster. Vor dem Hauseingang entdeckte sie ein paar Leute, aus dieser Höhe nur winzig klein und nicht wirklich zu erkennen. Sie öffnete kurz die Balkontür, trat hinaus und atmete tief durch. Dann fröstelte sie doch, schlug ihre Arme vor der Brust umeinander und ging wieder in die Wohnung. Vielleicht erst einen heißen Tee, dachte sie und lief in die Küche, um ihn vorzubereiten. Wenig später saß sie auf einem Sessel und ließ ihre Gedanken schweifen.

Vielleicht wäre ja alles ganz anders gekommen, wenn ihre Eltern nicht diesen Vornamen ausgewählt hätten:

Salome. Die Stieftochter des Herodes mit ihrer makabren Geschichte. Erst als sie größer wurde und Klassenkameraden sie anzüglich neckten, hatte sie im Internet recherchiert und war auf das Drama von Oscar Wilde gestoßen, aus dem später Richard Strauss eine Oper entwickelte.

Von dieser Prinzessin, die selbstbewusst in ihrem Leben steht und ihre Verführungskünste wirken lässt, auch bei einem jungen Propheten. Jener Jochanaan verflucht sie deshalb, auch weil sie die Schuld am Selbstmord von Narraboth trägt, dessen Zuneigung sie nur ausnutzte. Herodes bedrängt seine Stieftochter Salome, schließlich soll sie für ihn tanzen. Als Belohnung will er ihr jeden Wunsch erfüllen, was er beeidet. Und so tanzt Salome den „Tanz der sieben Schleier", fordert im Anschluss den Kopf des Jochanaan auf einer Silberschüssel.

Herodes will die Prinzessin umstimmen, weil er Angst hat, ihm könne Unheil geschehen, wenn er als König einen heiligen Mann solcherart töten lässt. Aber der Eid bindet ihn, und so geschieht es. Salome gerät in für alle anderen unfassbare Verzückung, besingt im Liebestaumel den Kopf in ihren Händen und küsst schließlich das abgeschlagene Haupt.

„Man töte dieses Weib!", lautet dann der Befehl von Herodes, und die Soldaten stürzen sich auf Salome.

Salome riss sich aus ihren Tagträumen und griff zur bauchigen Tasse mit der Aufschrift „Für Genießer", der Tee darin war inzwischen kalt geworden.

„Wer glaubt schon an so einen Schwachsinn, dass Namen eine Bedeutung hätten", flüsterte sie vor sich hin. Im

Hintergrund war Musik zu hören. Ein Klassiksender, bei dem sie schon oft angerufen hatte, um sich Arien aus „Salome" zu wünschen. Aber nie kam etwas davon. Im Gegenteil, wenn sie sich vorstellte, ertönte am anderen Ende der Leitung Gelächter. Das hatte sie deutlich vernommen und sich sogar bei der Intendanz mehrfach schriftlich beschwert. Aber kein vernünftiges Echo folgte und schon gar keine von ihr gewünschte Musik. Wahrscheinlich fühlten sich die Rundfunkleute nur auf den Arm genommen.

Marina kroch über den Fußboden, der weich gepolstert war. Auch die Wände waren mit dickem Material gedämmt, und die Decke war abgehängt, mit Füllmaterial dazwischen. Der Clou aber war die zugemauerte Fensterseite. Hier hatte Salome auf die weitere Verkleidung im Inneren verzichtet. Sie war nicht nötig. Zwischen den puren Mauersteinen quoll der bindende Kleber hervor. Marina hatte schon an verschiedenen Stellen versucht, wenigstens einen Ziegel lose zu bekommen, um sich draußen bemerkbar zu machen, mit bloßen Fingernägeln. Ein Unding. Nur die Nägel waren abgebrochen, und es blutete aus den Wunden, die heftig schmerzten.

Jetzt saß sie zitternd in einer Ecke, nicht aufgrund der Kälte. Die Temperaturen waren halbwegs erträglich, aber die Situation ließ sie erschaudern. In einer Ecke stand eine Campingtoilette, das war alles.

Es fiel ihr schwer, ihre Gedanken zu ordnen. Sie hatte das Gefühl, als würde Watte durch ihren Kopf wabern. Was machte sie nur hier an diesem Ort? Wer hatte ihr das angetan und warum? Ihre Kollegin Salome? Aber die war doch die ganze Zeit über so nett zu ihr gewesen, als sie sich ihr als Verstärkung für die Nachtschicht anbot. Zu zweit könne man schließlich besser für die vielen Bedürftigen sorgen, die Beruhigungs- und Schmerzmittel benötigten. Zu all ihren Vorschlägen in der Stationsbesprechung hatte Salome nur genickt. Kein negatives Wort war von ihr gekommen. Und nun das!

Auf einer Seite des Raumes öffnete sich die Tür. Sie war so optimal in die gesamte Dämmung eingefügt, dass sie auf Anhieb nicht zu unterscheiden war. Von der Decke aus leuchtete jetzt eine einzige flache Lampe. Fast erwartungsfroh blickte Marina auf, unfähig, sich auch nur ein Stück weit zu bewegen.

„Na, M., wie geht es uns denn?"

Salome vermied den Blickkontakt mit ihrer Kollegin und nannte sie auch nicht beim vollständigen Vornamen. Zu viel Nähe wollte sie nicht aufkommen lassen.

„Wieso bin ich denn hier und seit wann?", artikulierte Marina schwerfällig ihre Fragen. Die Zunge wollte ihr beim Formulieren nicht recht gehorchen.

„Das ist nebensächlich", antwortete Salome harsch. „Wenn es die Gesundheit erfordert, dann braucht es eben besondere Umstände."

Sie entdeckte die blutigen Fingerspitzen ihres Opfers.

„Was haben wir denn da gemacht?", fragte Salome drohend. „Keine Selbstverletzungen, sonst muss die Behandlung noch härter werden."

„Nein, bitte nicht", flehte Marina und kroch auf den Knien zu Salome hin, streckte ihr plötzlich beide Hände flehend entgegen. Fast wäre Salome beim Ausweichen gestürzt.

„Jetzt reicht es aber", riss sich Salome zusammen und fand wieder festen Halt. In der Rechten hatte sie die gesamte Zeit über schon die Beruhigungsspritze einsatzbereit gehalten. Jetzt hockte sie sich hin und drehte Marina mit geübten Griffen auf den Bauch, zog die Hose ein Stück hinunter und stieß die Spritze in das feste Fleisch. Dann drückte sie den gesamten Inhalt hinein.

Marina wehrte sich kaum, wimmerte nur vor sich hin und verfiel wenig später in die vorherige Lethargie.

„So, meine Liebe, jetzt muss ich nach den anderen Patienten schauen. Da brauchen so viele meine Hilfe. Und du, du bist immer so uneinsichtig."

Salome schüttelte den Kopf, als sie den Raum verließ und die Tür wieder fest hinter sich verschloss.

Es war Zeit, sich auf den Weg zur Nachtschicht zu machen, stellte sie fest, als sie die Uhrzeit wahrnahm. Noch schnell eine Dusche. Der Einsatz bei Patientin M. war wieder einmal schweißtreibend gewesen. So konnte sie nicht zur Arbeit fahren. Salome hob den rechten Arm und schnüffelte mit der Nase an sich.

„Pfui Teufel, du stinkst. Da hat aber dein Deo versagt."

Salome kicherte, als sie Richtung Badezimmer lief, um sich frisch zu machen.

Sie schaffte sogar noch einen Bus eher und kam deutlich vor Schichtbeginn im Krankenhaus an.

„Sag mal, Salome, hast du was von Marina gehört?", empfing sie die Stationsschwester.

Salome zuckte mit den Schultern.

„Ist eben kein Verlass auf die jungen Leute."

„So kannst du das aber auch nicht sehen. Marina ist doch höchstens zehn Jahre jünger als du."

„Eben. Das macht schon mal den Unterschied, was Verantwortungsbewusstsein angeht."

„Vielleicht hast du recht. Ich habe ihr über Whats-App schon mehrere Nachrichten hinterlassen. Aber kein Echo. Sie war dort auch schon ein Weilchen nicht mehr aktiv. Wenn sie spätestens morgen nicht auftaucht, gibt es eine Abmahnung", entschied sich die Stationsschwester.

„Vernünftige Idee. Man muss schon mal konsequent sein", entgegnete Salome. „Aber ich muss dann auch starten. Gibt es was Besonderes zu beachten?"

„Schaffst du das alles allein? Im Grunde sollte dir ja Marina zur Seite stehen. Ich könnte noch ein paar Stunden zur Überbrückung bleiben."

„Nein. Ist überhaupt nicht nötig. Habe ich doch vorher auch gestemmt. Was soll da jetzt nicht funktionieren?"

„Schon gut. Danke für dein Verständnis und deinen Einsatz. Wenigstens auf dich kann ich mich immer verlassen", sagte die Stationsschwester und zog sich jetzt ihren Kittel aus, den sie in den Spind hängte.

Das wäre auch ein gutes Opfer gewesen, dachte Salome und musterte ihre Vorgesetzte. Aber es wäre deutlich schwieriger geworden, sie zu einem Besuch in ihrer Wohnung zu überreden. Schwamm drüber. Die Lösung mit Marina war ideal. Eher ein Zufallstreffer oder auch nicht. Schließlich hatte sie sich in ihre Belange einmischen wollen. Salome schloss den letzten Knopf an ihrem Kittel.

„Schönen Feierabend", wünschte sie ihrer Chefin.

„Und dir eine arbeitsarme Nacht. Möge nicht zu viel passieren", erwiderte die Stationsschwester.

„Kriege ich alles hin."

„Das weiß ich doch. Auf dich kann ich immer bauen. Tschüss dann."

Salome wartete noch ab, bis sie allein im Schwesternzimmer war, dann schaute sie die Patientenakten durch. Bestimmt gab es auch für diese Nacht wieder jemanden, an dessen Leid sie sich weiden konnte. Da. Sie hielt die Akte ins Licht. Unterschenkelamputation bei einer Kettenraucherin. Die war frisch auf der Station. Keine vierzig. Hatte bestimmt übertrieben, weiter gesündigt und dann eben die Rechnung serviert bekommen. Dort wollte sie zuerst vorbeischauen. Wenn die Kranke ansprechbar war, konnte sie schon einmal die einfühlsame Tour starten und sich dann steigern. Wer lag mit ihr im Zimmer? Kein Problem. Da half ein zusätzliches Schlafmittel, um eventuelle Zeugen auszuschalten.

Auf dem Flur hörte man nur die üblichen Krankenhausgeräusche, das Surren der Technik. Dazu ein paar lautere Äußerungen von Kandidaten, die im Schlaf sprachen. Mehr oder minder deutlich und mitunter ganz unterhaltsam, aber nur für kurze Zeit. Salome lief gemessenen Schrittes an den Zimmern vorüber. Keine Notleuchte forderte aktuell ihren Einsatz. Dann stand sie vor Zimmer 23. Sie öffnete die Tür und schaltete das Deckenlicht an. Nur zwei Betten waren aktuell belegt. In dem am Fenster lag die alte Frau, die am nächsten Tag entlassen werden sollte. Salome lief zügigen Schrittes zu ihr hin.

„Na, wie sieht es denn heute aus? Vielleicht noch ein Mittelchen, damit wir die letzte Nacht bei uns ganz in Ruhe genießen können?"

Die Frau nickte dankbar.

„Das haben wir gleich."

Salome griff sich einen Becher, schüttete etwas von dem stillen Mineralwasser hinein und hielt der Patientin zwei Tabletten hin. Die sollten für einen absolut festen Schlaf sorgen.

„Hier."

Und schon hatte die Kranke alles gehorsam geschluckt.

Es würde nicht lange dauern, bis das hoch dosierte Mittel seine Wirkung tat. Salome beobachtete in der Zwischenzeit die Neue, die sich in ihrem Bett hin und her wälzte. Das dritte Bett im Raum war leer und sollte am nächsten Tag belegt werden, so wie das der alten Frau.

Als ein Schnarchen ertönte, fühlte sich Salome sicher. Dann wollen wir mal, forderte sie sich innerlich auf und stellte sich an das andere Bett. Sie strich sanft über die Decke, und ein Stöhnen wurde laut. Salomes Blick fiel auf den Schrank, dessen Tür offen stand. Ein Paar hochhackige Pumps, in knalligem Blau. Sehr schick.

Genau, jetzt erinnerte sie sich auch daran, dass die Operation eigentlich den Unterschenkel erhalten sollte. Sie grinste vor sich hin. Nur ein kleiner Eingriff, so hatte man es der Patientin bestimmt versichert. Sie kannte das Prozedere bestens. Außerdem musste ja jeder unterschreiben, dass auch gegebenenfalls ein intensiveres Handeln nötig sei, was man den Operateuren überlassen würde.

Salome lief zum Schrank und holte sich einen glänzenden Schuh hervor. Damit stellte sie sich wieder direkt an das Bett und setzte den Hacken auf die Brust der Patientin.

„Tja, meine Liebe. Das wird wohl nichts mehr", flüsterte Salome in die Nacht. „Hat sich ausgetanzt. Den hier wirst du nie und nimmer mehr in deinem Leben benötigen."

Die Patientin drehte sich hin und her. Dann schlug sie die Augen auf und blickte auf den Hacken ihres Schuhs.

„Was soll… Wo bin…", lallte sie unvollkommen.

„Was soll denn das, und wo bin ich überhaupt, heißt das", ergänzte Salome die Satzfetzen und zog den Schuh von der Brust herunter, um ihn auf dem Nachttisch abzustellen. Dann setzte sie sich direkt auf die Bettkante und redete beruhigend auf die Kranke ein. Allerdings war nur der Tonfall beruhigend, die Worte selbst wirkten wie spitze Pfeile.

„Tja, nicht so einfach im Leben, wenn man sich ein Raucherbein einhandelt", säuselte Salome und hatte schon wieder den schicken Schuh in der Hand. Das wäre mal was für sie gewesen, aber leider gab es ihre Figur nicht her. Höchstens in ganz jungen Jahren. Dafür hatten die, die solche Pumps trugen, später Probleme mit verkrümmten Füßen, wie die Frau hier. Salome schlug die Bettdecke hoch und blickte auf den bandagierten Stumpf, der nur bis zum Knie reichte, daneben das andere Bein mit Zehen, die nach vorn verformt waren. Der große Zeh ragte über die anderen hinüber.

Salome lachte abfällig. Das hatte man davon, wenn man mit der Mode mitging. Nichts als Ärger, dachte sie und schaute auf ihre weißen Clogs. Zwar optisch nicht der absolute Hingucker, aber dafür äußerst bequem und praktisch auf der Station, wenn sie von Zimmer zu Zimmer eilte.

„Ist es bei uns auch mit Kribbeln und Schmerzen in den Füßen losgegangen? Hatten wir erst eine kleine Verletzung, die nicht heilen wollte, aber dafür im gesamten Fuß die Durchblutung massiv gefährdete? Wir hätten ja auch erst einen Zeh amputieren können. Aber die Wunde wäre garantiert nicht geheilt. Und in diesem Hause werden keine halben Sachen gemacht, kein so alberner Gliedmaßenerhalt. Deshalb arbeite ich ja so gern hier. Haben wir uns also eine periphere arterielle Verschlusskrankheit eingefangen?"

Salome reihte einen Satz an den anderen mit einschmeichelnder Stimme, so als ob sie ein Gutenachtmärchen erzählen würde. Sie war sich nicht sicher, ob die Patientin jedes Wort verstand, aber es würde sich auf jeden Fall in ihrem Unterbewusstsein verankern.

„Dann viel Vergnügen mit dem Phantomschmerz", fügte Salome leise an. „Der kommt so garantiert wie das Amen in der Kirche."

Jetzt nahm sie den Schuh, erhob sich und stellte ihn wieder in den Schrank. Dort öffnete sie die Handtasche der Patientin und entdeckte eine angefangene Schachtel Zigaretten. Die nahm sie heraus und setzte sich wieder. Dann zog sie ein einzelnes Exemplar heraus, hielt es sich unter die Nase und schüttelte sich angewidert.

„Hier, darfst mal dran schnuppern", zischte Salome und hielt der Kranken die Zigarette unter die Nase. Ein heftiges Stöhnen war das Echo.

„Ja, jammer du nur. Hast es selbst versaut. Und ich, ich habe jetzt die ganze Arbeit mit dir. Bestimmt pinkelst du nachher wieder ins Bett, und ich muss alles neu beziehen. Aber nicht zu zeitnah, da kannst du Gift drauf nehmen. Erst sind die anderen dran."

Salome erhob sich nun endgültig.

„So, meine Lieben, dann mache ich erst mal weiter meine Runde. Wenn was ist, einfach auf den Alarmknopf drücken."

Sie kicherte bei dieser Bemerkung, während sie beschwingt das Zimmer verließ. Keine der beiden würde in absehbarer Zeit dazu in der Lage sein. Auch der Amputierten hatte sie ein Schlafmittel gegeben, allerdings auf intensive Schmerzlinderung verzichtet. Sie sollte ruhig spüren, was ihr da wehtat.

Jetzt zog sich Salome ins Schwesternzimmer zurück und goss sich dort ein Glas Mineralwasser Medium mit nicht ganz so viel Kohlensäure ein. Dann setzte sie sich auf einen Stuhl und legte die Füße auf den Tisch. In ihrer Erinnerung wanderte sie zu den Anfängen für den speziellen Raum in ihrer Wohnung. Die Grundidee hatte sie schon so lange gehegt. Und als dann die Masse der Mieter auszog, passte es mit einer unauffälligen Umsetzung. Während im Fahrstuhl allerlei Möbel ins Erdgeschoss transportiert wurden, fuhr sie ihr Baumaterial in die Höhe.

„Nanu? Wir sind noch nicht mal ausgezogen und schon fangen die Bautätigkeiten an? Denen kann es wohl nicht schnell genug gehen", hatte sich eine Nachbarin erkundigt. „Da hätten wir doch vielleicht auch in der Wohnung bleiben können. Es gibt ja solche Rekonstruktionen durchaus unter bewohnten Bedingungen …"

Salome hatte nur den Kopf geschüttelt und erwidert: „Ist wohl nicht so geplant. Das wird hier sicher zwischengelagert, bis es mit den Bauarbeiten losgeht. Ich kümmere mich nur gerade ein bisschen darum, weil das in meine Etage soll."

Sie ließ die Ytong-Steine im großzügigen Flur ein Weilchen liegen, transportierte sie dann aber unauffällig, wenn mit keiner weiteren Begegnung zu rechnen war, in ihre Wohnung. Erst wollte sie sich für Ziegel entscheiden, aber das Gewicht sprach dagegen. Dampfgehärteter Leichtkalkbeton indes war die ideale Lösung. Dazu der passende Klebstoff. Der freundliche Mitarbeiter im Baumarkt hatte sie gründlich beraten und ihr jede Menge Tipps für die Verarbeitung mit auf den Weg gegeben. Damit war eine Front geklärt. Wichtig waren dann noch die Decke und der Fußboden. Die übrigen Wände grenzten an ihr eigenes Reich, die musste sie nicht über Gebühr isolieren. So ein wenig Gewimmer und Geklopfe waren schon nicht verkehrt.

In einem zweiten Baumarkt mit angeschlossenem Gartencenter hatte sich Salome Teichfolie besorgt. Bei der Lieferung stutzten die Männer nur kurz, als sie alles im Flur der Etage ablegen sollten. Da waren die anderen Mieter schon ausgezogen.

„Ich weiß, das ist nicht so ganz korrekt. Aber es soll eine Überraschung für meinen Opa werden. Dem wollen wir einen großen Teich in seinem Garten anlegen, während er mit Oma auf Kreuzfahrt ist", war Salome dazu eingefallen. „Und jetzt gab es das Material doch so kostengünstig bei Ihnen. Ich lagere es nur kurz hier zwischen und dann geht schon alles weiter. Stört ja momentan niemanden."

Eine überzeugende Geschichte.

Auch für das Dämmmaterial in seinen großen Abpackungen fand Salome eine Erklärung für die Lieferanten. Da hatte sie die Teichfolie schon mühevoll in die Wohnung gezogen. Und nichts war von dem Material mehr zu bemerken.

„Wir kriegen doch jetzt ein Häuschen, und da müssen wir das Dachgeschoss dämmen", war diesmal ihre Begründung.

„Genau, das ist definitiv Pflicht, wenn man etwas Neues bezieht. Na, dann viel Erfolg, junge Frau. Mit dem Objekt hier kann man ja auch keinen Blumentopf gewinnen", hatte der eine Transporteur bemerkt und sich für das großzügige Trinkgeld bedankt.

Euphorisch hatte sich Salome in der folgenden Zeit an die Arbeit gemacht. Zunächst war die Außenwand fällig. An nur einem Wochenende hatte sie eine innere Mauer errichtet und war äußerst zufrieden mit ihrem Werk. Dann hatte sie Dübel in die Wände gesetzt und die dämmenden Bahnen angebracht. An der Decke reichte für ihr ästhetisches Empfinden eine leichte Verkleidung. Schließlich kam es ihr auch ein wenig auf Schönheit an. Lockern konnte das alles niemand vom Boden des Zimmers aus, jedenfalls nicht ohne Leiter. Nur an die Wände, da setzte Salome noch großzügig die stabile Teichfolie. Wer die abpulen wollte, der musste erst noch geboren werden, hatte sie dabei gedacht.

An der Wand des Schwesternzimmers leuchteten schon drei rote Lampen im Dauerbetrieb. Salome raffte sich jetzt auf und überlegte kurz, wem sie zuerst einen Besuch abstatten wollte. Ihr Kontrollgang dauerte nicht lange. In zwei Fällen halfen Schmerztabletten, der dritte Fall war die Amputation. Das war wohl ein Versehen, denn die Frau wälzte sich schweißgebadet im Bett. Uriniert hatte sie auch, aber das konnte warten.

Als Salome sich wieder an ihren Arbeitsplatz zurückzog, griff sie sich eines der Bücher, die sie sich im Vorfeld ihrer Aktion angeschafft hatte. Es handelte sich um populärwissenschaftliche Lektüre im weitesten Sinne, die Entführungen und die Täter-Opfer-Situation im Fokus hatte. Im Grunde war ihr alles bestens bekannt, aber es las sich einfach richtig gut, weil sie sich nunmehr ganz persönlich einfühlen konnte. Wie Opfer ihre Täter von ihrem Vorhaben abbringen wollten, wie sie versuchten, andere auf sich aufmerksam zu machen … Stichwort abgebrochene Fingernägel und blutige Spitzen, fiel dazu Salome sofort ein. Eine gewisse Identifikation beider Seiten untereinander. Na, so weit kam es noch. Mit der da bei sich zu Hause würde sie sich nie und nimmer auf eine Stufe begeben. Gelähmt vor Angst, ein nächster Halbsatz, der Salome beim Durchblättern auffiel. Das entsprach wieder deutlich den Tatsachen.

Nachdem sie das Buch zugeklappt hatte, steckte sie es wieder in ihre Tasche. Dann stand sie vor dem Dienstplan, der großformatig an der einen Wand hing. Alles prima. Sie war in den nächsten Wochen wie stets zur Nachtschicht eingeteilt. Der Plan hatte am Ende sogar eine grobe Vorausschau fürs neue Jahr.

Tja, das neue Jahr, dachte Salome. Da muss ich mir wohl was einfallen lassen. Aber eigentlich waren alle Sorgen unbegründet. Sie hatte einen Plan. Von der netten Sekretärin bei der Wohnungsverwaltung hatte sie bereits erfahren, dass es nicht nötig werden würde, alles renoviert zu hinterlassen. Das Wort Abriss war gefallen, sie sollte es aber unbedingt für sich behalten. Kein Problem. Sie konnte schweigen wie ein Grab. Wenn es also an den geplanten Auszug ging, müsste sie plausible Erklärungen parat haben, warum das eine Zimmer so merkwürdig aussah. Tonstudio, Dunkelkammer zum klassischen Entwickeln von Filmen, separater Raum für ihre beginnende Lichtallergie … Ihr fiel jede Menge zu diesem Thema ein.

Und auch für Marina würde sich eine Lösung finden. Die dumme Kuh war ja dermaßen vertrauensselig gewesen, als sie sie zu einem Besuch in ihrer Wohnung überredete. Von wegen, sie könnten ja vielleicht Freundinnen werden, nachdem sie gerade erst in die Stadt gezogen war und sicher Anschluss suchte. Das hatte die tatsächlich geglaubt. Salome schüttelte mit bösem Lächeln den Kopf. Reingefallen, meine Liebe. Und entsorgen werde ich dich am Bahnhof, in der Ecke, wo sich die Drogenabhängigen aufhalten. Gut, dass ich da schon mal vorbeigeschaut habe. Passt alles perfekt. Wenn ich dir erzähle, dass es wieder nach Hause geht, wirst du mir aber so was von artig

folgen … Für den Transport nur so weit ruhigstellen, dass
du laufen kannst, aber keine blöden Sprüche loslässt. Das
ist machbar. Und wenn ich dich abgesetzt habe, sorge ich
für eine letzte Spritze.

23. Kapitel
Ideale

Langsam zog sich Max die Hose hoch. Für den Abend wollte er richtig schick aussehen, so wie damals, als sie sich beide das erste Mal auf jener verrückten Party trafen. Das Schicksal sie zusammenführte, denn eigentlich wollte er gar nicht hingehen, weil er heftige Kopfschmerzen hatte, fast schon eine Migräne. Aber dann hatte er doch gedacht, dass ihm Abwechslung guttun würde. Heute war ihr Kennenlerntag, und die Zeiger der Uhr rückten schneller voran, als es ihm lieb war. Er träumte vor sich hin, während ein heftiger Wind um das Haus tobte. In dieser Höhe kam das allerdings häufiger vor, sodass er es nicht wirklich wahrnahm.

Er hatte seine Lieblings-CD mit dem Besten von Sting aufgelegt: „Fields of Gold" aus den Jahren 1984 bis 1994. Als eben „Englishman in New York" erklang, sang er lauthals mit. Er konnte den gesamten Text auswendig. Sascha mochte Sting ebenfalls, bevorzugte allerdings Klassik. Und genau dafür hatte Max schon etwas anderes ausgewählt: Carreras, Domingo und Pavarotti in einem Konzert. Eine wunderbare Aufnahme vom 7. Juli 1990. Aus den Caracalla-Thermen in Rom. Allein schon die Vorstellung, sich im sagenumwobenen Rom und dort in dieser antiken Badelandschaft zu befinden, war göttlich. Dazu Zubin Mehta als Dirigent. Ihrer beider Lieblingslied „Dein ist mein ganzes Herz", gesungen von Plácido Domingo, aus der Operette „Das Land des Lächelns". Und beim tragischen „Nessun dorma" aus der Oper „Turandot" mit Luciano Pavarotti hatten sie stets Tränen in den Augen und lagen sich in den Armen. Zu anrührend war auch diese herzergreifende Arie des Prinzen Kalaf zu Beginn des 3. Aktes, seine gefühlvolle Aufforderung: „Niemand schlafe".

Jetzt hatte Max die Hose in der Taille sitzen und begutachtete noch einmal seine langen Beine.

„So ein Mist aber auch", fluchte er lautstark. „Eine Laufmasche. Wie unangenehm."

Er hoffte inständig, noch so ein besonders hochwertiges Exemplar in seinem Schrank zu finden. Als er das wenig später in den Händen hielt, hatte seine Vorfreude bereits wieder die Oberhand gewonnen. Außerdem war er der geborene Optimist, seine Gläser waren unterm Strich immer noch halb voll. Ein Glück aber auch, dass er den Makel rechtzeitig entdeckt hatte, so konnte er das Ungemach noch beseitigen. Peinlich wäre es doch erst geworden, wenn ihn Sascha darauf aufmerksam gemacht hätte, dachte er lächelnd. Noch behutsamer als zuvor streifte Max diesmal die Feinstrumpfhose über seine glatten Beine, die er extra vor dem duftenden Cremebad behandelt hatte. Nicht eine einzige Stoppelspur sollte stören.

Dann folgten alle weiteren Teile seines wohldurchdachten Outfits. In den BH hatte er kleine Gelkissen gelegt, damit auch das Dekolleté gut zur Wirkung kam. Eine schöne, modische Kette um den Hals, dazu die passenden

Ohrclips. Das knielange Seidenkleid in einem schönen Türkiston harmonierte mit seiner Augenfarbe. Die frisch gewaschenen blonden Haare umrahmten in weichen Locken sein Gesicht. War da nicht eine Spur zu viel Schminke, Make-up oder Lippenstift, grübelte Max, als er sich in einem Vergrößerungsspiegel eingehend betrachtete. Nein, alles genau richtig, beschloss er aufatmend.

So wie damals, als er das Haus verließ und Elizabeth mit offenem Mund und aufgerissenen Augen neben den Mülltonnen stand, die sie gerade für die Abholung zurechtschob. Max hatte kein Wort gesagt, nur umwerfend freundlich genickt und war schon verschwunden. Später hatte ihn die Hausmeisterin bei einer nächsten Begegnung direkt angesprochen. Da sei neulich so eine tolle Erscheinung gewesen, mit einem magischen Duft, der ihr auch schon an ihm aufgefallen sei, und einer fatalen Ähnlichkeit mit ihm. Wie eineiige Zwillinge.

„Wobei Männer ja eher hässliche Stachelbeerwaden haben", hatte Elizabeth gemeint, ihn von oben bis unten gemustert und herzhaft gelacht. Währenddessen hatte sich Max in aller Eile eine logische Erklärung zurechtgelegt.

„Das war sicherlich meine Schwester. Sie lässt sich ja leider, leider viel zu selten sehen. Aber man sagt uns schon diese gewisse Ähnlichkeit nach, auch wenn wir keine Zwillinge sind und uns zwei Jahre vom Alter her unterscheiden. In unserer Kindheit waren wir immer unzertrennlich", hatte Max erzählt und gleich noch eine weitere Lösung parat: „Bei den Düften stehen wir beide uns ebenfalls sehr nahe. Diesen ganz besonderen gibt es eben sowohl für Männer als auch für Frauen. Unterscheidet sich gar nicht so groß voneinander …"

Damit war Elizabeth zufrieden gewesen und hatte sich wieder ihrem Besen gewidmet, mit dem sie etwas danebengefallenen Müll zusammenfegte. Als er später diese Geschichte Sascha erzählte, hatten beide Tränen gelacht.

Max sah jenen Abend vor sich, mit diesem „Verrückten Ball" in seinem Lieblingsrestaurant im angesagten Viertel der Stadt. Schon als er sich durch die angeregt plaudernden Gäste schob, hatte er Sascha entdeckt, der mit übereinandergeschlagenen Beinen an der Bar saß und offensichtlich auf jemanden wartete. Das lange schwarze, paillettenbesetzte Kleid schillerte im Licht der silbrigen Discokugel, die sich an der Decke drehte.

„Na, schöne Frau, so allein?"

Mit diesen Worten hatte sich Max zu Sascha gesellt, der von Nahem betrachtet etwas traurig aussah.

„Ach, Männer! Ich glaube, ich werde gerade versetzt."

Fast zornig ergriff Sascha seinen Drink und schluckte alles mit einem Mal hinter.

„Darf ich dir noch einen bestellen? Was war es denn?", erkundigte sich Max.

„Martini. Und natürlich gern."

Sascha wirkte jetzt tatsächlich so, als ob er ein Weinen unterdrückte.

„So schlimm?", wollte Max einfühlsam wissen.

Damit lösten sich endlich ein paar Tränen und Sascha schniefte.

„Wo ist denn nur mein Taschentuch hin? Ich versaue mir die ganze Schminke. Wie sieht das denn aus? Und das nur wegen so einem blöden Arsch."

Der Barmixer stellte augenzwinkernd zwei Drinks vor die beiden und verschwand sofort ans andere Ende des Tresens, von dem aus eine winkende Hand hochgeschnellt war.

Die beiden prosteten sich zu und tranken offiziell Brüderschaft. Beim Vornamen Sascha zog Max sofort Parallelen zum Schauspieler Sascha Hehn, den beide vergötterten, wie sich später herausstellte. Die Kopfschmerzen hatten sich irgendwann in Nichts aufgelöst, ohne eine einzige Tablette.

Später im Laufe des Abends erfuhr Max alles von der tragischen Beziehung seines neuen Freundes, denn der wurde es. Eine letzte Chance hatte Sascha seinem Partner geben wollen, die aber hatte dieser endgültig vertan. Wahrscheinlich wollte der weiter einen auf heile Familie für die Öffentlichkeit machen.

Aneinandergeschmiegt tanzten die beiden bis in den Sonntagmorgen und verließen als Letzte die Kostümparty.

Max brachte Sascha nach Hause. Der war ein wenig mehr als beschwipst und hätte den Weg allein wohl nur schwerlich gefunden. Oder er wäre in eine brenzlige Situation geraten, aus der er nicht allein hinausgekommen wäre. So übernahm Max die Sicherheit und sorgte auch dafür, dass sein Freund gut ins Bett kam. Half ihm beim Auskleiden, legte zuerst das schöne Diadem vorsichtig auf den Nachttisch und streifte ihm schließlich seinen Schlafanzug über. So, als ob er das schon Hunderte

Male getan hätte. Nachdem Sascha eingeschlafen war, betrachtete ihn Max ein Weilchen glückselig und zog sich dann mit einer Decke aufs Sofa im Wohnzimmer zurück.

Max sah auf seine zartgliedrige Armbanduhr. Ein Geschenk von Sascha. Viel Zeit blieb ihm nicht mehr bis zu dessen Heimkehr von der Arbeit als Pfleger in einer Senioreneinrichtung. Das Essen hatte er schon vorbereitet, verschiedene Kanapees, belegt mit Roastbeef beziehungsweise Wildlachs und darauf einen Tupfer Meerrettich, Garnelen in French Dressing, Käsespieße mit Weintrauben dazwischen. Die Miniboulletten waren noch ein wenig warm. Beide mochten solche Klassiker, auch darin waren sie sich einig. Der Tisch war liebevoll gedeckt, mit Kristallgläsern, schlohweißen Stoffservietten und dem guten Goldrandporzellan, mittig ein schönes Orchideenarrangement, extra besorgt in dem Laden der Floristin, die im Haus wohnte. Eine Flasche Champagner stand im Kühlschrank. Die Kerzen wollte er erst bei Saschas Eintreffen anzünden.

Als er den Schlüssel in der Tür hörte, sprühte sich Max gerade etwas von dem betörenden Parfüm hinter die Ohren. Er sah sich noch einmal im Spiegel an. Heute sollte die Gelegenheit gekommen sein, dem Freund etwas von seiner wahren Geschichte zu erzählen. Ehe er von sich aus dahinterkam. So etwas konnte ja rein zufällig einmal geschehen und dann vielleicht die Harmonie ihrer Beziehung zerstören. Das wollte er auf jeden Fall vermeiden. Dann eilte er zur Tür und schloss Sascha in die Arme.

„Schick siehst du aus, Maxi. Gib mir nur ein wenig Zeit, damit ich mich im Bad frisch mache", sagte Sascha in die Umarmung hinein und hielt sich seitlich beim Gähnen die Hand vor den Mund. „Mann, bin ich fertig. Heute ist Gerda gestorben."

„Die nette Omi, von der du so viel erzählt hast?", fiel es Max gleich ein.

„Genau die …"

„Das tut mir so leid. Ich bewundere dich, wie du das packst, immer wieder mit dem Sterben konfrontiert! Hoffentlich kann ich dich ein bisschen auf andere Gedanken bringen."

Sascha schaute im halbdunklen Flur noch genauer auf seinen Partner.

„Ist das nicht das Outfit von damals, von unserem Kennenlerntag?"

„Ja, genau. Ich passe immer noch rein. Dass du dich daran erinnerst …"

Max blickte aufmerksam auf seinen Freund.

„Oh, Mann, bin ich blöd." Sascha schlug sich eine Hand an die Stirn. „Natürlich, heute ist der Tag. Wie konnte ich das vergessen?"

Dann stutzte er kurz und fuhr fort.

„Nein, ich habe es ja nicht vergessen. Ich habe auch etwas für dich besorgt. Aber der Stress mit der Arbeit hat mich völlig durcheinandergebracht."

„Gar kein Problem, mein Schatz", entgegnete Max und versuchte, nicht zu enttäuscht zu wirken.

Die beiden umarmten sich ganz fest, so, als ob sie einander gar nicht mehr loslassen wollten.

„Dann werde ich mal schauen, ob ich mein Kleid noch finde und vor allem, ob ich ebenso wie du noch hineinpasse."

Mit diesen Worten löste sich Sascha schließlich aus Max' Armen.

Sascha verschwand im Bad, ließ dort seine Sachen in der Wäschetruhe versinken und hopste nun in Unterhose und Hemd auf Socken durch die Wohnung.

„Wir haben Jahrestag, wir haben Jahrestag", sang er vor sich hin, bis ihn der Anblick im Wohnzimmer stoppte. „Wow, sieht das schön aus. Komm mal her, mein Liebster."

Max strahlte und beide küssten sich innig.

„Ich lege jetzt meine Garderobe zurecht, und dann springe ich noch fix unter die Dusche", erklärte Sascha. „In wenigen Augenblicken bin ich fit und zu allem bereit."

Später saßen beide in ihren schönen Frauenkleidern am Tisch und zelebrierten die Mahlzeit, untermalt von wunderbarer Musik. Sascha hatte tatsächlich das Konzertabo verlängert, so wie es sich Max schon lange gewünscht hatte. Der Umschlag lag auf dem Sideboard. Unpassend, funkte es wieder und wieder in Max' Kopf. Deine Beichte wäre jetzt einfach unpassend. Dann sollten sie sich vielleicht doch lieber als weiterer Nachtisch eine Folge von der „Schwarzwaldklinik" anschauen oder eher „Das Traumschiff"? Entlegene Sehnsuchtsorte dieser Welt kamen jedenfalls infrage. Und die Beichte später im Bett? Auch keine Idee an diesem Tag.

Nebenher hatte Sascha beim späteren gemeinsamen Fernsehen erzählt, dass er wieder einmal beim Professor im Hause vorbeischauen wolle. Auf eine Partie Schach, das Max ja bedauerlicherweise nicht spiele.

Max war beunruhigt, auch wegen des Professors, er hatte da so ein ungutes Bauchgefühl. Vielleicht war es einfach nur Eifersucht, wiegelte er selbst ab. Er brauchte an diesem Abend lange, um in den Schlaf zu finden. An Sascha hatte das keinesfalls gelegen. Es war wie immer wunderbar mit ihnen beiden gelaufen. Jeder von ihnen wusste, welche Zärtlichkeiten der andere bevorzugte.

Zeitweilig war Max versucht, wieder aufzustehen und sich in der Küche einen Salbeitee aufzubrühen. Aber er ließ es bleiben. Einfach Schafe zählen oder verschiedensten positiven Gedanken nachhängen. Sie hatten doch zwei Folgen der Schiffsreise angeschaut. In der ersten war Sascha Hehn noch der schicke Chefsteward Victor, in der anderen dann Kapitän. Beide Rollen hatte er mit Bravour gemeistert, darin stimmten die Männer überein. Max sah sich an Bord, mit seinem Freund an seiner Seite. Voller Eleganz in ihren Frauenrollen mit den dazugehörigen schicken Roben und darum beneidet von den anwesenden Damen.

Dann schlief Max doch darüber ein und war nun in seinen Träumen in der „Schwarzwaldklinik" bei Professor Brinkmann gelandet. Neuerlich begegnete ihm Sascha Hehn als Dr. Udo Brinkmann auf dem Flur und lud ihn zu einem Kaffee in der Kantine ein. Im Operationssaal stand Max dem Professor zur Seite, assistierte mit Tupfer, Schere und Pinzette. Als Oberschwester! Doch er konnte nicht konzentriert arbeiten, reichte das Nötige zu spät weiter. Und irgendwann schoss dem Patienten aus einer Arterie das Blut in die Luft, bespritzte das gesamte Team, das um den OP-Tisch stand. „Können Sie denn nicht aufpassen?", schrie ihn der Professor zornig an …

Schweißgebadet wachte Max auf, tief Luft holend. Zum Glück nur ein Albtraum. Aber er nahm sich fest vor, bei nächster Gelegenheit seinem Sascha alles zu beichten. Von seiner Hochstapelei, die vor Jahren so gut gelaufen war in Bayern. Wo er zunächst keine Anstellung fand, dann aber nach unzähligen fehlgeschlagenen Versuchen seinen Lebenslauf frisierte. Mit dem Doktor vor seinem Namen klappte es sofort und keiner fragte intensiver nach. Seine Ausbildung als medizinisch-technischer Assistent hatte ihm eine gute Basis geliefert, auch das nötige Vokabular. Er konnte im Kollegenkreis blendend fachsimpeln.

Erst war er in einem großen Krankenhaus untergekommen, an Operationen ließ man ihn sowieso nicht sofort heran, aber nach und nach übergab man ihm dann auch kleinere Eingriffe, wie das Entfernen von gutartigen Wucherungen oberhalb der Haut. Dabei half Max sein fotografisches Gedächtnis. Mühelos konnte er sich einzelne Arbeitsgänge einprägen. Und er hatte ein absolutes Händchen für die Chirurgie, wie sich herausstellte. Ebenso wie für die einfühlsame Beratung der Patienten. Bald folgte sein Wechsel auf eine Schönheitsfarm, die auch operative Eingriffe vornahm. Schlupflider wurden seine Spezialität, auch das Verringern von faltigen Partien im Gesicht, um den Mund herum, am Hals, unterhalb der Augen. Seine Narben verheilten schier unsichtbar. Die Patienten klagten im Nachhinein so gut wie nie über Wundschmerzen. Alles lief blendend.

Nur sprach ihn eines Tages die neue Personalerin an, bei wem er denn genau seinen Doktor gemacht hätte. Sie würde da doch allerlei Leute an der Uni kennen. In dem Augenblick schob er noch einen eiligen Termin vor und dass man sich darüber gern später austauschen könne. Aber das veranlasste ihn, Hals über Kopf das Weite zu suchen. Auch weil er genau in dieser Zeit den Bericht von einem falschen Arzt las, der während seiner Assistenzzeit Patienten narkotisiert hatte. Mehrere Morde in Tateinheit mit unerlaubter Ausführung der Heilkunde wurden ihm zur Last gelegt, auch ein paar versuchte Morde und natürlich Urkundenfälschung. Betäubungsmittel hatte der Angeklagte falsch dosiert, Blutvergiftungen nicht erkannt beziehungsweise nicht fachgerecht behandelt, nicht für den nötigen Sauerstoff gesorgt, was Herz-Kreislauf-Systeme schädigte und Organe versagen ließ. Max war in Panik geraten, auch wenn man ihm keinen dieser Vorwürfe hätte machen können. Vielleicht übersteigertes Geltungsbedürfnis, aber das war noch lange kein Grund, jemanden vor Gericht zu zerren …

Er hatte alles mehr als plötzlich hinter sich gelassen. Dabei war er in dieser Stadt und in diesem unmöglichen Haus gelandet, wo man eigentlich einander fremd war. Beruflich war er als Kellner in der Gastronomie untergekommen, wo er sich durchaus wohlfühlte. Im Grunde war dieser Wechsel die beste Entscheidung seines Lebens, denn sonst hätte er Sascha nie kennengelernt.

Max blickte auf seinen Partner, der ganz sanft schlief und dabei keinen Mucks von sich gab. Ein wenig erschrak Max und legte sein Ohr auf Saschas Brust. Doch sie hob sich kaum merklich und das Herz schlug so, wie es sich gehörte. Er freute sich auf den bevorstehenden Umzug. Vielleicht könnte er auch bald wieder in seinem erlernten Beruf arbeiten …

24. KAPITEL
HOCHPARTERRE

„Nicht wahr, Mama, das ist die Bestimmerin des Hauses", sagte Kevin zu seiner Mutter, als die beiden an der Briefkastenzeile standen und Elizabeth gerade aus der Tür zum Kellergeschoss trat. Der Junge hatte das äußerst deutlich von sich gegeben, sodass es die Hausmeisterin vernommen hatte. Aber kein böses Wort, kein grimmiges Gesicht. Vielmehr legte sich ein Strahlen auf ihr Antlitz. Freundlich lächelte sie den beiden zu.

„Frohes Fest auch", wünschte Elizabeth, und es schien von Herzen zu kommen. „Warst du denn auch artig? Sonst hat der Weihnachtsmann vielleicht nicht alles in seinem großen Sack dabei, was du dir gewünscht hast."

Ihr Blick richtete sich durchdringend direkt auf den Kleinen.

„Aber natürlich. Im Dezember immer. Da kommt es doch drauf an. Außerdem habe ich einen Wunschzettel geschrieben, da kann gar nichts schiefgehen ..."

Er wirkte siegessicher.

Doreen hatte ihren Briefkasten wieder verschlossen, nachdem sie die drei Sendungen erneut hineingeschoben hatte.

„Das hat Zeit", sagte sie, der Hausmeisterin zugewandt. „Ich dachte nur, es ist vielleicht die Benachrichtigung für ein Paket von den Großeltern dabei. Dann hätten wir das gleich auf dem Weg noch abholen können. Sorry. Wir sind etwas in Eile. Ein paar letzte Besorgungen zum Fest. Ihnen auch recht schöne und vor allem gesunde Feiertage."

Die Mutter hatte ihren Sohn an die Hand genommen, und beide verließen das Haus.

Elizabeth blickte verträumt hinter ihnen her. Diese Jahreszeit machte sie immer ein wenig rührselig. Schade, dass es in ihrem Leben nicht mit einem Kind geklappt hatte. Gerade in dieser besinnlichen Phase war das doch etwas besonders Schönes. Man konnte sich gegenseitig Geschenke machen, bekam vielleicht auch was Selbstgebasteltes von den lieben Kleinen.

Sie schüttelte den Kopf. In ihrer Rechten hielt sie ein Paket, dessen Kälte durchdringend und unangenehm auf ihre Hand überschlug. Das musste jetzt aber dringend entsorgt werden. Sie lief nach draußen, um die letzte blaue Mülltüte zur Tonne zu bringen. Alle anderen hatte sie peu à peu in der näheren und auch weiteren Umgebung möglichst unauffällig verteilt, stets so, dass am nächsten Tag die Tonnen geleert wurden. Sie kannte alle Abfuhrpläne. Direkt nach den Feiertagen würde die Entsorgungsfirma alles abholen. Und was sie heute noch weggebracht hatte, das stapelte sich nicht irgendwo, vielleicht sichtbar, im oberen Bereich.

Sie lief zum Eingang des Raumes, in dem die großen Tonnen im Wechsel direkt unterhalb des Müllschluckers positioniert waren. Das Licht reichte nicht wirklich aus, um alles deutlich erkennen zu können. Schlimm, dass man mit zunehmendem Alter auch immer schlechter sieht, ärgerte sich Elizabeth. Sie griff zur Taschenlampe und leuchtete den Inhalt der Tonne ab, die einen intensiven Geruch verbreitete. Widerlich. Da waren doch mal wieder jede Menge Essensreste im Müll gelandet, die alles verschmierten und vor sich hin gammelten. Wozu gab es denn die Mülltrennung und dafür die Biotonnen? Sie konnte sich den Mund fusselig reden, aber das brachte alles nichts. Alte Meckertante, das war ihr Spitzname vor allem bei den Kindern.

Jetzt ließ sie ihren Abfall in die Tonne rutschen, ziemlich in die Mitte und auf einen schon erheblichen Bodensatz. Sie musste definitiv an den Feiertagen regelmäßig nach dem Rechten schauen. Nicht dass hier alles überlief und sie die Schweinerei wieder beheben musste.

Elizabeth wischte sich die Hände an ihrer Arbeitshose ab, löschte die Taschenlampe und dann das Licht im Raum. Die Tür verschloss sie hinter sich und machte sich auf den Weg in ihre Wohnung. Tief durchatmend betrat sie ihr Reich, unendlich erleichtert. Eine schwere Last war von ihr genommen. Und eine letzte Aufgabe war gelöst, noch im alten Jahr. Sie legte die Kette vor die Tür und aktivierte sämtliche Schlösser.

Dann ging sie ins Badezimmer, steckte den Stöpsel in die Wanne und ließ Wasser ein. In den heißen Strahl schüttete sie ein Tütchen Badezusatz, das sie zuvor sorgfältig aus ihren Vorräten ausgewählt hatte. „Goodbye Stress", stand auf der Packung, und die Zutaten Wasserminze und Rosmarin waren angegeben. Die Kristalle sollten Stress in positive Energie verwandeln, war zu lesen. Elizabeth grinste, na, wenn das nicht zur Situation passte?! Dann zog sie sich aus. Die schmutzigen Sachen stopfte sie in die Wäschetruhe. Das zumindest hatte Zeit bis nach Weihnachten.

Während sie sich im Spiegel betrachtete, fiel ihr ein, dass man ja zwischen den Jahren gar keine Wäsche waschen sollte. Das hatten ihr doch die Altvorderen überliefert. Zwischen Weihnachten und Neujahr durfte kein Stück auf der Leine hängen, das brachte Unglück und jemandem den Tod. Wahrscheinlich genau in dieser Form, per Strick … Gruselgeschichten waren das und einfach Blödsinn. Die Drecksachen wusch man dann, wenn es nötig war. Außerdem: Wer sollte sich denn in ihren vier Wänden das Leben nehmen? Sie bestimmt nicht.

Elizabeth setzte sich auf die Toilette, um sich noch einmal zu erleichtern, ehe sie in die Wanne stieg. Anschließend versank sie in dem duftenden, heißen Wasser. Wunderbar, ein Genuss wie früher in der Kindheit. Wobei sie da am meisten Fichtennadel-Badezusatz geliebt hatte. Der schäumte wie verrückt und roch so unendlich gut. Oder die dicken runden, orangefarbenen Brausetabletten, deren prickelnde Perlen ganz langsam unter den Oberschenkeln aufstiegen … Sie rutschte tiefer und schloss die Augen.

Es hätte alles nicht so kommen müssen, dachte sie und war bei den Ereignissen gelandet, die sich vor einiger Zeit abgespielt hatten. Edgar hatte sich im Laufe ihrer Ehe zu einem echten Faulpelz entwickelt. Alle Arbeiten blieben an ihr hängen. Von dem, was im Haushalt zu erledigen war, ganz zu schweigen. Das machte sie eigentlich ganz gern, und es ging ihr auch fix von der Hand. Wozu den Mann zu etwas heranziehen, was ihm ganz und gar nicht lag und wobei er nur Unsinn anstellte. Allein das Stichwort Geschirrspülmaschine ausräumen führte zu heftigen Auseinandersetzungen, weil Elizabeth nichts wiederfand und Edgar abenteuerliche Orte für die Aufbewahrung aussuchte. Als ob er das alles mit Absicht tat, hatte sie manchmal gedacht. Aber das war nicht das Grundproblem.

Sie waren einst als Hausmeisterehepaar in die im Hochparterre gelegene Wohnung gezogen. Die vergünstigte Miete war ausschlaggebend gewesen und dass beide ihre vorherigen Jobs verloren hatten. Eine spontane Entscheidung für einen Neuanfang in diesem Hochhaus. Ihr Einkommen besserten sie durch die Betreuung weiterer Aufgänge auf. Das übernahm vorrangig Edgar, wobei er auch nicht so gut zu überwachen war.

An Elizabeth lag es, ihr Wohnhaus in Schuss zu halten. Solange sämtliche Wohnungen belegt waren, eine echte Herausforderung. Aber sie wollte nicht klagen. Die Arbeit war abwechslungsreich, sie konnte sich viel bewegen, auch an der frischen Luft – zum Beispiel beim Grünanlagenpflegen oder beim Schneeschieben. Und ihr Kommunikationshunger wurde in zahllosen Gesprächen ebenfalls gestillt. Als Stück um Stück das Haus leergezogen wurde, verringerte sich der Arbeitsanfall. Was Elizabeth ein wenig genoss. Nur konnte sie dabei auch ihrem Mann mehr auf die Finger schauen. Was sie vielleicht nie hätte tun sollen. Aber im Nachhinein war immer gut reden!

Sie entdeckte, dass er nebenher im Internet mit einer Asiatin chattete. Das allein war schon die Höhe. Aber dann auch noch die Beschreibung seiner Person. Einfach nur lächerlich. Jung geblieben, dynamisch, attraktive Erscheinung … Als Elizabeth das las, stieß sie ein bitteres Lachen aus. Auf jeden Fall stellte sich im Laufe ihrer länger andauernden geheimen Ermittlungen heraus, dass er eine Reise in die Südsee plante. Alle Hinweise waren eindeutig.

Offiziell verkündete er aber eines Tages, er wolle demnächst mal in die Berge, zum Skiurlaub, was ja nun wahrhaftig nicht ihr Ding sei. Sie solle sich doch bloß einmal anschauen, bei der Figur und sich dann vielleicht die zwei schmalen Bretter an die Füße schnallen. Sein Gelächter empfand sie als dermaßen verletzend, dass es aus Elizabeth herausbrach.

„Ich weiß genau, was du vorhast. Nichts mit Winterurlaub im dicken Schneegestöber. Betrügen willst du mich, du Wicht! Das kommt überhaupt nicht infrage. Soll ich denn hier alles allein bewältigen? Und willst du dich derweil mit so einer heißen Schnalle unter Palmen auf einer Liege wälzen? Ich habe nämlich das Ticket gefunden! Nie und nimmer. Das lasse ich nicht zu."

Sie hatte ihn an den Schultern gepackt und heftig geschüttelt. Edgar war ziemlich verdutzt gewesen, hatte er doch felsenfest geglaubt, dass sie ihm nicht so rasch auf die Schliche kommen würde. Zu fein war doch alles gesponnen, was er da ersonnen hatte. Nach jedem Kontakt mit der Asiatin hatte er mehrere andere Seiten aufgesucht, um die Spur zu verwischen. Außerdem wollte er mit ihr ja nur die wirklichen Tatsachen vertuschen. Schließlich hatte er sich sein neues Leben mit Nele schon in den schönsten Farben ausgemalt … Und dann hätte er nie und nimmer erwartet, dass seine Frau so ausrasten würde. War er ihr denn nicht vollkommen egal? Das behauptete sie doch stets.

Sein Stand war aufgrund seiner Gemütslage nicht sonderlich fest. Auch war ihm seine Frau, die ihn um Haupteslänge überragte, körperlich überlegen. Er geriet ins Wanken und stürzte rücklings auf die Küchenzeile. Direkt mit dem Hinterkopf auf die Einfassung der Spüle. Aus der Wunde schoss Blut und lief ihm im Nacken herunter. Er aber sank auf den Boden.

Elizabeth stand fassungslos vor ihm. Natürlich hatte sie das nicht gewollt. Sie kniete sich neben ihren Mann und konnte in ihrer Aufregung keinerlei Lebenszeichen mehr erkennen. Panik befiel sie. Dann fasste sie einen Entschluss. Aus der kleinen Kammer holte sie zwei große Mülltüten, mit einem Fassungsvermögen von jeweils 240 Litern. Die sollten wohl ausreichen, dachte sie. Dann zog sie eine Mülltüte über seine Beine und die andere über den Kopf, sodass sie sich in der Mitte des Leibes trafen. Dort umschlang Elizabeth den Körper mit einem Bademantelgürtel. Nur auf dem Weg in den Keller keine Spuren verursachen, pochte es unentwegt in ihrem Gehirn. Sie warf sich mit größter Kraftanstrengung das Paket über die Schulter. Zum Glück war Edgar nicht übergewichtig und sie durch die ständige handwerkliche Arbeit gut trainiert. Sein Kopf hing nun auf ihrer Brust, die Beine baumelten auf ihrem Rücken, aber es hätte sonst was in dieser blauen Ummantelung sein können.

Ohne lange zu überlegen, lief die Frau mit ihrer Last aus der Wohnung und von dort in den Keller. Als Hausmeister verfügten sie über das größte Abteil, separat gelegen und mit einer in sich geschlossenen Tür, während sich die anderen Mieter einzelne Verschläge mit Holzbrettabtrennungen, die reichlich Einsicht gewährten, teilen mussten.

An ihrem Ziel angekommen, ließ sie ihr Paket auf den Boden gleiten und öffnete nun die Kühltruhe, die eigentlich gar nicht genutzt wurde. Nur hatte sich niemand von ihnen beiden bislang für die relativ aufwendige Entsorgung entscheiden können. Nun konnte sie Dienste tun.

Elizabeth flüsterte vor sich hin: „Reiß dich zusammen."

Ihr Blick fiel in die Tiefe des Kastens. Was war das denn? Hatte Edgar das Gerät als Stauraum für sein unnützes Zeug gewählt? Ein paar Schuhkartons befanden sich darin. Sie beugte sich über den Rand und langte hinunter. Im ersten Karton waren Wanderschuhe von Edgar. Die, die er womöglich für seinen sogenannten Bergurlaub nutzen wollte … In der zweiten Schachtel lagerte ein Paar noch recht neue Sandalen, die er nicht tragen wollte, weil er sich mit ihnen Blasen gelaufen hatte. Und in der dritten Schachtel steckte eine Schatulle. Verschlossen natürlich.

Elizabeth schaute sich um und griff sich einen Schraubendreher, den sie gekonnt ansetzte. Nach nur vier Versuchen sprang die metallene Box auf. Sie glaubte, ihren Augen nicht zu trauen, schlug die Lider zu und machte sie wieder auf. Und noch einmal. Doch. Darin waren Geldbündel, zusammengehalten von Gummiringen. Lauter Hunderter und ein Päckchen mit Zweihunderter-Scheinen. Das war ja wohl die Höhe. Natürlich, die Tante. Sie schlug sich die flache Hand vor die Stirn. Die ganze Zeit war von einem größeren Erbe die Rede. Worauf sie sehr gehofft hatte, auch weil sich Edgar intensiv um seine Verwandte sorgte. Doch als sie starb, reichte das Angesparte gerade mal für eine anständige Beisetzung.

„Ich könnte dich umbringen", stieß Elizabeth hervor und schloss zugleich ein heiseres Lachen an. „Toter als tot geht ja nun nicht mehr. Auf denn."

Sie stellte die Geldschatulle auf einen Stuhl neben das Kühlgerät und hob Edgar vom Boden an, um ihn in die Truhe rutschen zu lassen. Irgendwie ging es ihr fast leicht von der Hand, wie sie erstaunt feststellte. Dann verschloss sie den Deckel und legte sogar einen Riegel davor, einst angeschafft, falls mal jemand in den Keller einbrechen sollte und eventuell auf die Idee kam, ihre Vorratstruhe zu plündern. Schließlich steckte sie den Stecker in die Dose und stellte das Gerät auf die volle Leistungsfähigkeit ein. Mit dem Schatz unter dem Arm verließ sie den Raum.

Erst Tage später wagte sie sich erneut in den Keller, um nach dem Rechten zu schauen. Als sie die Truhe öffnete, war der Bademantelgürtel gelöst, und die blauen Plastiksäcke waren vom Körper gezogen. Der Mann selbst lag verkrampft im Eis. Elizabeth musste schlucken. Sie hätte geschworen, dass er tot war. So also konnte man sich in einer Paniksituation irren! Sie schüttelte sich und versuchte, einen klaren Gedanken zu fassen. Natürlich konnte er so nicht auf Dauer liegen bleiben. Es war ja abzusehen, dass auch sie das Haus verlassen musste. Also weg mit der Leiche, aber wie? Stückweise, natürlich. Elizabeth rieb sich mit der Hand die linke Schläfe. Dass sie nicht gleich daran gedacht hatte. Gefrorenes ließ sich doch außerordentlich gut mit einem passenden Sägemesser zerteilen. Solche mit

speziellem Schliff. Sie schüttelte den Kopf. Du Dummer-
chen, dachte sie, aber doch nicht so ein kompaktes Teil
mit allen Knochen darin. Das würde Schwerstarbeit werden. Eher doch die elektrischen Sägen, die sie sonst für die
Gartenarbeit einsetzte … Die gingen mit wenig Körper-
kraft wie durch Butter auch durch dicke Stämme. Natürlich. Das war die Lösung.

Das Wasser war inzwischen kalt geworden, und Elizabeth
fröstelte. Da hatte sie doch tatsächlich eine gute Stunde
in der Wanne gelegen, wie sie mit Blick auf die Anzeige
in dem kleinen Radio unterhalb eines Hängeschranks
feststellte. Sie rieb sich die Oberarme, stützte beide Hände rechts und links auf den Wannenrand und erhob sich
mit Schwung. Etwas Wasser platschte auf den Fliesenfuß-
boden, die Badematte saugte es in sich hinein. Elizabeth
griff sich das große Badehandtuch mit den exotisch-bun-
ten Vögeln darauf und rieb sich von Kopf bis Fuß trocken.
Immer an die Zwischenräume bei den Zehen denken,
spukte ihr eine Ermahnung ihrer vor Längerem verstor-
benen Mutter durchs Gehirn. Das war ihr in Fleisch und
Blut übergegangen.

Während sie im Bad vor sich hin pfiff, hatte im Hausflur einer der Mieter ihren Anschlag heruntergerissen
und sich rasch zu den Treppen begeben. Das Blatt lag
nun lose auf dem Boden, ohne seine Ecken, die noch mit
Klebestreifen am Anschlagbrett hingen. Ein Schreiben
der Wohnungsbaugesellschaft, eine neuerliche Erinnerung an die voranschreitende Sanierung. Ab 1. Januar

des folgenden Jahres sei mit zeitweisen Einschränkungen in der Wasser- und Stromversorgung zu rechnen. Auch die Fahrstuhlnutzung wäre ab diesem Zeitpunkt generell nicht mehr möglich.

„… in diesem Zusammenhang weisen wir zum wiederholten Male darauf hin, dass wir Ihnen gern auf Sie persönlich zugeschnittene Mietangebote in einem unserer zahlreichen anderen, sehr schönen Objekte unterbreiten möchten …"

Dieser Satz war fett hervorgehoben.

Den Flur erhellte schemenhaft eine weihnachtliche Beleuchtung, die die Hausmeisterin in einem Oberlicht angebracht hatte, dafür hatte sie extra die Leiter hochgeholt. Weit weg von eventuellen Zugriffen irgendwelcher Rowdys. Drei Batterien befanden sich in einem speziellen, gut versteckten Fach und sorgten für die Aktivierung der Zeitschaltuhr. Irgendjemand hatte noch einen überdimensionalen Weihnachtsbaum in Quietschgrün auf die Haustür gesprüht.

Elizabeth lief nackt durch die Wohnung und stellte sich vor ihren Kleiderschrank. Dann nestelte sie ihre schicke Unterwäsche aus dem Hintergrund eines Fachs hervor und betrachtete sie. Lange nicht angehabt, diese flotten Teile. Ob die noch passten, überlegte sie und hielt sich Spitzenhemdchen und Slip vor den Körper, während sie sich im Türinnenspiegel betrachtete. Doch, das müsste noch klappen. Man sollte sich schließlich auch daheim und nur für sich toll zurechtmachen, hatte sie unlängst in einer Frauenillustrierten gelesen, als sie beim Friseur auf ihren Termin wartete. Das würde motivieren und einen in gute Laune versetzen.

Elizabeth hatte schon prächtige Stimmung, während sie sich sorgfältig anzog und dabei immer wieder im Spiegel begutachtete. Edgar hatte das alles gar nicht zu würdigen gewusst. Edgar. Das war das Stichwort, während sich Elizabeth auf ihre Ehebetthälfte sinken ließ. Er war jetzt zwar entsorgt, aber beendet war die Geschichte damit dennoch nicht. Sie brauchte einen überzeugenden Plan fürs weitere Vorgehen. Schließlich sollte das Objekt zu Jahresbeginn definitiv leergezogen werden, und dann war eine Sprengung vorgesehen.

Sie hatte sich bei der Wohnungsverwaltung informiert, und die nette Sekretärin hatte sich nebenbei etwas verplaudert. Auch von einem schmucken Neubau war die Rede, mit diversen edlen Eigentumswohnungen. Das Objekt selbst natürlich entschieden flacher, aber dafür weiträumiger, mit schönem Innenhof, Tiefgaragen und verschiedensten Ausführungen an Wohnungen, bis hin zu den zweihundert Quadratmeter großen Lofts im Obergeschoss.

„Kann sich natürlich nicht jeder leisten", hatte die Sekretärin ganz im Vertrauen erzählt und um absolutes Stillschweigen gebeten. Sie konnte schweigen, das hatte Elizabeth sofort versichert und sich nach einer Wohnmöglichkeit für sich und ihren Edgar erkundigt.

„Da finden wir sicherlich was. Bei Ihrer Zuverlässigkeit über die Jahre hinweg", war das Echo der Sekretärin, die ihren rechten Zeigefinger verschwörerisch auf den stark geschminkten Lippen ansetzte, als in dem Augenblick die Tür zum Chefzimmer aufging.

Elizabeth legte bei diesen Erinnerungen die Stirn in Falten. Für ein neues Zuhause würde also gesorgt sein. Finanzielle Engpässe dürften vorerst dank der gut gefüllten Schatulle der Vergangenheit angehören. Ein neuer Job müsste nicht einmal sonderlich viel Geld einbringen. Wie aus einem Nebel heraus bohrte sich ein Begriff in ihre Gedankenwelt: Vermisstenanzeige. Dass sie darauf nicht eher gekommen war. „Ach, Quatsch, vorher wäre ja viel zu früh gewesen", flüsterte Elizabeth vor sich hin. „Nach der Sprengung ist genau der richtige Zeitpunkt. Ich muss nur dafür sorgen, dass die Kühltruhe an ihrem Platz verbleibt. Dann sind mit größter Wahrscheinlichkeit alle Spuren schlagartig vernichtet. Und ich kann die traurige, verlassene Ehefrau abgeben …"

Danksagung

Diesmal kein Roman um Hauptkommissar Alexander Rosenbaum, der zehn Jahre lang die Fälle in Minden gelöst hat. Momentan lebt er in Berlin mit seiner kleinen Familie. Zurück zu den Wurzeln, wie er das wollte.

Geschichten aber spuken im Kopf einer Schriftstellerin immer herum, ob nun mit oder ohne Alex – dem es hoffentlich gut geht! Und da der Mensch abgrundtief böse sein kann, lassen sich in diesem Genre auch immer wieder Romane ansiedeln. Zumal der tägliche (mehr oder weniger) Genuss von Zeitungen, Zeitschriften und Fernsehen sowie der angesagten Social Media reichlich inspiriert. Manchmal hat man das Gefühl, man müsste schier zerbersten von den vielen Fakten, die auf einen herniederprasseln. Hinzu kommt das, was mir Freunde und Bekannte so nebenher erzählen – in Coronazeiten häufiger am Telefon oder per Skype ... Man kann sich das alles gar nicht ausdenken, was das echte Leben zu bieten hat. Natürlich hat mein unmittelbares Umfeld erneut dazu beigetragen, literarisch kreativ zu sein – auch wenn das geschilderte Hochhaus nicht bei mir daheim auf der anderen Straßenseite steht. Zum Glück. So etwas kenne ich noch aus Berliner Zeiten und hatte stets eine heftige Abneigung vor der Wohnmöglichkeit unter solchen Gegebenheiten. Sie mögen ja da oder dort ganz ansprechend sein, weite

Blicke über die Stadt, Müllschlucker neben der Wohnung, bequemer Fahrstuhl bis vor die Tür … Aber in der angesagten Anonymität kann sich auch allerlei Gesindel ansiedeln – in den Gedanken oder in den Taten.

Inspirationsquellen gibt es für mich jedenfalls reichlich, zum Beispiel beim Gang mit unserem unternehmungslustigen Airedaleterrier Gonzo durch die Bastauwiesen. Welch Glücksumstand.

Danke, lieber Verlag, liebe Buchhändler, liebe Literatur- und Lesungspartner, liebe Leser für den wunderbaren Zusammenhalt. Mein ganz besonderer Dank gilt auch an dieser Stelle wieder meinem Lebensgefährten Peter, der mich in meiner literarischen Karriere stets bestärkt, motiviert, vorangetrieben hat: mein erster, kritischer Zuhörer. Mit den allerbesten Verbesserungsvorschlägen! Ohne ihn hätte ich das nie gepackt.

DANKE SCHÖN!

Andrea Gerecke
Hille, im Frühling 2021

Im Verlag CW Niemeyer bereits erschienen ...

Am Bahnhof Minden begeht ein Mann Selbstmord – angeblich. Die Ereignisse häufen sich und es sieht so aus, als würde in den sozialen Medien gezielt zu Selbstmorden aufgerufen. Doch Videoaufnahmen vermitteln ein anderes Bild. Die Kripo geht von einem Serientäter, einer Gruppe oder mehreren Nachahmern aus. Hauptkommissar Alexander Rosenbaum ermittelt mit dem Team „Bahnsteig" mit zeit- und kräfteraubendem Einsatz.

Andrea Gerecke. Endstation Minden
352 Seiten. Klappenbroschur. ISBN 978-3-8271-9509-8
E-Book   978-3-8271-8566-2 (Pdf)
           978-3-8271-8365-1 (Epub)

Im Verlag CW Niemeyer bereits erschienen ...

Der Tod grassiert im Auktionshaus Lette im schicken Hamburger Eppendorf.
Wurde hier gemordet? Und was hat es zu bedeuten, dass ein mysteriöses Kunst-
werk verschwunden ist? Handelt es sich dabei tatsächlich um eine bislang un-
entdeckte Version des Schreis von dem Künstler Edvard Munch, ein Gemälde,
das wie seine anderen Versionen dieses Motivs für viele Millionen Euro verkauft
werden könnte? Das fragen sich nicht nur die Kunsthistorikerin Syelle Lessing
und ihr Lebenspartner Claas Seehaus, sondern auch Kommissar Fritz und seine
Kollegen vom LKA.

Gundula Thors. Munch sehen und sterben
416 Seiten. Klappenbroschur. ISBN 978-3-8271-9549-4
E-Book   978-3-8271-8578-5 (Pdf)
           978-3-8271-8377-4 (Epub)

Im Verlag CW Niemeyer bereits erschienen ...

Koblenz, die beschauliche Touristenstadt an Rhein und Mosel, wird in Angst und Schrecken versetzt. Jeden 3. Tag geschieht ein grauenvoller Mord, jede Tat trägt eine andere Handschrift und die Opfer haben keinerlei Gemeinsamkeiten. Obwohl Kriminalhauptkommissar Auer, Leiter der Mordkommission, frühzeitig die Handschrift eines Serienkillers vermutet, nehmen seine Vorgesetzten ihn nicht ernst. Er ist wegen seines vorlauten Mundwerks in Ungnade gefallen und sein Team besteht aus Beamten mit Disziplinarstrafen, aber er widmet sich trotz der Widerstände mit aller Kraft der Aufklärung der Verbrechen. Dabei erhält er unerwartete Unterstützung durch eine junge Praktikantin, die kurz vor ihrer Prüfung zur Kommissarin steht.

Dieter Aurass. Jeden 3. Tag
400 Seiten. Klappenbroschur. ISBN 978-3-8271-9544-9
E-Book   978-3-8271-8573-0 (Pdf)
          978-3-8271-8372-9 (Epub)

#niemeyerbuch

Jetzt <u>kein</u> Buch mehr verpassen

Im Verlag CW Niemeyer bereits erschienen ...

Lianne Paulsen flieht vor einer grässlichen Midlife-Krise – und landet in Timmendorfer Strand. Im trüben Wintergrau ist der Urlaubsort wenig einladend, doch sie bleibt. Findet Freundinnen und einen Job und allmählich zu sich selbst. Zeitgleich verübt ein unbekannter Täter Anschläge auf beliebte Veranstaltungen – oder ist es eine Täterin? Die Polizei steht vor einem Rätsel, die Timmendorfer Bürgerwehr sorgt für zusätzliches Misstrauen in der Gemeinde. Lianne soll ihrer Chefin bei der Aufklärung helfen und gerät dabei selbst in große Gefahr. Wird sie ihr neues Leben, das gerade erst begonnen hat, wieder verlieren?

Sabine Latzel. Das gibt es nur in Timmendorf
432 Seiten. Klappenbroschur. ISBN 978-3-8271-9552-4
E-Book   978-3-8271-8579-2 (Pdf)
               978-3-8271-8378-1 (Epub)

Im Verlag CW Niemeyer bereits erschienen ...

Das Szenario vor dem Druidenstein ist an Grausamkeit kaum zu überbieten. Alles erinnert an die Sagen, die sich um den Opferplatz der Kelten und Germanen ranken, und an dem noch heute der Geist der Druidin Herke wandeln soll. Am folgenden Tag stirbt im örtlichen Klinikum ein Archäologe, der von sich behauptet, er habe einst den Dolch der Herke ausgegraben. Werden Hauptkommissarin Nina Moretti und ihr Team die Druidin rechtzeitig stoppen können, bevor sie erneut tötet?

Micha Krämer. Druidenwahn
400 Seiten. Klappenbroschur. ISBN 978-3-8271-9504-3
E-Book   978-3-8271-8561-7 (Pdf)
           978-3-8271-8360-6 (Epub)

#niemeyerbuch
Jetzt kein Buch mehr verpassen

Im Verlag CW Niemeyer bereits erschienen ...

Die Kunsthistorikerin Köckel-Simons erleidet einen grotesken Tod – man findet sie aufgeknüpft an einer Tafel im Hörsaal. Die Ermordete wurde von ihren Kollegen spöttisch Mona Lisa genannt. Weil sie rätselhaft und undurchschaubar war? Kommissar Spyridakis ermittelt undercover als Student. Gemeinsam mit seiner Chefin Wunder und seinem Mainzer Kollegen, der als Hausmeister tätig wird, kommen sie einem hochverdächtigen Kunstauktionator auf die Spur ...

Lothar Schöne. Mona Lisa stirbt im Rheingau
416 Seiten. Klappenbroschur. ISBN 978-3-8271-9507-4
E-Book   978-3-8271-8564-8 (Pdf)
          978-3-8271-8363-7 (Epub)

#niemeyerbuch

Jetzt kein Buch mehr verpassen

Im Verlag CW Niemeyer bereits erschienen ...

Eine Gruppe von Männern kommt in Hannover zusammen, um eine Feier zum 30-jährigen Bestehen ihres Abiturs zu organisieren. Schon bald wird einer der alten Schulkameraden ermordet.
Der 20-jährige Paul ist Schlafwandler mit einer dissoziativen Identitätsstörung und hat ein E-Book veröffentlicht, in dem ein Schlafwandler mit derselben Störung Männer tötet. Paul hält es für möglich, selbst der Täter zu sein. Er hat das Opfer gehasst ... Und kann sich an nichts erinnern ...

Thorsten Sueße. Hannover sehen und sterben
512 Seiten. Klappenbroschur. ISBN 978-3-8271-9508-1
E-Book   978-3-8271-8565-5 (Pdf)
           978-3-8271-8364-4 (Epub)

#niemeyerbuch
Jetzt <u>kein</u> Buch mehr verpassen

Im Verlag CW Niemeyer bereits erschienen ...

Was, wenn Moritz und seine Kollegen vom Rettungsdienst nicht erst viel zu spät am Unfallort eingetroffen wären, um Alex medizinisch zu versorgen? Was, wenn Sophie den Sanitäter nachher nicht noch einmal aufgesucht hätte, um sich für ihre ungerechtfertigte Attacke zu entschuldigen, nachdem sie erfahren hat, warum er nicht früher da war? Vielleicht wären sie sich nie wieder begegnet und hätten jeder für sich mit dem verunglückten Rettungseinsatz und seinen Ursachen und Folgen klarkommen müssen. Doch das Schicksal will es anders, und irgendwann lautet die Frage vielmehr: Was, wenn du dich ausgerechnet in den Mann verliebst, der dich immer wieder an die schlimmsten Minuten deines Lebens erinnert? Oder in die Frau, die gerade erst ihren Freund verloren hat?

Petra Bunte. Weil jede Minute zählt
480 Seiten. Klappenbroschur. ISBN 978-3-8271-9547-0
E-Book   978-3-8271-8576-1 (Pdf)
          978-3-8271-8375-0 (Epub)

#niemeyerbuch

Jetzt <u>kein</u> Buch mehr verpassen

Weitere Bücher der Autorin.
Erschienen im Verlag CW Niemeyer.

Nie wieder zurück in die Heimat. Das schwor sich Greta vor siebzehn Jahren, als genau dort ein Unglück geschah, das ihr Leben aus den Fugen riss. Und doch steht sie auf der Fähre, die sie nach Amrum bringt – als Trauzeugin ihrer Schulfreundin Merle. Kann sich Greta der Vergangenheit, die ihr einst alles genommen hat, stellen?
Dann ist da noch Peter, der zweite Trauzeuge, der ihre Gefühle gehörig durcheinanderwirbelt. Sich auf Amrum verlieben, ist wirklich das Letzte, was Greta will. Doch manchmal hat Amor eigene Pläne.

Rosita Hoppe. Träumen am Meer
384 Seiten. Klappenbroschur. ISBN 978-3-8271-9538-8
E-Book   978-3-8271-8569-3 (Pdf)
           978-3-8271-8368-2 (Epub)

#niemeyerbuch
Jetzt kein Buch mehr verpassen

Im Verlag CW Niemeyer bereits erschienen ...

Als Spross einer erfolgreichen britischen Scharfrichter-Dynastie hat der begabte und früh berufene Henker Rupert Beaufort jahrzehntelang sein Gewissen unter Kontrolle, seine Emotionen im Griff und die öffentliche Meinung auf seiner Seite. Hunderte von tadellos ausgeführten Exekutionen gehen auf sein Konto.

Doch nach dem Ende des Zweiten Weltkrieges muss er sich neuen, unerwarteten Herausforderungen stellen und immer größere Hürden überwinden, um seines makabren Amtes zu walten.

Auf dem Höhepunkt seiner Laufbahn sieht er sich gezwungen, den italienischen Pianisten Sandro Magazzano, ein ehemaliges Wunderkind, hinzurichten: einen ebenfalls hochtalentierten Mann, der wie er bis zum Äußersten zu gehen bereit ist.

Jens Rosteck zeigt in seinem fesselnden Romandebüt, wie herrschende Moral und individuelle Gefühle zwei ungleiche Einzelkämpfer und Vorbilder in kaum lösbare Konflikte stürzen.

Jens Rosteck. Den Kopf hinhalten
432 Seiten. Hardcover. ISBN 978-3-8271-9387-2
E-Book   978-3-8271-8608-9 (Pdf)
             978-3-8271-8400-9 (Epub)

#niemeyerbuch

Jetzt <u>kein</u> Buch mehr verpassen

Im Verlag CW Niemeyer bereits erschienen ...

38 Jahre lang hat Hanka Altmann aus der DDR vergeblich nach ihrem Sohn Sascha gesucht, der mit 4 Jahren während eines Ausflugs im Thüringer Wald entführt wurde. Eines Tages begegnet ihr ein Mann, der ihr Sohn sein könnte. Hanka engagiert den Detektiv Stefan Blume, der Sascha aufspüren soll. Der Gesuchte lebt unter dem Namen Erik Galland im Harz. Dort sammelt er er als V-Mann des Verfassungsschutzes Informationen in der Neo-Nazi-Szene. Als drei von Eriks Nazi-Kameraden ermordet werden, fürchtet auch er um sein Leben. Dann begegnet Erik seiner vermeintlichen Mutter und dem Detektiv Blume. Gemeinsam begeben sie sich auf die Spuren ihrer jeweiligen DDR-Vergangenheit und kommen dabei dem Mörder der Nazis bedrohlich nahe ...

Roland Lange. Harzkinder
384 Seiten. Taschenbuch. ISBN 978-3-8271-9575-3
E-Book   978-3-8271-8590-7 (Pdf)
          978-3-8271-8389-7 (Epub)

#niemeyerbuch

Jetzt <u>kein</u> Buch mehr verpassen

Folgt uns auf

#niemeyerbuch